亞歷山大的征服與神話

非希臘中心視角的東西方世界

アレクサンドロスの征服と神話

森谷公俊（帝京大學教授）————著

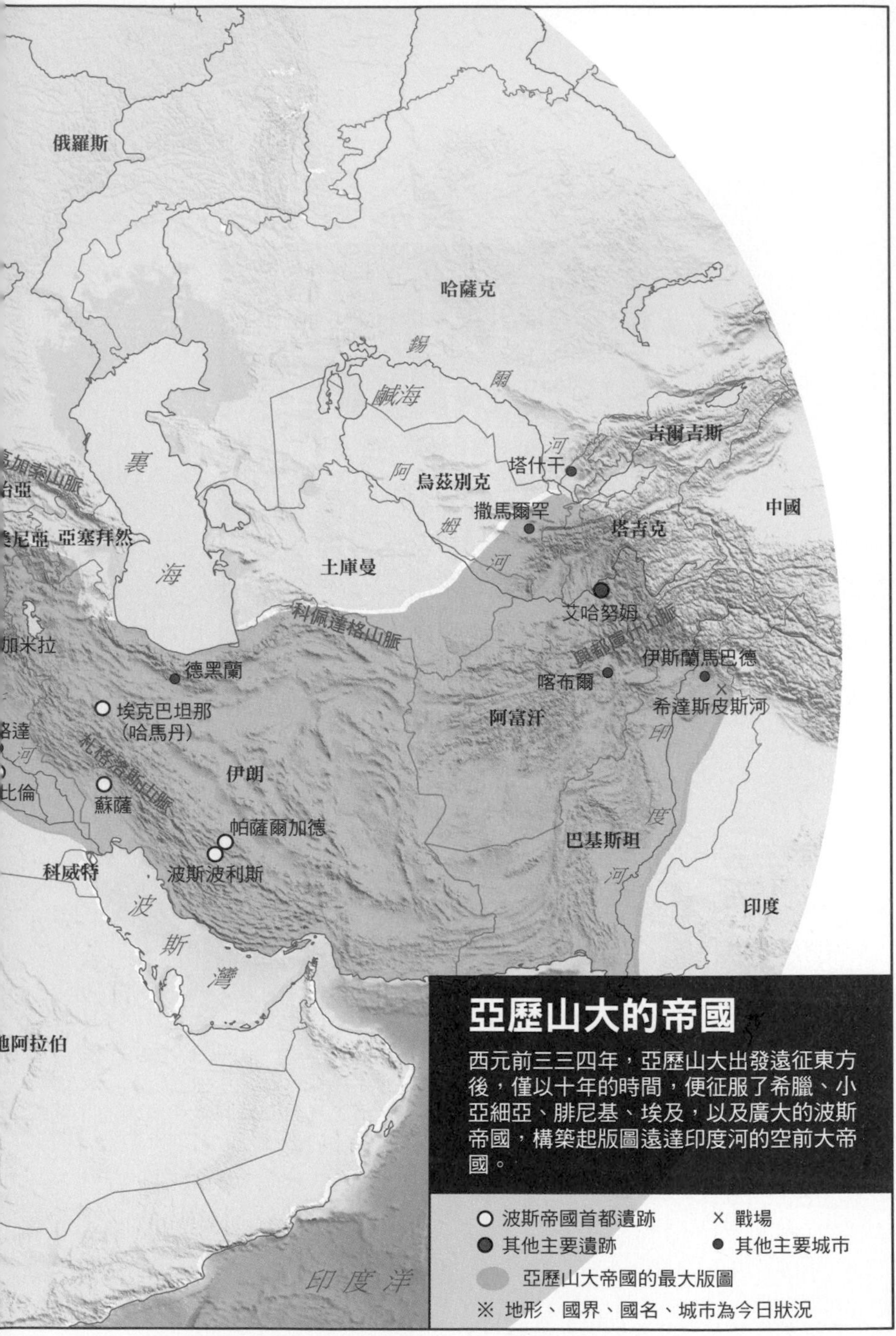

亞歷山大的帝國

西元前三三四年，亞歷山大出發遠征東方後，僅以十年的時間，便征服了希臘、小亞細亞、腓尼基、埃及，以及廣大的波斯帝國，構築起版圖遠達印度河的空前大帝國。

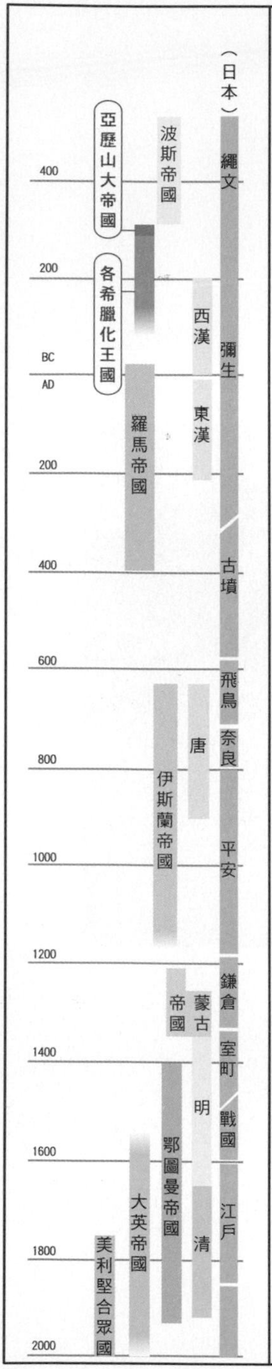

（日本）
400
200
BC
AD
200
400
600
800
1000
1200
1400
1600
1800
2000
亞歷山大帝國
各希臘化王國
波斯帝國
羅馬帝國
伊斯蘭帝國
蒙古帝國
鄂圖曼帝國
大英帝國
美利堅合眾國
西漢
東漢
唐
明
清
繩文
彌生
古墳
飛鳥
奈良
平安
鎌倉
室町
戰國
江戶

烏克蘭
羅馬尼亞
塞爾維亞
多瑙河
義大利
阿爾巴尼亞
保加利亞
馬其頓
佩拉
黑海
伊斯坦堡（拜占庭）
希臘
德爾菲
愛琴海
格拉尼卡斯河
安卡拉
哥迪姆
土耳其
雅典
米利都
伊索斯
地中海
賽普勒斯
幼
敘利亞
黎巴嫩
大馬士
亞歷山卓
以色列
耶路撒冷
開羅
約旦
錫瓦綠洲
孟斐斯
尼羅河
埃及
紅海

目錄

序言

大帝誕生之地佩拉（Pella）的馬賽克鑲嵌畫　這幅作品殘存於某棟貴族宅邸的室內地板上。據說右邊持劍的年輕人正是亞歷山大。

◎名為亞歷山大的小宇宙

亞歷山大這個名字，似乎有一股魔力，散發著無比誘人的耀眼光芒。儘管亞歷山大逝世，早已超過兩千三百年以上，然而從他那時代直至現代，人們始終不斷地回顧著他，以各式各樣的想像描摹著關於他的形象。從嚴肅的歷史書籍到娛樂作品，從蘊涵訓誡意義的傳記到憑空想像的傳奇，人們創造出形形色色的亞歷山大，時至今日，更不可能聚焦出單一的大帝形象。

的確，亞歷山大的一生儼然就是一部大河小說，名聞遐邇的逸聞俯拾即是。例如在格拉尼卡斯河（Granicus）一開戰便單槍匹馬英勇衝鋒陷陣、一刀斬斷無人能解的哥迪姆之結（Gordian Knot）傳說、利比亞沙漠阿蒙神殿的謎樣神諭、與波斯大軍在伊索斯（Issus）和高加米拉（Gaugamela）的決戰、對成為俘虜的王族女性們展現出騎士般風範、壯麗的波斯波利斯王宮（Persepolis Palaces）放火事件、進攻印度並順印度河而下，冒死橫越格德羅西亞沙漠（Gedrosian）、波斯舊都蘇薩（Susa）的集團婚禮，以及突如其來的熱病與死亡。每一則逸聞都有足以成為電影或小說經典畫面的魅力。

大帝的形象，猶如取之不盡的泉源，豐沛地流傳在每一個時代，所有人都從他的一生中描繪出只屬於自己的大帝形象。一方面，他既是一位傑出的天才將領、偉大的哲人帝王、希臘文化的使者、如神般的英雄，是所有人高高仰望的存在。但另一方面，他卻又被視為貪婪無厭的征服者、殘忍的專制君主、魯莽的暴君，飽受非難與譴責之詞。如此千變萬化的大帝形象，追根究柢，反映出的正是每一個時代的人們的理想和未來藍圖，甚或是人生觀和世界觀的投影，簡言之，無非就是一面映照出我們自身形象的鏡子。

那麼，亞歷山大究竟為何能夠成為這樣的一面鏡子，持續散發出如萬花筒般的魅力與光芒呢？

「在這天地之間有許多事，是人類哲學所不能解釋的。」

借用哈姆雷特的這句台詞來說，亞歷山大的身上必然也存在著某種人類智慧無法觸及之處。在短短三十二年又十一個月的波瀾壯闊的生涯中，他那無窮的精力與才智，大約已將人類所擁有的可能性展現到極致。對與他同時代的人們而言，他甚至已超越人類的層次，理應是和天上諸神並列的存在。亞歷山大這個人物本身，可說就是一個未知的小宇宙。我們依然帶著驚嘆與畏懼、憧憬與欣羨的目光，凝視著這個小宇宙。

◎是解放者，還是侵略者？

二〇〇五年二月，導演奧立佛・史東（Oliver Stone）所拍攝的電影《亞歷山大大帝》（*Alexander*）在日本公開上映。在這部將近三小時的鉅片後半，背對著印度河的亞歷山大，呼籲全軍士兵繼續前進：

「你們會感到害怕是理所當然的，因為沒有人來到過此地。再幾個星期我們就能抵達大海，那將是通往故鄉的道路。我們就能夠再見到我們心愛的人。將亞細亞的財寶和冒險故事當作禮物吧。我們輝煌的功績將因此永遠流傳！」

然而面對亞歷山大的呼籲，全場卻是一片冷淡的沉默。因為長達八年的遠征，早已令士兵們疲憊不堪。

亞歷山大的親信克拉特魯斯（Craterus）走出隊伍，冷靜地代表全軍對國王說：[1]

「八年前，我們有四萬名伙伴，伴隨著陛下長征超過一萬六千公里。不管是下雨的日子，還是烈日當空之下，我們都奮戰不歇，殺掉許許多多的敵人。而今，我們倖存的伙伴已所剩無幾。然而您卻說還要繼續向東前進，還要繼續跟蠻族戰鬥，要我們在有大象這種怪物的土地上，橫渡上百條河？我們所盼望的是，再次見到我們的孩子們。我們最後想看見的是，我們的妻子和孫子的臉龐啊！」

聽聞克拉特魯斯這番話，士兵們的臉上流露出充滿共鳴的神情。

然而，亞歷山大並未讓步，甚至還嚴厲訓斥眾人：你們已喪失忠誠與正直，而且墮落了。他斬釘截鐵地斷言道：

「我將繼續前進。與亞洲士兵一起！」

士兵之中爆出譴責國王的罵聲，幾乎將演變成暴動。亞歷山大立刻處決首謀者，壓抑住士兵們的不滿情緒，繼續揮軍向東前進。

亞歷山大究竟為何而遠征，居然擺出一副就算是馬其頓人不跟上，他也會一個人繼續前進的姿態。他的目的是什麼，又是什麼樣的理由驅使他做到這個地步？

電影前半的高潮，是在高加米拉即將與波斯軍展開決戰之前，亞歷山大激勵士兵們的場面：

「大流士（Darius III）率領的大軍在前方等待著我們。我們不是奴隸，而是以馬其頓的自由戰士之身站立在此地。如果有人問你們為何勇敢戰鬥，那就回答他們吧！高加米拉之戰，是為了自由和希臘的榮耀而戰。宙斯啊，請守護我們！」

據聞導演奧立佛．史東自己曾說，這部電影「完全不具任何政治意圖，終歸只是一部古代傳奇」，但要將這部電影與現代重疊卻是一件輕而易舉的事。事實上，為電影手冊撰稿的評論家或記者，都不約而同地聯想到小布希總統（George W. Bush）與伊拉克戰爭。高揭著「自由」與「榮耀」的正義之名、直呼波斯人為奴隸、為打到專制帝國而勇往直前的亞歷山大，不正就是為了要將伊拉克從海珊（Saddam Hussein）的獨裁之中「解放」、為了在中東奠定「自由與民主主義」而決心攻打伊拉克的布希嗎？亞歷山大呼喚著希臘最高神祇宙斯的護佑，布希則反覆地說：「願神賜福我們。」

姑且不論亞歷山大與小布希總統的形象是否重疊，然從被征服者立場看來，亞歷山大就是一個名副其實的侵略者。從西亞經過廣大的中亞，到達印度河流域為止，在他所到之處，究竟有多少士兵和居民的性命遭到剝奪？僅是一次會戰便出現數以萬計的犧牲者；在中亞的平定作戰中，某些戰役有時甚至還呈現出種族滅絕的狀態。在戰鬥之外，也有許多的希臘人和馬其頓人，在灼熱的沙漠或是大雪覆蓋的山脈之中喪生。他所疾呼的自由和榮耀，值得付出如此龐大的犧牲嗎？而他所謂的自由、所謂的榮耀，究竟又是什麼？

◎和平共存與融合

也有與前述完全相反的見解，將亞歷山大描繪成一位偉大的先驅者，以追尋各個民族和各種文明的共存與融合為目標。例如，二〇〇三年四月二十日播映的ＮＨＫ特輯《文明之道》（共八集）便是如此。第一集播映的這日，以「亞歷山大的時代」為標題，探討的主題是大帝的東方遠征與東方世界之間的關係。

當時，因為二〇〇一年時美國發生了九一一恐怖攻擊事件，之後「文明的衝突」一詞，再度成為矚目的焦點。對此，節目中試圖描繪出，人類彼此之間雖然衝突不斷，但同時卻也努力克服文明的差異，尋求共存與融合的歷史。事實上，波斯帝國、蒙古帝國或鄂圖曼帝國，即長期統治著多民族、多語言、多宗教的人們，而其維持統治的秘訣就在於寬容。亞歷山大正是這類寬容政策的先行者。

於是，節目的焦點便投注在，大帝是如何對亞洲各民族採取融和政策的面向上。其中最具象徵性的，就是他在進入巴比倫城之際對居民的談話。在巴比倫出土的泥板文書上記載著，他曾說：「我不會侵入你們的家中。」這段記載被解釋成，顯示出亞歷山大的統治並非只是仰賴武力，他也相當重視人們的宗教信仰與風俗習慣，因為當時他為了創造世界帝國而採用新的統治方針。

亞歷山大以促進各個民族和各種文明之間的和平共存為目標，這個見解也具有一部分的真實性。不管怎麼說，他征服的地方，不僅廣大而且多樣，從地中海沿岸到肥沃的尼羅河和印度河流域，從伊朗和阿富汗的險峻山脈到中亞的沙漠和綠洲。再加上這些地方，長久以來便有許多民族共存，他們各自擁有不同的固有傳統、文化、宗教，並從事農業或遊牧，修築

亞歷山大　此頭像存於大英博物館。

大型城市，經營國際性貿易。尤其是埃及和美索不達米亞，早已擁有將近三千年的傲人文明，僅擁有區區數世紀文化的希臘人之流，不過是西方的新來者。亞歷山大試圖超越希臘世界的狹小框架，讓自己順應如此多樣的東方世界。不論是在埃及或是在巴比倫，他都被奉為當地之王，並且分別遵循當地傳統舉行宗教禮儀。當時亞歷山大已開始自稱為「亞洲之王」。他逐漸將王權的基礎移往亞洲，試圖以東方各民族為根據，構築新的統治體制。就這段推移的過程來看，他所採取的路線，應該也可以稱之為共存／融合政策。

就像這樣，二十一世紀初期的亞歷山大形象也分裂成兩股潮流。一方將他視為侵略者與征服者，另一方則視他為尋求寬容與共存之道者。大帝的形象，截然成對地流傳了兩千三百年，我們也依然擺渡在這條長河之中。

◎巨大的形象

此外還有一個問題，那就是從現在的時間點回顧亞歷山大時，他留給了後世什麼？二〇〇三年十二月於奈良召開的「奈良絲綢之路國際學術研討會」（シルクロード・奈良国際シンポジウム），便直接探究了這個問題。這個國際學術研討會，每兩年在絲綢之路的東方

終點站奈良舉辦一次，在會中將亞歷山大的遠征定位成絲綢之路的起源，試圖多面向地探究東西交流的先驅者，大帝的足跡。研討會中，聚集了包括我自身在內的，歷史、文學、考古學、美術史、思想史等各種領域的學者專家，以羅馬、近東、中東甚至於亞洲為主題，超越專業領域的框架，展開熱烈的討論。

此次的研討會再度清楚地顯示，亞歷山大在政治、社會乃至於思想、文化等各方面，刻印下的足跡是多麼地巨大。說實話，他直接留下的東西極為稀少。他的陵墓迄今尚未被發現，他在各地建設的亞歷山大城，除了埃及的亞歷山卓（Alexandria），幾乎已經全毀。現存刻劃大帝的雕像或馬賽克鑲嵌畫，全都是後世的作品，並未留下任何原作。儘管如此，卻還是能讓人感受到亞歷山大的巨大存在的原因之一，是他所留下的名字與形象。例如，含有健步如飛之意的「韋馱天」一詞，據說即是亞歷山大的阿拉伯語形「Iskandar」，以中文表記後更進一步變形而來的。在這個詞語當中，反映出大帝宛如疾風般的身影，於短暫的一生中，一鼓作氣馳騁穿越廣大的世界。

還有一點，就是亞歷山大創造出來的世界，在那之後成為多樣文化和思想的交流場域。如果沒有他的遠征，希臘文化向東方傳播的規模，說不定會小很多。「希臘化」（Hellenism）的概念適切與否，且容後詳述，總言而之，他踏遍的世界，在他死後依然實現了新的可能性，這點是無庸置疑的。

不管是哪一種情況，都可以說明大帝留給後世巨大的影響。在可謂是留下無限可能性的這層意義上，亞歷山大在死後反倒比起他生前，更令人真切地感受到其存在之巨大。這在歷史上應該也是相當稀有的存在。

◎變幻自如的帝國

話雖如此，亞歷山大帝國的實際狀態，與其不斷被放大的形象，完全是兩回事。乍看之下，所謂的亞歷山大帝國，單純只是一個由專制君主的大帝，隨心所欲地統治一切的至高無上大國。不過若更進一步觀察帝國內部的情況便可發現，帝國的中心始終隨著遠征軍的移動不斷地變遷。亞歷山大經常處於移動狀態，他雖會在同一地點長期停留，但除了大規模的包圍戰之外，頂多也只有數個月的冬季紮營時期。大帝不斷轉移的所在地，便是每一個當下的首都，這也讓帝國呈現出一種難以捉摸的流動狀態。而且，帝國在統治體制上也沒有任何一貫的原則。為了適應征服的城市和地區許許多多的條件和傳統，亞歷山大的統治方法也呈現出多樣性，這正是令人會想以寬容政策稱之的緣故。對手一旦臣服之後，他便不會干涉細節之處，就這層意義而言，稱之為放任也不足為怪。因此他的帝國並不是一座根據統一的原理原則構築而成的堅固建築，而是宛若以各種式樣的碎布縫合而成的脆弱拼布創作。一旦喪失了大帝這個唯一的支撐點，帝國也就在瞬間瓦解。

而且，亞歷山大自身也一次又一次地改變他自己的屬性。最初，他是馬其頓的國王、色薩利（Thessaly）聯盟的領袖，也是科林斯同盟（League of Corinth）的盟主和最高統帥。接著，他成為埃及的法老、被奉為巴比倫之王，進而以波斯帝國阿契美尼德王朝（Achaemenid）的繼承者現身。在血統上，他是腓力二世（Philip II）和奧林匹雅思（Olympias）的兒子，也是英雄阿基里斯（Achilles）和海克力士（Heracles）的後裔，還自稱是希臘最高神祇宙斯和埃及最高神祇阿蒙神（Amun）之子。且他並非只有自封此類的頭銜，在他所到之處的各民族，也在各自的傳統脈絡上接受亞歷山大成為他們的新統治者。於是，大帝的姿態，彷彿變色龍似地一次又一次地變形。他下次將變成什麼呢？或許連隨侍在他身邊的親信們也全然摸不著頭緒。

簡而言之，所謂的亞歷山大帝國，宛如正在生成中的天體，巨大的星雲在持續向中心收縮形成漩渦的同時，也不斷地創造出恆星。實際上，他將所有的一切都留在星雲的狀態，便離開了這個世間。

◎希臘化的幻影

在談論亞歷山大的遺產時，常常會提到「希臘化」這個詞。亞歷山大為傳播希臘文化而展開遠征，結果帶來希臘文化往東方散播，進而與東方文化融合，誕生出新的希臘化文化，而希臘化文化正是大帝留下的遺產。諸如此類詮釋「希臘化」的方式，經由高中世界史教科書或是概論書籍的傳播而廣泛普及，今日已成為一般常識。不過，此概念在歷史認知方面，蘊藏著重大的問題。

「希臘化」是十九世紀普魯士歷史學家朵伊森（Johann Gustav Droysen）率先提倡的概念。在此之前，希臘研究所重視的對象只有所謂的古典時期，也就是西元前五世紀到西元前四世紀之間的鼎盛時期，而馬其頓征服後的希臘則被認為進入衰退期，一直未受正視。對此，朵伊森認為，亞歷山大開創了一個新的時代，大帝之後的希臘史也擁有其獨特的價值，且將之命名為「希臘化時代」。「希臘化」（Hellenism）一詞，源自於希臘語的「Ἑλληνισμός」（Hellenismos），意思是指說希臘語，或過希臘風格的生活。在朵伊森之後，「希臘化」一詞在古代史學界中固定下來，被視為是希臘史中接續於古典時期之後的另一個時代，並與希臘文化向東方擴張的現象放在一起理解。

現在「希臘化」這個詞語，在使用上大約具有以下三種意思。

第一，就像前文介紹的，是指希臘文化在東方散播，進而與東方文化融合後，誕生的新希臘風格的文化。

第二，表示從亞歷山大在位時期到羅馬征服東地中海為止，約莫三百年間的時代名稱。這個時代與大帝的統治同時展開，結束於托勒密王朝（Ptolemaic dynasty）的埃及女王克麗奧佩脫拉七世（Cleopatra VII Philopator）自殺，羅馬完成地中海統一的西元前三〇年。

第三，和希伯來文化（Hebraism）——即猶太教、基督教，並列為歐洲文明的兩大源流。在這個情況下，「希臘化」指的是希臘和羅馬的古典文化。

這當中有問題的地方，是第一個意思以希臘文化比東方文化優越的價值判斷為前提。「融合」一詞的運用，或許就是其象徵性的表現。歐美的歷史學家，在希臘文化與其他文化混合時會稱之為「融合」，然而當波斯文化與其他文化混合之際，卻經常使用「折衷」這個帶有負面價值觀的詞語。實際上波斯人也是吸收亞述、巴比倫、埃及、米底亞（Media）等等更古老的多樣文化，而後融會出屬於自己的獨特文化，這點在波斯波利斯的浮雕上便具體地展現出來。還有一般認為到了希臘化時代，有許多希臘人移居到東方，貿易變得相當蓬勃，不但在各地發展出城市，被稱為「Koine」的通用希臘語也變得相當普及。但是，各民族之間的和平共存與交流，早在阿契美尼德王朝的時代就已經實現，當時阿拉姆語（Aramaic）廣泛地被當作國際商業語言使用一事，在高中世界史教科書上也寫得很清楚。儘管如此，發展貿易和促進文化交流之舉，卻被解說得像是希臘人的獨創構想。這背後無庸置疑地存在著，希臘文化優於一切，東方文化則屬於劣等文化的差別價值觀。流通於日本的希臘化概念，也深刻內化了此類的希臘中心主義，和繼承其價值觀的歐洲中心觀點。

還有在日本提及犍陀羅美術（Gandhara）時，一直以來也將其視為希臘化文化的代表，認為在雕刻樣式上採取希臘風格的佛像中，可以發現希臘化文化的精髓。這是二十世紀前半的法國美術史學家福舍（Alfred Foucher）提出的說法，然而時至今日早已過時。實際上，希臘人統治犍陀羅地區的西元前一世紀到西元一世紀前半，佛像尚未出現。人們開始佛像製作是在西元一世紀後半，是貴霜王朝（Kushan）時代的事，和亞歷山大的時代相距將近四百年之久。根據今日的研究，最強而有力的論點是，在犍陀羅佛教美術中，可以看見希臘、伊朗和羅馬等三種文化所造成的影響。彷若意圖將佛像與大帝直接連結的解釋，完全未切中核心，必須要說我們常識之中的希臘化乃是個幻影。

於是，要將亞歷山大帝國解釋清楚，就需要從根本上重新檢討以往的東方史和希臘化史。在本系列的「興亡的世界史」中，以特定人物為中心的本卷，內容雖顯得有些特異，但從以上的敘述，我想應該可以讓讀者充分理解，以亞歷山大為主題單獨成卷的意義。重覆說來，亞歷山大這個人物本身已自成一個小宇宙，他的存在甚至足以與擁有複雜構造和發展的帝國匹敵。我們自身對於二十一世紀的世界懷有何種展望和構想？對於這個提問，亞歷山大或許會提供給我們答案，讓我們心中浮現出與新世紀相符的人物形象。本書即是對此展開提問並進行回答的粗淺嘗試。

1 電影中是錯誤的，實際上發言的是科那斯（Coenus）。參見本書第七章「進攻印度與折返」一節。

第一章 大帝形象的變遷

戰鬥中的亞歷山大　西頓（Sidon）出土的石棺上所描繪的大帝。（伊斯坦堡考古學博物館藏）

大帝形象的原點

◎對大帝的讚辭

這位王，憑藉著他自身的睿智和勇氣，在短時間內成就舉世無雙的偉業，其功之大，凌駕了所有自太古時代以來流傳在人們記憶之中的王。這是因為他在十二年內便征服歐洲許多的地區和大半的亞洲，贏得足以與古代英雄和半神們匹敵的赫赫聲名。（狄奧多羅斯〔Diodorus〕，第十七卷第一章）

蓋當時，世間之任何種族、任何城市、任何人物，恐怕無亞歷山大之名所不到之處，也應未有不曾聽聞其名者。實際上，我認為如此無與倫比的人物，若非神力之作用，不可能降生於這世間。（阿里安〔Flavius Arrianus〕，第七卷三十章）

前文引用的讚辭，僅是歌頌亞歷山大大帝的少許例子。恐怕費盡千言萬語，也不足以稱頌他的偉大。那麼這些讚辭所代表的大帝形象，究竟是經由怎樣的路徑流傳到今日？

古代撰寫的大帝傳記，是了解亞歷山大的基本史料。現存完整的大帝傳記有五篇，其中三篇是以希臘文撰寫，另兩篇則是拉丁文。事實上這些傳記全都撰寫於羅馬時代。確實，有許多羅馬的政治家、將軍和皇帝們，對亞歷山大的大征服滿懷憧憬，熱切渴望擁有他的偉大。因此，為了探索大帝形象的源流，首先就必須要將目光投向羅馬時代。

◎對大帝滿懷憧憬的羅馬人

傳聞西元前一世紀的羅馬將軍龐培（Pompey），容貌與亞歷山大極為神似。他自年少時節起，便兼具溫柔與威嚴，稚氣之中也散發出王者威風。因此人們叫他亞歷山大，而龐培也不拒絕人們這麼稱呼他，即便成人之後，他也經常被稱為亞歷山大。這位龐培將軍在征服小亞細亞和敘利亞等地區，鞏固羅馬在東方的統治體制後，於西元前六二年歸國，並舉行凱旋式。據說在盛大的遊行隊伍中，他搭乘鑲嵌著寶石的戰車，披著大帝曾經穿過的披風。那件披風聽說是，他在從小亞細亞的本都（Pontus）國王米特拉達梯（Mithridates VI）贏來的戰利品中發現的。對他而言，這件披風可謂是當時羅馬成為歐洲和亞洲統治者的象徵。

日後打敗龐培的凱撒（Julius Caesar），於西元前六一年前往西班牙行省赴任之際，在閱讀亞歷山大的傳記後陷入長思，接著便不禁潸然淚下。友人詢問原由時，他回答道：

「在我現在這個年紀時，亞歷山大早已成為如此眾多的民族之王，可我卻尚未達成任何輝煌的成就。為此感到悲傷，是理所當然的吧！」

這時，凱撒三十九歲。至於他渡過盧比孔河（Rubicon），成為羅馬的獨裁官，則是十二年以後的事。

凱撒在西元前四四年遭到暗殺後，安東尼（Marcus Antonius）和屋大維（Gaius Octavius）將地中海世界一分為二，互爭霸權。安東尼和埃及女王克麗奧佩脫拉結婚，他將女王生下的男孩命名為亞歷山大，並加上別名赫利奧斯（Helios，古希臘神話中的太陽神）。西元前三〇年，打敗他們兩人、征服埃及的屋大維，將大帝的遺體移出位於首都亞歷山卓的靈廟。他出神地仔細凝視大帝的遺體後，將黃金之冠放置在遺體上，並撒上花瓣向大帝表達敬意。當被問到是否也想看看托勒密王朝歷代國王的遺體時，他如此回答：

「我想見的是王，而非已死之人。」

對他而言，亞歷山大宛如依然還活著。

屋大維在接受奧古斯都（Augustus）的尊稱，成為羅馬的第一任皇帝後，有一段時期，他在各種文件或書信上用印時，會使用刻有亞歷山大肖像的印章。據說他單手高舉的立姿雕像，也是模仿自描摹大帝的雕刻。

第三任的羅馬皇帝卡利古拉（Caligula），打算遠征不列顛尼亞（Britannia，今英國）和日耳曼尼亞（Germania）時，從出發前，他便穿著凱旋將軍的服裝到處走動，有時還會將從亞歷山大的石棺中找到的胸甲穿在身上。只是這趟遠征本身最後並未付諸實行。

五賢帝之一的圖拉真（Trajan）曾經遠征美索不達米亞地區，他在西元一一六年順著底格里斯河（Tigris）而下，抵達波斯灣。他在那裡看見航向印度的船隻，因而想起亞歷山大的好運並說道：如果我還年輕，肯定也會想要前往印度吧！

◎成為護身符的大帝形象

在帝政時期的羅馬，亞歷山大也滲透於人們的日常生活之中。在貴族馬奇路斯家族（Gens Marcia）中，會在男人們使用的指環和銀器、女人們戴的手鐲和戒指，以及其他各種裝飾品，刻上亞歷山大的浮雕。還有衣服、流蘇和女式披風，也以色彩繽紛的絲線織入大帝的形貌。這個家族中有一位高乃留斯．馬可（Cornelius Macer），曾經在海克力士神殿舉辦宴會時，率先舉杯一飲而盡後，將他使用的酒杯，傳給在場所有熱烈崇拜亞歷山大的賓客欣賞。在那只酒杯的外側，以細緻的圖像描繪出大帝完整的一生。據說在當時的羅馬人之中，有人會將金製或銀製的亞歷山大肖像佩帶在身上，因為他們相信不管做任何事都會獲得亞歷山大的幫助。簡而言之，就是大帝的肖像變成了人們的護身符。

羅馬的皇帝、政治家和貴族們，便是如此地讚美和模仿大帝。想要成為大帝那樣的人物，也是他們共同擁有的態度。這並非只是單純的憧憬，或是毫無根據的夢想，是有具體的現實基礎作為支撐的。羅馬不但完全征服地中海一帶，也持續不斷在東方擴展領土。當時在東方與羅馬對峙的國家，有帕提亞王國（Parthian，中國古稱安息），其次是波斯的薩珊王朝（Sassanid Dynasty），尤其後者是自稱繼承被亞歷山大消滅的波斯阿契美尼德王朝的大國。還有位於小亞細亞邊境的行省，也一再對周邊的各民族展開平定作戰。羅馬和位於東方國界的異民族之間的戰役，讓執政者們不斷地回想起亞歷山大的遠征，給了他們將自己與那位偉大征服者的形象重疊的心理依據。

◎專制君主的大帝形象

另一方面，在羅馬知識分子之間也有一股強烈的見解，認為亞歷山大是一位殘酷的暴君，與東方專制君主同類的野蠻統治者。擔任皇帝尼祿（Nero）老師的塞內加（Lucius Annaeus Seneca），是斯多噶學派（Stoicism）的哲學家，他在著作《論憤怒》（*De ira*）中，舉出亞歷山大在怒氣的驅使下刺死親信克利都斯（Clitus）一事為例，譴責他的作為與東方野蠻君主們的殘暴別無二致。深獲羅馬上層階級所接受的斯多噶學派，重視不隨情緒起舞的心靈平靜，講究嚴格的克己之心與義務，以理性的生活方式為最高準則。從斯多噶學派的立場看來，亞歷山大沉溺於酒精、殺死親信、沾染上東方「落後」習慣之類的行為，無非是身為人類的墮落，更背離了君主之道，是絕對不可仿效的負面榜樣。

西元四世紀的教父聖奧古斯丁（Aurelius Augustinus）在其代表著作《天主之城》（*De Civitate Dei*）中指出，失去正義的王國不過就是個大型的強盜集團，並介紹這麼一則逸聞。某個海盜被逮補後，亞歷山大責問他：「你為何要在海上興風作浪？」那名海盜毫無畏懼地如此答道：「這跟陛下攪亂全世界是同一回事。只不過我用的是小船所以被叫做海盜，而陛下率領的是大艦隊所以被稱作皇帝罷了。」聖奧古斯丁說，這個回答完全切中真實。（第四卷四章，服部英次郎譯，部分字句修正）。這也讓人想起非常類似的電影台詞。卓別林（Charlie Chaplin）在《凡爾杜先生》（*Monsieur Verdoux*）中曾說：「殺一個人是殺人犯，但如果殺一萬人的話，那就是英雄了。」實際上被亞歷山大殺死的親信克利都斯，就是因為吐露出類似「一將功成萬骨枯」的言語，而激怒國王。亞歷山大之所以會成為英雄，也正是因為犯下了數以萬計的殺戮。

順帶一提，亞歷山大的暴君形象也為中世紀的著作所繼承。但丁（Dante Alighieri）在《神曲》（*La Divina Commedia*）中，讓亞歷山大墜入第七層地獄。在那裡，「生前專事掠奪、令人流血的暴君們」，被迫在鮮紅而沸騰的血河中，承受熱湯滾煮的折磨，發出尖銳的叫聲（〈地獄篇〉第十二歌，平川祐弘譯）。

◎現存的大帝傳記

現存的五篇大帝傳記，全撰寫於上述的羅馬時代的政治和知識氛圍之中。這些傳記在撰寫時，是以當時羅馬人心目中的亞歷山大形象為依據，並且在受到時代氛圍影響的同時，也對羅馬人心目中大帝形象的形成發揮了助力。傳記的內容多采多姿，作者們不單只是提供各種見解，也對當時流傳的大帝形象表達出自己獨特的主張；對於和自己的立場不同的大帝形象亦採取批判的態度。就這層意義而言，現存的大帝傳記可謂全是「爭議之書」。

從單方面來看，有著重於強調大帝的偉大和英雄性格的傳記，如西元前一世紀的希臘歷史學家狄奧多羅斯所撰寫的《歷史叢書》（*Bibliotheca Historica*）第十七卷，就是其中的代表作。狄奧多羅斯的敘述，原本就經常會流於誇大描寫和情緒化的表現，明顯給人一種迎合大眾喜好的印象。

最能表現出傳記特色的，則是蒲魯塔克（Plutarch）的《亞歷山大傳》[1]，他在文章的開頭如此闡明他寫作的目標：

> 有時微不足道的舉止、隻字片語或玩笑，比起出現死者多達數萬人的戰鬥和規模龐大的陣線，或是許許多多的城邦包圍戰，還更容易凸顯出人物的性格。就像畫家畫肖像畫時，捕捉的是會展現出人物性格的臉部表情和眼神，其他的部分則不大考慮。與此有些類似，我想深入的是靈魂的特徵，至於偉大的事件和戰爭之類的就留予他人吧。（第一章）

蒲魯塔克所描繪的大帝形象，不只刻劃出亞歷山大的驍勇善戰和果敢性格，也觸及他與親信們之間的交友關係和日常生活細節。而且蒲魯塔克不僅坦率地承認亞歷山大的弱點與短處，還細膩描寫出他後悔和悲嘆的模樣，提供了一個充滿人味的大帝形象。

相對地，也有極為重視道德立場的傳記，如西元一世紀的羅馬元老院議員庫爾提烏斯（Quintus Curtius Rufus）的《亞歷山大大帝傳》（*Historiae Alexandri Magni*）。根據他的說法，波斯滅亡後的亞歷山大開始採用東方風格的宮廷禮儀，陷入傲慢與怠惰之中，又加上縱酒過度，身為人類已陷入墮落。他斷罪亞歷山大的觀點，與斯多噶學派具有共通之處。此外在查士丁（Junianus Justinus）的《腓力時代歷史（概要）》[2]的第十一卷至十二卷，以大帝沾染上東方作風、墮落為暴君，作為敘述的基本論調，作者的道德判斷立場也相當鮮明。

實際上在羅馬帝政時代，視亞歷山大為野蠻的專制君主、東方作風之暴君的見解，流傳甚廣，但是，這正好反映出當時現實中的羅馬皇帝們的形象。換言之，即是因為在西元一世紀，尼祿、卡利古拉、杜米仙（Domitianus）等皇帝，儼然獨裁者的行為屢屢不斷，他們不只耽溺於酒色、生活淫蕩、放縱近親殺人、任意處決元老院議員，還實行恐怖統治。這些荒淫無道的皇帝，不，應該是昏君們，很輕易地就被重疊在亞歷山大的形象上。因此，暴君亞歷山大的形象，對當時的羅馬人而言是相當容易理解的。

阿里安的《亞歷山大遠征記》（*Anabasis Alexandri*）則反駁了此類的大帝形象，將亞歷山大描寫成一位偉大的將軍、不世出之君。阿里安在史料的選擇上，展現出自己的獨特性，他以經判斷後最具可信度的作品作為敘述的依據。特別是因為他採用軍人托勒密（Ptolemy，即後來的托勒密一世）的記述，故而對於戰爭場面的描寫異常詳細。阿里安亦是一位有才能的政治家和將軍，他在作品中也反映出自身的經歷，書中交織著作者對大帝戰術的解說。另外，關於亞歷山大的缺點和被指稱是墮落的行為，阿里安則以第一人稱的方式敘述，代替亞歷山大辯解他身為一個人的軟弱之處。對於阿里安正確且冷靜的記述，近代史學評價甚高，長久以來被視為是亞歷山大的「正史」，受到有別於其他四篇傳記的特別待遇。

◎大帝傳記的原典

以上是現存的大帝傳記。在此，不能忽略一個單純的事實。這些作者執筆的時間，距離亞歷山大死後已經過數百年，即便是最古老的狄奧多羅斯也相差將近三百年，到了阿里安更是距離大帝逝世將近五百年之遙。兩者相隔的時間距離，正好和日本現代的歷史學家或作家，撰寫戰國時代的大名傳記差不多。作家們撰寫傳記時，當然不得不從比自己更早之前寫下的作品中找尋線索。那麼羅馬時代的作家們依據的是哪些作品呢？這得追溯到隨同大帝從軍、遠征東方的人們身上，其中具代表性的人物是以下五人：

（一）歷史學家卡利西尼斯（Callisthenes），也是亞里斯多德的親戚。他被賦予撰寫大帝東方遠征正式記錄的任務，因此他的作品應可謂是大帝的「官史」，然而實際上他將大帝描寫成英雄再世，武勳史詩的風格相當強烈。

（二）阿瑞斯托布拉斯（Aristobulus），是一位工程師和建築師。據說他在西元前三世紀初期，八十四歲時開始執筆撰寫大帝傳記。他的作品被評價為可信度極高，內容當中沒有對亞歷山大的奉承和事實的扭曲，為羅馬時代的阿里安所運用。

（三）馬其頓的貴族托勒密（Ptolemy），亞歷山大的親信之一，即是埃及托勒密王朝的創設者。他在晚年執筆撰寫的大帝傳記是一部軍事史，詳細記錄了大帝的每一場戰役，對於作戰的過程、兵力的部署，以及亞歷山大的意思和命令等等，不但書寫詳盡且內容正確。

（四）哲學家歐奈西克瑞塔斯（Onesicritus），師事犬儒學派哲學家第歐根尼（Diogenes）。他在作品中隨心所欲地將事實與想像交織混合，很明顯地是大帝的追隨者。內容當中也留下了部分關於印度的自然風景，和婆羅門僧侶之類的記述。

（五）希臘人尼阿卡斯（Nearchus），也是大帝的朋友。在順印度河而下之際，他被交付艦隊指揮的任務，成功完成印度洋沿岸的航海探險，並留下詳細的航海記錄。

此外雖還有一些零星的作家，但此處就省略不談。不過，有一位作家則不能不提，他雖未參加遠征，但對後世產生相當大的影響力。

（六）克來塔卡斯（Cleitarchus），在西元前三世紀初期，活躍於埃及托勒密王朝的首都亞歷山卓。他在托勒密的庇護之下，撰寫了十二卷的大帝傳記。他的作品內容相當符合一般人們心目中的大帝形象，雖然與正確的歷史相距甚遠，但因為具有豐富的故事性，所以從希臘化時代到羅馬時代，一直廣泛受到人們的喜愛。

所有這些大帝傳記的作家總計有十一人，當中作品保存至今的羅馬時代作家有五位，作品雖已亡佚但卻深具重要性的希臘化時代作家則有六位。因為前者是利用後者的作品作為書寫的依據，故而將已亡佚的作品群稱作大帝傳記的原典。在研究亞歷山大之際，得經常將這十一位作家放在腦海中，不斷確認現存作品的哪些部分是取用自哪部原典，同時還必須一邊查證作者記述的意圖和可信度。光是這個部分就已經是相當複雜的作業；而且還不只如此，原典的六篇作品，本身就已各自描繪出獨特的大帝形象，而這些作品又經過羅馬時代的作家之手，更進一步地變形、修正。簡單來說，我們只能透過希臘化時代和羅馬時代的雙重濾鏡來眺望亞歷山大。在十一位作家和雙重濾鏡的交織組合下，大帝的形象因為散射而自由自在地變幻出種種樣貌。追根究柢，亞歷山大的人物形象，之所以會在歷經超過兩千年以上的歲月洗禮後，展現出宛如萬花筒般的繽紛色彩，即是因為這些史料的性質和保留方式。

近代歷史學中的亞歷山大形象

◎連馬基維利也讚賞

那麼近代歷史學又是如何研究亞歷山大的呢？自嚴密的實證主義史學於十九世紀成為一門學科以來，古代史研究也成為其中的一環。研究者們逐一辨析每篇大帝傳記的特徵，一一剔除偏頗的記述，致力於穿透雙重濾鏡，靠近應是位於另一端具有「客觀性」的亞歷山大。然而，歷史學者也是時代之子，不可避免地也無法擺脫他們生存時代的價值觀。雖然原本打算摘除濾鏡，但實際上卻又反倒加上了不同的濾鏡，在古代的大帝形象上塗抹上濃厚的近代顏料，也是常見的情況。

在進入近代歷史學的大帝形象之前，想先稍微談談幾位近世的思想家。

十六世紀義大利的馬基維利（Niccolò Machiavelli），在他描述理想君主形象的《君王論》（*Il Principe*）中，曾多次援引亞歷山大為例。馬基維利認為，大帝死後，亞歷山大帝國中之所以不曾發生推翻其繼業者的叛亂，是因為在古代波斯的統治中，君王與君侯之間的立場，就如同主人和僕人，於是一旦戰勝波斯並斷絕其君主的血統後，要維持征服的成果是很容易的。馬基維利冷靜的觀察之眼透澈地指出，要維持統治安定的要素，與其訴諸於勝利者的力量，不如致力於臣民的塑造。

到了啟蒙時代，則出現毫不保留地讚揚亞歷山大的論述，不止為他的缺點進行辯解，甚至反倒當作是烘托他美德的材料。

十六世紀的法國思想家蒙田（Michel de Montaigne），在《隨筆集》（*Les Essais*）中舉出三名他認為最偉大的希臘男性，名列第二的便是亞歷山大（其他兩人分別是敘事詩人荷馬〔Homer〕，和西元前四世紀的底比斯將軍伊巴密濃達〔Epaminondas〕）。蒙田認為，亞歷山大以常人半生的時光，便完成所有人類能夠達成的事，讓人感覺到他必有某種超越常人之處。比如說，諸多卓越的美德，像是正義、節制、寬容、信義、對部下之愛、對敗者的仁慈等等。即便他有種種異常之舉，但不可能以尋常的正義標準來指引如此偉大的行動。對蒙田而言，要將一般人類社會的基準套用在亞歷山大身上，是不可能的事。（第二卷第三十六章）

十八世紀孟德斯鳩（Montesquieu）在他的《論法的精神》（*De l'esprit des lois*）中，

也持有同樣的見解。他在書中寫道，亞歷山大不只試圖消除征服者與屬民之間的差別，他對於波斯王室的女性也展現出敬意。因此，他所征服的人們對他的逝世全都悼念不已，甚至連被他打倒的王族也為他落淚，這正是他獨一無二的特質。至於亞歷山大所犯下的惡業又如何呢？孟德斯鳩說，不論是放火燒毀波斯波利斯王宮或是殺害親信克利都斯，他都由衷地感到後悔。因此人們並不憎恨他，而是對他寄予同情；緊倚著他的盛怒和弱點，旋即便能發現他的靈魂之美。（第十篇第十四章）不愧是孟德斯鳩，亞歷山大的種種弱點，在其筆下也宛如像是為了讓他顯得更偉大的佐料。

◎賦予崇高的理念

近代歷史學在看待亞歷山大時，並不會先入為主地採取此類的道德評價，而是會以實證的態度，對每一項事實進行

馬基維利　義大利的政治思想家、歷史學家。

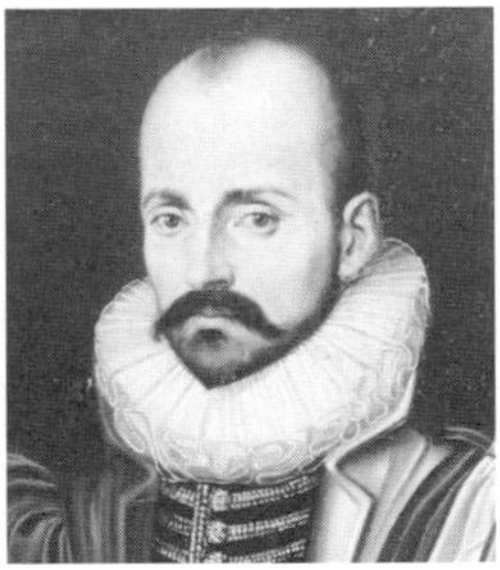

蒙田　法國代表性的人文主義思想家。

孟德斯鳩　提倡三權分立的法國思想家。

嚴密的考證。只是在此想提出兩項問題討論，即觀看亞歷山大的觀點，和以長遠的視野來觀看他的歷史意義。

在十九世紀中葉的普魯士王國，對亞歷山大統一各民族、創立世界帝國的成就，給予了最高的評價。而征服希臘諸國的腓力二世，和統一地中海世界的羅馬凱撒，也獲得相同的評價。這評價的背後存在著當時的政治情勢：今日稱為德意志的單一國家並不存在，而普魯士正在領導推動德意志的統一。對普魯士的歷史學者而言，將各自為政的各種民族和各個國家整合為一，是最具價值的事，因此他們對於亞歷山大的東方遠征，也從相同的觀點來賦予意義。西元一八七一年的德意志統一，是藉由普魯士的強大軍事力量所達成。因應時局，亞歷山大的世界帝國形象，也散發出濃厚的軍事色彩。

另一方面，亞歷山大也被視為是促進東西文明融合的旗手。早在十九世紀初，黑格爾（G.W.F. Hegel）便在他的《歷史哲學講義》（*Vorlesungen über die Philosophie der Geschichte*）中寫道：「因為他的緣故，高度成熟的文化才得以向東方傳播，他占領之下的亞洲，成了所謂的希臘化國土。」（長谷川弘譯，部分字句修正）。大帝將優秀的希臘文化傳播到東方，在落後的亞洲播下了文明的種子，正是文明化的使徒。這種廣為人知的口號，與殖民地統治的正當化——換言之，即是與進步的歐洲統治落後的亞洲和非洲的邏輯，互相重疊。

在歷經第一次世界大戰後的一九三〇年代，英國學者塔恩（William Woodthorpe Tarn）對亞歷山大提出了新的解釋。他將亞歷山大描繪成世界主義觀念的先驅者。塔恩說，晚年的大帝祈禱著馬其頓人與波斯人互助合作，各民族齊心協力共同生活，這正是亞歷山大將人類全體視為同胞的宣言，他是歷史上第一個試圖跨越民族差別的人。在這個崇高的解釋背後，存在著第一次世界大戰後的國際情勢。大英帝國回應其統治下的各民族的要求，給予他們一定的自治權，並組成大英國協。再加上國際聯盟的成立，列強之間締結了非戰公約和軍縮條約等協定，國際主義的氣勢逐漸高漲。呼應這個趨勢，亞歷山大世界帝國的軍國主義色彩也被淡化，且配合國際主義的潮流，披上了理想主義的外衣。而且塔恩出身於貴族之家，本身培養出濃厚的十九世紀維多利亞時代價值觀。結果，他甚至讓亞歷山大在性生活上也成為禁慾主義者，創造出一個符合英國紳士價值觀的人物形象。塔恩的大帝形象，與東西融合論並列，對第二次世界大戰後的亞歷山大研究帶來決定性的影響。

於是，在亞歷山大身上被賦予了世界帝國、東西融合、世界主義之類的遠大目的和理念，創造出年輕的天才朝向實現偉大理想邁進，卻壯志未酬身先死的英雄形象。

◎如實還原大帝形象

但在一九七〇年代以後，出現了徹底批判這類大帝形象的研究。這些研究拿掉加諸在亞歷山大身上遠大的理念和目的，將他的行動或政策，看成是他在每一個當下應因個別狀況下決斷的結果；不著眼於大狀況而關注於小細節，不依賴先驗的觀念，而是重視各個事實的關係。這類研究被稱為「極限主義」（Minimalism），也就是最低限度評價主義。正如同在時尚界，將拿掉多餘裝飾、樣式簡約的洋裝，稱為極簡風格是一樣的。這些研究當中的亞歷山大，下決斷時並非遵從一貫的大原則，而是因應個別的狀況，在每一個當下做出最適切的判斷，是一位能夠冷靜洞察目的與掌握手段的能幹政治家。另一方面，也淡化英雄般的耀眼光芒，剝除超凡的領袖魅力，如實地呈現出大帝本來的樣貌。說不定這樣的大帝形象，更適合對出現強勢領導者心懷警戒的大眾民主主義時代。

極限主義的立場帶入微觀的視點，確實為亞歷山大的研究帶來飛躍性的進步。而且這些研究，也因為與一九七〇年代以後重新徹底檢視現存史料同步進行，所以具有相當大的說服力。不過，極限主義的研究，為了以各個要素或局面來解析大帝這個人物和其成就，因此反而蘊藏著可能會迷失大帝統一形象的危險性。也許是因為這個緣故，最近出現好幾本研究書籍特別將討論焦點放在，該如何對亞歷山大這個人物進行整體性的理解上。如同在本書開頭也曾提到的，亞歷山大是一個極端複雜的人物，蘊含著巨大的矛盾。對於這樣一個人物，僅以顯微鏡般的目光進行觀察，並給予合理的解釋，就能夠完全掌握嗎？在專門研究者之間也愈來愈傾向，把非理性的情感和衝動都包含在內，將亞歷山大當作一位個人來全盤理解。這或許也相當符合今日的時代狀況，即世界各地都在質問領袖該有的資質為何，並認為卓越的領導者是必須的。人們現在正在尋求的是，與二十一世紀相符的亞歷山大形象。

◎追尋二十一世紀的大帝形象

讀到這裡，說不定有些讀者會感到空虛。「不管是哪一幅大帝形象，結果也不過都是各個時代、每一位作家或學者的主觀創作。至於形象一致且能夠讓所有人都接受的亞歷山大，根本一開始就不存在，以後應該也不可能會出現吧。」讀者的心中或許會不由自主地浮現這種想法吧？就某方面而言，確實是如此。因為歷史學真的只能根據現存的些微線索去接近過去，不管層層疊疊地累積了多少合理的論證，結論經常頂多也只能停留在假說的地步。這正是所有歷史研究的宿命。

不過另一方面，歷史學也是一種具有社會性的工作。從過去和現在的對話之中，提供同時代的人們所尋求的歷史形象，即是歷史學所肩負的職責。我們的使命，不是毫無根據的推論，而是要依據實證研究創造出人們尋求的歷史形象。

那麼我們要如何才能建構出與二十一世紀初相符的新大帝形象呢？

首先，不可陷入單純的英雄史觀，要盡可能地在客觀的歷史條件之中掌握亞歷山大這號人物。他的確是世上罕見的稀有人物。只是無論多了不起的偉人，也不可能超越他所獲得的歷史條件。不管東方遠征是一件多麼空前的偉大事業，他也是將那時間點所擁有的條件發揮到最極致，與每一個當下所面臨的課題奮鬥，一邊克服難題一邊前進。而研究清楚這些條件、課題，和他解決課題的具體對策，或許便能夠讓亞歷山大的人物形象浮現在更客觀的基礎之上。

第二，應該要將亞歷山大的成就放在長遠的時間框架中進行考察。若以短期的視野來觀察亞歷山大，對他用短短十年便達成了難以置信的功業一事，也只能瞠目結舌。然而在評價歷史人物之際，最關鍵的是要從長遠的視野來進行觀察：他從前一個時代繼承了什麼，又為下一個時代增添了何種新事物？還有觀察像大帝這樣的征服者時，更必須要仔細地清楚分辨，在他所征服的每一個地區，他繼承了什麼、又留下了什麼。亦即，要透過時間和空間的雙層結構來評價他的東方遠征。

亞歷山大研究的領域過於廣泛，本書當然不可能包含所有主題，而且也不是他的傳記。因此，除了秉持前述的兩個觀點之外，本書比起刻劃亞歷山大的內在世界，更想將重點放在敘述他的帝國實際狀態上。這是因為能夠直接顯示出他的主觀想法的史料相當稀少，大部分都只是經由旁證的間接推測。更何況在軍隊的構成和權力結構、大帝的人事安排和各項政策、與各民族之間的關係、在各地區所面臨的課題等研究面向，從現存的史料也能重新建構出較為堅實的基礎，因此從這方面來說，追尋亞歷山大帝國實際狀態的做法，遠遠更具有建設性。若能夠透過這樣的方式，從歷史中的亞歷山大發現通往未來的指針，那麼便可說本書的存在具有些許的價值了。

1 收錄於《希臘羅馬英豪列傳》（*Vitae parallelae*）。

2 原書書名全文為：*M. Iuniani Iustini epitoma historiarum philippicarum Pompei Trogi*，直譯意思為《查士丁針對特洛古斯之《腓利時代歷史》概要》。日文翻譯版的書名為《地中海世界史》。詳細介紹參考本書主要人物列傳「查士丁」。

第二章

馬其頓王國與東地中海世界

波斯波利斯王宮遺址

重新審視希臘與波斯的關係

◎重設歷史舞台

亞歷山大是位於希臘本土北方的馬其頓王國的國王。馬其頓王國誕生在巴爾幹半島的一隅，先後與波斯帝國和希臘世界產生密切關係，過程中王國逐漸成長，一邊吸收希臘文化，一邊擴張國力。在大帝父親腓力二世的時代，馬其頓王國征服了希臘世界，茁壯成為巴爾幹半島上最強大的國家。亞歷山大繼承了這個強而有力的國家，並且進攻東方世界。他遠征的範圍，包含波斯帝國全部領土，遠達印度半島西北部。因此要談論亞歷山大，就有必要將這個廣大的世界完整地納入視野之中。為此，首先必須遠離現今已成為常識的歷史概念，重新設定新的舞台。

在日本的高中世界史教科書中，古代希臘史和古代東方史，分別被放在不同的頁面敘述，給人的印象似乎是兩個完全不同的世界。希臘與波斯的關係，在古代希臘史的頁面裡雖然有談到，但也只出現兩個項目，一個是希臘在波希戰爭（Greco-Persian Wars）中獲勝，一個是亞歷山大的東方遠征和波斯帝國的滅亡。馬其頓王國則在希臘的衰退期時突如其來地出現，關於王國的背景和國家的樣貌，教科書中大致都沒寫道。即便是以一般讀者為取向的《世界歷史》系列的套書，希臘羅馬與東方（Orient）也分別被放在不同的卷次，東方世界與西方世界的關係依然曖昧不明。關於希臘化時代的敘述，也以大帝的遠征和希臘文化向東方擴張為主題，希臘化史與東方史儼然是完全各自獨立的存在。

從這樣的敘述當中得到的印象，應該會是希臘與波斯經常處於敵對狀態，而亞歷山大的遠征則在東方開創了新時代吧。不過這種站在希臘人觀點的歷史觀，今日已被視為是希臘中心主義，飽受嚴厲的批判。就事實而言，希臘文化的誕生，深深受到東方世界的影響，希臘人與波斯等東方民族，透過經濟和文化等各種面向，密切地進行交流。從黑海經過愛琴海到達東地中海，形成一個海上貿易圈，希臘商人熱絡地往來其間，許多的工匠和傭兵為了尋求工作而四處移動。在政治層面上，希臘與波斯也並非經常處於對立狀態。波希戰爭之際，有許多希臘的國家是接受阿契美尼德王朝的統治。波希戰爭以後，雅典和斯巴達等城邦，頻繁地派遣外交使節，向波斯大帝請求締結同盟或提供資金。所以不如說是波斯大帝居中煽動希臘人彼此對立，甚至加以操縱。就帝國版圖起自西亞遠至印度西北的波斯看來，希臘只不過是隔著大海的西方邊境。

過去對於希臘化時代的理解也相當片面。如同前章提到的，根據一般的通說，因為大帝遠征東方，讓許多希臘人移居到東方並傳播希臘文化，各民族之間的交流變得活絡，希臘文化在各地與東方文化融合，進而誕生了希臘化文化。但這也是對希臘文化所扮演的角色，給予過高的評價。阿契美尼德王朝對於征服的各民族採取寬容的政策，在其統治之下，早已實現了諸多民族的和平共存與交流。阿拉姆語成為廣泛使用的國際共通語言。在文化層面上，波斯人也從埃及和亞述等更古老的文化，學習了許多事物，就像波斯波利斯的宮殿浮雕所顯示的，他們以自己獨特的方式融合了這些古老文化。此外還整頓了交通和通訊網絡，如修築波斯御道、設立驛站制度，構築起具有效率的統治體系。亞歷山大自己在遠征中也靈活運用了此類的制度和組織，也就是今日所說的基礎設施。

在大帝以前，東方世界和西方世界之間的關係，已有相當豐富的互動，必須要先確立這個前提，才能夠開始考察亞歷山大出現的背景和他遠征東方的歷史意義。首先就讓我們從希臘和波斯的關係來看起，重新設定至今為止的常識。

◎希臘世界的興起與東方世界

西元前八世紀以降，在希臘本土和愛琴海一帶，大量誕生了一種希臘特有的小國家，名為「城邦」（Polis）。所謂的城邦，是廣義的城市國家，共同體的成員是公民，他們集居在被稱為「衛城」（Acropolis）的丘陵周邊，擔負起政治與軍事的責任義務，共同管理國政。農地散布在市區周邊，土地被分配給具有自由身分的農民。最初是由貴族獨攬政權，不過占公民人數大半的平民，也逐漸獲得參與政治的機會。城邦是規模極小的國家，具有公民身分的成年男子，人數通常是數千名，小的城邦則頂多只有幾百人。鼎盛時期公民人數將近萬人的斯巴達，和擁有四萬名公民的雅典，是其中的特例。此外在西元前八世紀到前六世紀之間，希臘人在黑海和地中海沿岸地區，建設殖民城市，積極從事貿易活動，同時也擴大了希臘世界。希臘城邦的總數，推斷曾經多達一千個。

　　這個時期的東方，亞述人在西元前八世紀，統一美索不達米亞地區並建立帝國，版圖甚至擴張至埃及。在小亞細亞，則有繁榮的弗里吉亞王

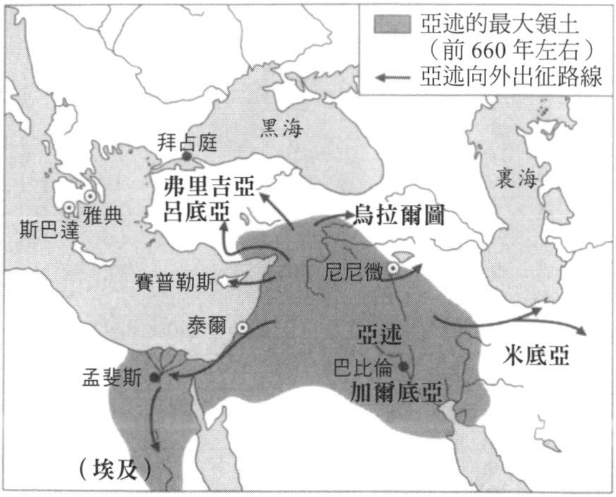

亞述帝國及其周邊　西元前 660 年左右。

國（Phrygia），且貿易經由東地中海、小亞細亞沿岸以及內陸地區的往來，蓬勃發展。進步的東方文化，對希臘人帶來了巨大的刺激。希臘人除了改良腓尼基文字，製作出希臘的字母系統之外，還跟東方世界學習了各種不同領域的事物，如雕刻和建築的樣式、冶金術和金屬加工技術等等。因而西元前八世紀到前六世紀，被稱為是希臘的「東方化時代」（Orientalizing period）或是「東方樣式化革命的時代」。獨特的希臘文明，乃是在東方世界的強烈影響之下誕生的。

在希臘世界中，位於小亞細亞西岸的愛奧尼亞地區（Ionia），受到來自東方的豐富刺激，最先發展出城邦；早於希臘本土，希臘文化在此地先開花結果。西元前七世紀至前六世紀，緊鄰愛奧尼亞東方的呂底亞王國（Lydia）盛極一時。對於國家的繁華感到自豪的呂底亞國王們，也對希臘文化產生強烈關心，他們大量捐款給幾個希臘屈指可數的聖地，例如德爾菲（Delphi）。西元前六世紀，呂底亞國王克羅伊斯（Croesus），首度征服小亞細亞沿岸的希臘諸國，強迫各國朝貢，不過彼此之間的經濟關係反倒日漸增強，此地區的希臘人依然繼續享受著繁榮。

在這個時期的希臘本土，斯巴達確立了獨特的政治體制，在君主制的領導下，全體公民專心致力於政治和軍事活動，更聯合伯羅奔尼撒半島（Peloponnesian）的各城邦組成聯盟，國勢強大傲視希臘諸城邦。雅典則是於西元前六世紀初期，在梭倫（Solon）的改革下跨出邁向民主政治的第一步，之後在庇西特拉圖（Peisistratus）的僭主政治領導下，工商業逐漸發展，一般農民的生活也變得安定。接著在西元前五〇八年，雅典的僭主政治垮台後，克里斯提尼（Cleisthenes）改革政治體制，確立了以重裝步兵身分為中心的民主政治。此外在波奧提亞（Boeotia）、色薩利（Thessaly）、福基斯（Phocis）、洛克里斯（Locris）等地區，數個城邦經由共通的方言或宗教連結，各自形成寬鬆的聯盟體制。於是，雖落後於愛奧尼亞，但希臘本土的各國也逐漸完成政治上的發展。

然而波斯帝國的成立與向西擴張，大幅改變了這個狀況。

◎波斯帝國的西進

波斯人從中亞開始南下，於西元前七百年左右，在札格洛斯山脈（Zagros Mts.）東南方的伯爾薩地區（Pârsa，希臘語為波西斯〔Persis〕）定居，在受到埃蘭人（Elamites）和米底亞人的影響同時，也逐漸形成王國。西元前五五九年，居魯士二世（Cyrus II）即位後，開始積極地展開征服活動。前五四六年，他進攻小亞細亞，消滅呂底亞王國，令小亞細亞沿

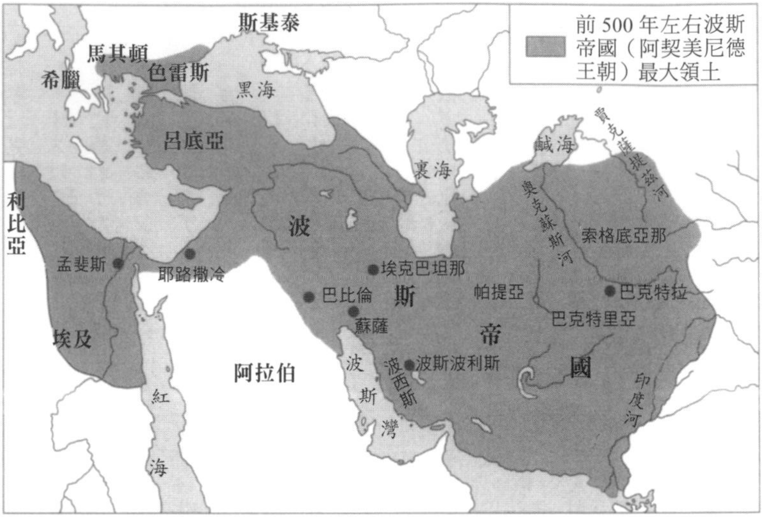

波斯帝國最大版圖　西元前500年左右。

海地區的希臘人亦歸順於波斯，更在前五三九年占領巴比倫，統一了東方世界。繼任的岡比西斯二世（Cambyses II）征服埃及後，此時便出現了空前的大帝國。西元前五二二年，岡比西斯死後，大流士一世（Darius I）篡奪王位，在花了一年的時間鎮壓全國各地爆發的叛亂後，確立王權。其帝國版圖西起自埃及，跨過中亞，遠及印度河流域。大流士一世將其統治領域劃分為行省、設置總督，並修築波斯御道、建置通訊網絡，同時對於其下各民族大抵採取寬容的統治政策，承認各民族的自治權，整頓出世界帝國的統治體制。「如何統治擁有多樣的宗教信仰和風俗習慣的諸多民族」，關於這個問題，阿契美尼德王朝已提供了後世標準解答。阿契美尼德王朝的統治體制，成為帝國的模範，為後來的羅馬帝國和鄂圖曼帝國所繼承。

大流士一世更進一步渡過博斯普魯斯海峽（Bosporus），沿著黑海北上，決然遠征斯基泰（Scythia）。雖然這場遠征以失敗告終，但波斯也因此擴展了在歐洲方面的勢力。當時的巴爾幹半島上，從愛琴海沿岸往北穿越洛多皮山脈（Rhodope Mts.）、哈伊莫司山脈（Haemus Mons，今日的巴爾幹山脈），到達多瑙河一帶的地區，居住著色雷斯人（Thracians），他們分裂成好幾個部族，並未成立統一的國家。色雷斯人的西邊，在斯特里蒙河（Strymon，今稱斯特魯馬河〔Struma〕）一帶住著培奧尼亞人（Paeonians），再往西方則是馬其頓王國。大流士一世留在歐洲的將軍美伽巴佐斯（Megabazus），於西元前五一〇年代末期征服色雷斯地區，強迫培奧尼亞人移居亞洲，進而迫使馬其頓王國臣服。自那之後到波斯敗於希臘並撤退為止，巴爾幹北部被納入波斯帝國的版圖長達約三十年。在這個時期，

大流士一世

貿易活動轉為熱絡，東西貫穿品都斯山脈（Pindus Mts.）的貿易路線，經由愛琴海北岸到達小亞細亞，另外也通到多瑙河流域。可以認為，色雷斯與馬其頓的王族和貴族，就是在這個時期學習到了波斯風格的生活樣式。馬其頓的國王會開始持有狩獵專用的廣大庭園，應該也是受到波斯人的影響。

西元前四九九年，愛奧尼亞地區的希臘人叛亂，但在六年後又遭到波斯鎮壓。在那之後，大流士一世也迫使愛琴海島嶼地區和希臘本土的部分希臘人承認波斯的宗主權。波斯人對希臘人的統治，是建立在波斯國王和高級官員與希臘各地統治者之間的個人友好關係上。波斯人希臘各城市的統治階層，因為有波斯人作為後盾，而得以維持政權。波斯方面對於表現良好的希臘人，也會給予土地或村落作為報酬，以確保他們的忠誠。波斯對於小亞細亞沿岸和愛琴海一帶的希臘人的統治，是藉由彷彿網眼密布般的個人友好關係網絡來維持。

◎雅典之海

西元前四九二年波希戰爭爆發，起因是因為雅典支援愛奧尼亞的叛亂。西元前四九〇年，大流士一世派軍進攻雅典，但波斯大軍在馬拉松戰役（Battle of Marathon）中敗退。次任國王薛西斯（Xerxes I），在西元前四八〇年親自遠征希臘，於薩拉米斯海戰（Battle of Salamis）落敗後撤退，他留在希臘的陸軍翌年也於普拉提亞（Plataea）敗北。波希戰爭因為希臘的勝利而結束。

不過波斯軍撤退後，對於希臘的威脅並未就此消失。西元前四七七年，以雅典為中心，愛琴海及其周邊的各城市，為防範波斯軍再度來犯，成立了提洛同盟（Delian League）。希臘艦隊的反攻作戰，甚至擴及小亞細亞西南部，大陸地區的希臘城市，也因此得以脫離波斯的統治。於是，愛琴海成為希臘之海，不，應該是成了雅典之海。雅典之所以能夠君臨愛琴海，不僅因為是在波希戰爭中貢獻最多的國家，也因為擁有一支軍力強大且深具威信的海軍。自西元前五世紀中葉起，雅典在政治家伯里克里斯（Pericles）的帶領下，完成直接民主政治，獨占提洛同盟的資金，投入帕德嫩神廟（Parthenon）等種種公共建築的建設。因此，雅典迎接了全盛期的到來，不論在政治上或文化上，都成為希臘的最大國家。

同時期，在波希戰爭後的希臘，奴隸制度相當發達，亞裔奴隸大量在市場中被當作商品買賣。在雅典，除了極為貧窮的公民，一般人家擁有兩、三名奴隸是很平常的事，若是中間階層的農民則會擁有五、六名到七、八名的奴隸，用來處理家事和農務。奴隸制度的發達是確立在日常生活不可或缺的現實基礎上，且誕生了外國人就等於奴隸的觀念。原本只是意指非希臘人的「Barbaroi」一詞，開始變得帶有野蠻人和夷狄的歧視意味。波斯人被認為是野蠻人的代表，在他們的國家中，只有國王是自由的，其他的人則都被視為奴隸。將波希戰爭視為是希臘的自由戰勝了東方專制國家的思想，誕生在全盛時期的雅典。「野蠻落後的異邦人」也成為固定台詞，反覆出現在每年慶典中上演的悲劇或喜劇作品中，此想法成為既定成見，深深地滲透進希臘人的腦海中。

然而，前述的種種，實際上僅是希臘與波斯關係中的一個面向。豐富的波斯文化逐漸成為希臘人憧

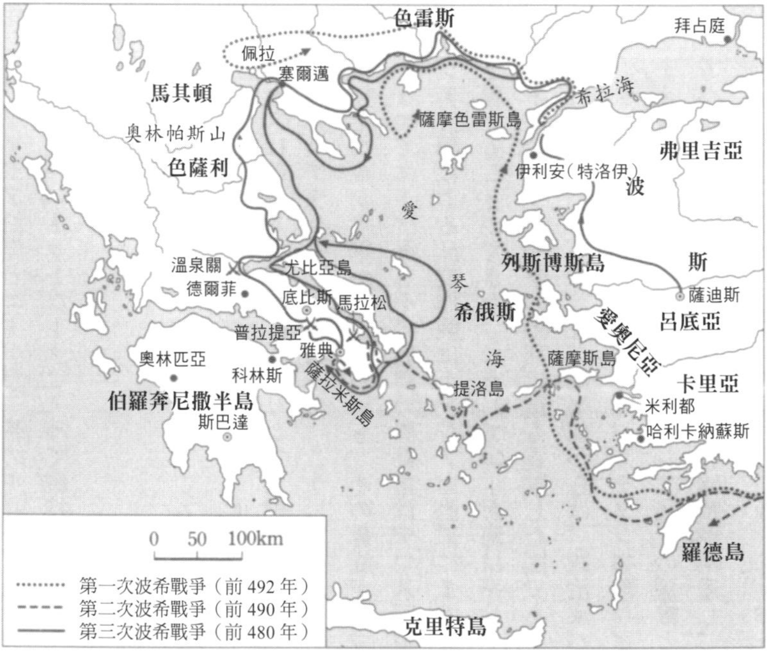

波希戰爭時的希臘　西元前 500 年～前 479 年。

憬的對象，但另一方面，在政治上卻出現波斯國王將希臘諸國玩弄於掌中的情況。

◎波斯文化的流入

豐富的波斯文化逐漸流入希臘世界，是在波希戰爭以後。在近代以前，於戰爭中得手的戰利品，提供了人們詳細觀察異國文物的絕佳良機。就這層意義而言，戰爭可謂是在廣義上達成了文化交流的功能。波希戰爭後的希臘人也不例外。在普拉提亞戰役後，希臘人擄獲波斯人的豪華家具和擺設，他們不只是瞠目結舌而已，還開始模仿。例如，蓋在雅典的議會議員輪值集會所（Tholos），是一座圓形的建築，別名「Skias」（陽傘），據說是模仿自波斯國王的帳篷或傘的形狀。還有伯里克里斯在衛城山麓建設的，名為「Odeon」（音樂廳）的建築物，是邊長超過六十公尺的正方形，四角錐形的屋頂，由九排九列、共八十一根的圓柱支撐。這座建築的使用目的雖然不明確，但絕對是當時的希臘無法想像出來的樣式，一般認為這也是模仿自波斯國王的帳篷。曾有學者解釋，這座建築曾經被用來展示提洛同盟各國進貢的物品，因此建築的目的是為了誇示雅典的權力。這與從波斯波利斯王宮的覲見大殿和百柱殿中，能夠窺見「權力象徵」的思想是相通的。若按照這個解釋，便暗示雅典的公共建築採納了波斯宮殿的巧思匠意，這一點相當發人興味。

愛好波斯風格的風氣，也在個人層級之間蔓延。例如，在陶瓶繪畫上，描繪著身穿東方設計風格長衣的男男女女，和手中撐傘或持扇的女性。「服裝」是政治視覺化的表現，上層階級的公民懷著展現自己優越地位的意圖，而穿上東方風格的衣服。還有女性外出時，命令奴隸撐著陽傘伺候，也能顯示出高人一等的社會地位。波斯的浮雕會出現隨從在國王身後撐傘的場面，就是因為傘是象徵權力的隨身物品。雅典派遣到波斯的外交使節，也會收到來自波斯國王的豪華贈禮，並將種種舶來品帶回本國。其中最著名的例子，就是有位名為皮里蘭佩（Pyrilampes）的人物曾經帶回孔雀。使節們所帶回的見聞和地方特產，對於波斯風（Perserie）在雅典的流行貢獻良多。

於是，雅典人一面輕蔑波斯人、視之為奴隸，但同時卻又強烈嚮往富有異國情調的波斯文化。特別是上層階級的公民競相愛好波斯風，是為了藉此顯示社會地位並製造差異化。

◎處於波斯帝國周邊的希臘

雅典逐漸發展的海上支配，對陸上霸主斯巴達帶來了威脅。西元前四三一年，因為兩者互爭希臘世界的霸權，而爆發了伯羅奔尼撒戰爭（Peloponnesian War）。伯里克里斯死後的雅典，在迎合民眾的政治家們的領導下，輕率展開作戰，無謂地浪費國力。兩國競相派遣使節，請求波斯國王提供資金援助，斯巴達以波斯提供的資金建設艦隊，終於打敗雅典的海軍，迫使雅典投降。於是在西元前四〇四年，伯羅奔尼撒戰爭結束。

掌握海上霸權的斯巴達，對希臘諸國施行高壓統治，更以解放重返波斯統治下的希臘諸國為名目，進攻小亞細亞。波斯國王為解除斯巴達的威脅，贈送資金給雅典、底比斯（Thebes）等希臘強國。這些國家成立了反斯巴達聯盟，也因此在西元前三九五年爆發科林斯戰爭（Corinthian War）。如同波斯所期待的，斯巴達因此自小亞細亞撤軍。雖然兩邊在戰爭中互有勝負，但因為斯巴達和波斯都擔心雅典的海上支配復活，於是兩者在想法一致的情況下，於西元前三八六年，合作促成締結和平條約，結束科林斯戰爭。這份條約，一方面保障希臘諸城邦的自由與自治，另一方面也承認小亞細亞的希臘人歸順於波斯國王。希臘本土和愛琴海一帶的希臘諸國，全部都加入了這份條約，因此稱之為《普遍和平條約》（也稱為《國王和約》〔The King's Peace〕，或根據斯巴達使節的名字稱作《安塔爾基達斯和約》〔Peace of Antalcidas〕）。於是得到波斯作為後盾的斯巴達，再度君臨希臘世界，但也因為將大陸地區的希臘人出賣給夷狄之邦，而飽受譴責。

在這之後，雅典為反抗斯巴達的統治再度奮起，西元前三七七年，以自由和自治為旗，促使海上聯盟復活。底比斯也為爭奪霸權而向斯巴達挑戰，並在西元前三七一年的留克特拉戰役（Battle of Leuctra）大獲全勝，斯巴達因此喪失了在希臘世界的優勢地位。在這一連串希臘強國互爭霸權的過程中，坐收漁翁之利的就是波斯國王。波斯國王操縱著希臘人，一邊挑撥他們互相戰鬥，一邊更新《普遍和平條約》，絕對不讓某一個國家獨攬希臘霸權。因此，西元前四世紀的希臘，就在《普遍和平條約》的框架中，受制於波斯國王的控制之下。

無法自漫長的戰爭中掙脫的希臘，有許多公民因政治鬥爭和經濟沒落而離開自己的城邦，他們為了謀生成為傭兵，輾轉流離於各地。希臘傭兵的評價甚高，他們被認為是相當優秀的士兵，波斯國王或小亞細亞各地的總督都積極地雇用他們。雅典的將軍們為尋求個人利益而前往國外，也以傭兵隊長的身分大顯身手。斯巴達甚至是舉國離鄉討生活；在留克特拉戰役大敗後，斯巴達國王親自率領士兵，接受埃及國王的雇用，試圖以傭兵收入來重振國家財政。埃及在西元前四世紀叛離波斯，波斯為恢復對埃及的宗主權，曾經多次派軍征伐。兩軍都依靠希臘傭兵支撐，因此被分為敵我兩方的希臘人，若無其事地彼此交戰。

在波斯國王的操縱下，希臘諸國長年征戰不休，消耗國力。希臘傭兵們為了討生活，而接受流浪的命運，被國外的王侯雇用。這就是西元前四世紀希臘的現實處境；悲慘的景況，只能被稱為是波斯帝國的西方邊境。而使這樣的希臘完全屈服的，就是馬其頓王國。

馬其頓王國的興盛

◎何謂馬其頓？

亞歷山大是古代馬其頓王國的國王，也是希臘的統治者。他在東方遠征中率領的是馬其頓和希臘的聯合軍隊。攤開地圖，會發現古代馬其頓的中心地帶，現在是希臘的領土。希臘的貨幣雖然已經替換為歐元，不過以前百元的德拉克馬（Drachma）上雕刻的是大帝的側臉。馬其頓與希臘究竟有何種關係？這個問題著實一言難盡。

今日提到的馬其頓，指的是一九九一年自前南斯拉夫獨立的馬其頓共和國，是一個與希臘國境相接的內陸小國家，面積為二萬六千平方公里，人口有二百萬。馬其頓申請加入聯合國時，希臘猛烈反對。希臘政府的說辭是，馬其頓純粹是希臘的一個地名，「馬其頓人」這個民族並不存在。這個說辭的背後，存在著希臘人的民族意識。因為提到馬其頓，就會令人聯想到亞歷山大大帝的故國，而那個國家現在是希臘的一部分，因此大帝是希臘最偉大的英雄。實際上，現今的馬其頓人是中世紀斯拉夫人的後裔，使用的語言也屬於斯拉夫語族，因此和古代的馬其頓是兩個完全不同的民族。只是馬其頓共和國的獨立觸怒了視亞歷山大為民族驕傲的希臘人。最後在妥協之下，一九九三年以「前南斯拉夫馬其頓共和國」的名稱，承認馬其頓加入聯合國。

如何界定一個民族所屬的系統，不純粹只是學術上的問題，顯然也是政治問題。說起來在現代馬其頓的領域中，除了馬其頓人之外，還住著阿爾巴尼亞人、保加利亞人、希臘人、瓦拉幾亞人（Wallachia）、猶太人、土耳其人，所以提到馬其頓就等於是複雜的代名詞。義大利餐廳的什錦水果沙拉被稱作「Macedonia」（馬其頓的義大利語型），傳神地表現出馬其頓多民族混雜的情況。「馬其頓人」民族意識的誕生，是在鄂圖曼帝國時代的十九世紀末。第二次世界大戰後，在鐵托（Josip Broz Tito）的推動下，組成南斯拉夫社會主義聯邦共和國，這時加入聯邦的「馬其頓人」才首度擁有自己的獨立國家，也就是馬其頓共和國。南斯拉夫政府努力推動新馬其頓語的普及化，培育出具有民族意識的馬其頓人。簡而言之，馬其頓人是在二十世紀後半被製造出來的，一支最新的歐洲民族。

接著把話題回到古代，根據現今的研究，古代馬其頓人的語言是屬於古代希臘西北部的方言群。不過古代馬其頓的國家和社會的情況，也和城邦世界大不相同。

◎馬其頓王國的成立

古代馬其頓的領域，是由面向塞爾邁灣（Thermaic Gulf）的扇形平原地區，和以圓弧狀包圍平原地區的山岳地帶等兩大地區所構成。平原地區連接著愛琴海，山岳地帶與巴爾幹半島北部相連，分別向海洋和大陸兩個方向展開，而氣候也是地中海型和大陸型並存。只要進行一趟巴士旅行，立刻就會明白馬其頓的景觀與希臘之間的差異。希臘南部是一山接著一山，連綿不絕，平野也相當狹小，相對地，馬其頓的低地則是延續不斷的平原地帶。

馬其頓人原本在南北縱貫巴爾幹半島的品都斯山脈，過著遊牧的生活。他們趕著成群的山羊或綿羊，夏季移動到涼爽的高原，冬季移動到溫暖的平野，為了尋找牧地四處移動。遊牧的馬其頓人，定居在奧林帕斯山北部的皮埃里亞山脈（Pieria Mts.）的山腳下，並在西元前七世紀中葉時建立王國。根據馬其頓的建國傳說，他們因為得到神諭的指示，所以跟著山羊群的指引來到此地建立國家，定都後將城市命名為「艾加伊」（Aigai）。「艾加伊」一名，是源自於希臘語山羊的複數型「Aiges」。據說從此以後，馬其頓人在遠征之際，必定會讓成群的山羊走在軍旗的前方。他們以艾加伊為據點，向北方擴張勢力，控制了散布於塞爾邁灣後方的豐富平原。

西元前六世紀末，波斯帝國的阿契美尼德王朝西進，將色雷斯地區納入統治之下，並強迫培奧尼亞人遷居到亞洲後，馬其頓掌握住這個機會，在阿克西奧斯河（今日稱發達河）的東方擴張領土。國王阿敏塔斯一世（Amyntas I）將女兒嫁給波斯總督之子，締結同盟關係，並承認波斯的宗主權。西元前四九二年，大流士一世派遣馬鐸尼斯（Mardonius）指揮，率領遠征部隊前往希臘。波斯陸軍沿著愛琴海北岸向西前進抵達馬其頓，不過海軍卻在阿索斯山半島（Mount Athos）的海面上遭遇暴風雨，損傷慘重，馬鐸尼斯因此放棄遠征的念頭率軍歸國。西元前四八〇年夏，波斯國王薛西斯親自率領陣容龐大的海陸軍，在馬其頓集結，並從此地南下進攻希臘本土。當時馬其頓的國王亞歷山大一世（Alexander I），也跟隨波斯大軍，加入攻擊希臘的行列。不過，波斯軍戰敗撤退，從此完全自愛琴海一帶收手。

在那之後，馬其頓利用木材輸出作為手段，強化與希臘諸城邦的連結。廣大的森林地帶，帶來豐富的木材資源，國王壟斷木材的輸出，用以增加王國的財政收入，而最大的木材輸出地則是雅典。波希戰爭後，雅典成為提洛同盟的盟主，君臨愛琴海；為了維持和擴充海軍，每年都需要大量木材，於是便和馬其頓王國締結同盟，以確保木材來源。對馬其頓而言，與當時希臘世界最強大的雅典保持友好關係，也是維護國家安全不可或缺的保障。在這層意義上看來，當時的木材可謂是足以與今日的石油相提並論的戰略物資。西元前五世紀末，雅典的公民大會決議表彰馬其頓國王，以讚揚其對於木材貿易的貢獻。

另一方面，在馬其頓王國的北方分散居住著，伊利里亞人（Illyrians）和色雷斯人等多個好戰部族。他們屢屢向南方入侵，反覆進行掠奪，有時甚至對馬其頓王國的存在形成威脅。對馬其頓王國而言，防衛這些民族的入侵，是最重要的課題。

◎馬其頓的社會

阿吉德王朝家族（Argeadae）在貴族的支持下，代代統治著馬其頓王國。在馬其頓，一般的自由人從事農業或遊牧，和希臘不一樣的是，社會當中並不存在系統性的奴隸制度或農奴地位之類的身分階級。馬其頓的社會狀態，會令人聯想起荷馬的英雄史詩中描寫的原始氏族社會。

國王是軍隊的最高指揮官，負責主持宗教儀式，也扮演審判官的角色。在極為古老的馬其頓儀式中，有一個軍隊的淨化儀式，儀式中會以一隻狗作為牲禮，將狗撕裂為兩半，然後士兵們列隊從中間經過。這個淨化儀式會在每年春天的遠征季節開始時，於國王率領全副武裝的戰士們參加的祭典中舉行。貴族們被稱呼為「Hetairoi」（朋友、夥伴），以服侍國王來換取土地或額外賞賜。

軍隊的主力是騎兵。馬其頓廣大的平原很適合飼養馬匹，貴族子弟自幼便接受騎馬的訓練。因為古代尚未發明馬鐙，所以騎馬時雙腳沒有可以踩踏的地方，必須要以雙腿緊緊夾住馬匹的側腹。要以這樣的姿勢靈活自如地駕馭馬匹，而且還要持矛戰鬥，需要高度純熟的技術。騎兵因此成為馬其頓軍的主角，相反地，在以重裝步兵為中心的希臘，騎兵則不過是配角。戰爭是他們最重要的活動，在古老的時代甚至還有律法規定：「未曾殺敵一人者，須以繫馬的韁繩代替腰帶。」這是項屈辱的標識。唯有戰場上的英勇表現，才能贏得最高的榮譽。

狩獵與戰爭並列，是貴族生活中不可或缺的重要活動。豐富的森林中，有許多野生的獸類棲息，如獅子、豹、野豬和鹿。打獵不只是單純的娛樂，更是培育勇敢戰士的訓練場。即便是貴族，若沒有只用矛便能刺死野豬的狩獵成績，用餐時也不許倚靠在躺椅上，只能端坐在一般的椅子。狩獵活動在社會當中具有重要的涵義，這是馬其頓與亞述和波斯等東方帝國的共通點。馬其頓人會為了狩獵而特意建造能夠關住猛獸的院囿，這點或許也是在接受波斯統治時代所學到的習慣。

酒宴也是很重要的消遣場合。馬其頓人的縱酒，惡名昭彰，他們不只是酒醉喧嘩鬧事而已。亞歷山大的父親腓力二世，遠征時一定會帶著多位吹笛人隨行，在連日痛快暢飲之際，便會要他們吹笛演奏以助酒興。

這就是古代的馬其頓，儼然就是一個粗莽、蠻勇的戰士世界。將他們想像成出現在西部片中好勇鬥狠的硬漢們，或許會更容易理解吧。

◎是希臘人還是野蠻人？

馬其頓人的社會與南方先進的希臘人便是如此截然不同。如同前文所述，馬其頓人的語言是隸屬於古代希臘西北部的方言群，關於這一點，多數學者們的意見是一致的。不過對於當時的希臘人而言，馬其頓只不過是北方落後的邊疆地帶。在大部分希臘城邦都已廢除君主制的古典時期（西元前五世紀～前四世紀），擁立國王之舉本身就會被視為是落後國家的行為。希臘人喝葡萄酒時會摻水調和，但馬其頓人卻是直接飲用純葡萄酒，這點也被視為證明馬其頓人是「Barbaroi」（野蠻人）的證據。不過，如果讓我來說的話，希臘的葡萄酒酸味強勁，口感酸澀，但馬其頓的葡萄酒平衡感極佳，相當可口，摻水稀釋反倒令人覺得糟蹋。

馬其頓王室當然也很清楚希臘人是怎麼看待他們的。因此他們極力想證明，馬其頓王室的祖先是繼承了希臘英雄血統、道道地地的希臘人。歷史學家希羅多德（Herodotus），在他描述波希戰爭的《歷史》（*Historiae*）中，介紹了兩則關於馬其頓人試圖證明王室血統的故事。

一則是馬其頓的建國傳說。傳說中有三兄弟，是希臘神話中的英雄泰米努斯（Temenus）的後裔，他們自阿爾戈斯（Argos）流亡而來，建立了馬其頓王國。泰米努斯是海克力士的後裔，也是阿爾戈斯的統治者。阿爾戈斯是一座歷史悠久的希臘城邦，可追溯至邁錫尼文明的時代。因此，馬其頓王室的祖先與希臘神話中最偉大的英雄血統相連，是純正的希臘人。

還有一則是亞歷山大一世發生在波希戰爭期間的逸聞。據說他年輕時曾經參加過奧林匹克競技會，在「斯泰德」（Stadion）的項目中出場競賽。「斯泰德」是長度單位，約莫一百八十公尺，因此相當於是今日的二百公尺短跑競賽。然而有其他選手發出抗議，認為亞歷山大一世是外國人，所以不具有出賽資格。奧林匹克競技會是僅屬於希臘人的慶典，因此參賽者必須通過嚴格的資格審查。於是，亞歷山大一世證明自己具有阿爾戈斯人的血統，資格審查委員們也接受他的說法，判定他是希臘人。至於他所提出的證明，肯定就是前面介紹的第一則，馬其頓王國的建國者是阿爾戈斯流亡者的建國傳說。據說因此得以順利出賽的亞歷山大一世，締造了與第一名勢均力敵的佳績。

希羅多德的這段記述極為曖昧。「與第一名勢均力敵」的意思，是並列第一嗎？然而，亞歷山大一世的名字並未被記錄在奧林匹克競技會的優勝者名單中。倘若他的參賽是事實，依他的年齡來推測，也應該是發生在波希戰爭以前，西元前六世紀末的事。無論如何，這一則逸聞的疑點甚多，多數學者認為可能是亞歷山大一世捏造的故事。因為希羅多德曾經實際造訪過馬其頓，他從亞歷山大一世的口中直接聽到這個故事的可能性很高。但是，與希臘最著名的慶典奧林匹克競技會相關的事蹟若是捏造，也很難想像會有人輕易相信。

事情的可信度姑且不談，但從這兩則故事可以看出的是，馬其頓王室為了證明他們擁有希臘人的血統，費盡了多少苦心。因為在波希戰爭後，馬其頓王室加入希臘世界以尋求王國的未來，為了獲得希臘人的接納，他們無論如何都非得證明自己是希臘人不可。

◎腓力二世與王國的繁榮

至此所敘述的，只是古代馬其頓的一個面向。隨著馬其頓與希臘之間的關係日益加深，

佩拉的遺跡　殘留下幾何圖樣的馬賽克鑲嵌地板的宅邸遺跡。

國王們開始積極採取希臘化政策。尤其是西元前五世紀末的國王阿奇列歐斯一世（Archelaus I），他建設佩拉（Pella）作為新首都，並在其中匯聚了希臘文化的精髓。他邀請許多希臘著名的藝術家前來，讓他們在宮殿的建築、繪畫、雕刻和馬賽克鑲嵌製作上，大顯身手。雅典的悲劇作家尤瑞皮底斯（Euripides）也在馬其頓渡過晚年，在此地結束他的一生。日後，希臘悲劇成為馬其頓貴族的基礎教養，他們都能夠流暢地背誦尤瑞皮底斯的作品。

在阿奇列歐斯一世死後，西元前四世紀前半的馬其頓王國，進入了充滿苦難的時代。除了王位爭奪造成馬其頓王權的混亂之外，北方的伊利里亞人也多次入侵，甚至還一度占領了首都；最後在希臘人的援助下，才好不容易奪回國土。西元前三五九年，伊利里亞人大舉進攻馬其頓，國王佩爾狄卡斯三世（Perdiccas III）與四千名士兵一起壯烈犧牲。鄰近的培奧尼亞人也擺出入侵馬其頓的態度，而內部的王位爭奪戰亦有外國出手干涉。王國名符其實地宛如風中之燭。

此時即位的是年僅二十三歲的腓力二世。他率領倉皇組成的軍隊，並利用巧妙的交涉，渡過眼前的危機；翌年經歷激戰後終於打敗伊利里亞人，除掉了來自王國北方的威脅。之後他充分利用豐富的資源，培育出強大的軍隊，擴大王國的征服領域，短短二十多年，便將馬其頓打造成巴爾幹半島上最強大的國家。腓力二世徹底地重建了馬其頓王國和其社會。有一段傳達此事的史料，經常被引用為證據。西元前三二四年，亞歷山大大帝對引發暴動的馬其頓士兵，發表了下面這段演說：

腓力二世的頭像　亞歷山大之父。

映在腓力眼中諸君當時悽慘的模樣，不止居無定所，且連當日的生計都無著落。多數人的身上只披著一張羊皮，在山上放牧寥寥可數的幾匹羊。為了全力守護羊隻，一直和伊利里亞人、特里巴利人（Triballi），以及緊鄰在側的色雷斯人，打著勝算渺茫的艱苦戰役。我的父親見到諸君如此，供應外套以代替羊皮，將諸君從山中帶到平地來，傾力將諸君全都鍛鍊成足以與鄰近蠻族對抗的勇者，從此以後不再仰仗山中之地利，而是相信自己與生俱來的勇氣。不僅如此，他還讓諸君成為城市的居民，確立完善的法律制度和生活習慣，並整頓城市建設。（阿里安，第七卷第九章，大牟田章譯，部分字句修正）

這段演說的內容雖然混雜著裝飾與誇大之詞，但腓力的國家建設，確實是自居民的生活樣式到社會的形貌，打從根本進行變革的大事業；若不擔心誤解，或許也可稱之為「近代化革命」。

腓力在他征服的地區建設了許多城市，並強迫其統治下的各民族遷入城市居住，要求他們開拓農地，透過這些方式，創造出馬其頓人這個具有同質性的「國民」。他取得巴爾幹半島上金礦蘊藏量最豐富的潘蓋翁山（Pangaion Hills），大量發行貨幣，促進經濟蓬勃發展，並且還將金幣撒給各國具有影響力的人士，以增加馬其頓的支持者。通婚也是腓力很重要的外交手段。依循馬其頓一夫多妻的慣例，他一生總共娶了七位妻子，其中有六位是周邊諸國的王室或貴族之女。國王的結婚，就是與對方國家締結同盟，換言之無非是保障王國安全的政策。

腓力最重要的課題是軍隊的整頓與強化。年過十五歲的他，曾經以人質的身分在底比斯生活了三年。西元前三六〇年代，底比斯在希臘歷史上屈指可數的名將——伊巴密濃達（Epaminondas）和派洛皮德（Pelopidas）的率領下，角逐希臘世界的霸權。因為在底比斯的生活經驗，讓年輕的腓力不但有機會仔細觀察他們的行動，也得以親身感受希臘諸城邦的政治和軍事的實際情況。他根據這段期間所獲得的經驗，改良了馬其頓的重裝步兵，讓他們持著五點五公尺的薩里沙長矛（Sarissa），打造出獨特的密集步兵部隊，並讓這支部隊與優秀的騎兵部隊搭配組合作戰。希臘的重裝步兵是由日常從事農業的一般公民所組成；相對地，腓力則是養成了一批遠離生產活動的職業戰士，將他們組織成精銳部隊。只要國王一聲令下，不管是多麼長期的遠征，馬其頓軍隨時隨地都能夠上陣。這顛覆了希臘人一直以來的戰爭常識，也就是由一群戰爭門外漢的公民在限定期間內出征的做法。於是在腓力的打造下，出現了一支巴爾幹最強大的無敵常備軍。

◎巧妙的征服戰略

腓力在征服巴爾幹和希臘之際，絕對不會輕率地出動軍隊進行片面性的攻擊。他會冷靜地看清楚周邊諸民族和各個國家的狀況，在判斷擁有勝算的情況下才會率兵進攻。他還會以金錢收買對手，或是巧妙地操縱外交交涉達成目的。從個人的交友關係到宗教性的權威，他也大量活用各種看不見的要素。腓力成功的原因，在於他能夠因應每一個當下的狀態與對手的情況，靈活善用自己所擁有的種種能力與手段。

另一方面，希臘諸國沒有辦法以自身的力量解決內部的問題，便想仰賴勢力強盛的腓力，積極拉攏他。結果，腓力不但融入希臘的政治與宗教的脈絡之中且適應良好，也因此擁有了名正言順的「合法性」，讓他得以君臨於希臘人之上。讓我們來看看幾個相關的實例。

西元前三五四年，色薩利人因為受到聯盟內部的城邦費萊（Pherae）的僭主呂哥弗隆（Lycophron）的威脅，而向腓力請求援助。於是腓力在當年和隔年，兩度遠征色薩利，擊敗僭主呂哥弗隆。因為這項功績，腓力被推舉為色薩利聯盟的執政官（Archon），這是該聯盟的最高官職。色薩利廣大的平原地帶生產品質優良的馬匹，以騎兵身分從軍的貴族階級掌握著各個城邦的實權。腓力因為成為整個色薩利地區的統治者，而將當地豐富的農產和希臘最強大的騎兵部隊占為己有。

西元前三四六年，腓力在終結持續長達十年的第三次神聖戰爭（Third Sacred War）上，扮演了決定性的角色。自古以來，希臘各地為了共同管理聖域，位於聖域周邊的城邦會集結成立一個宗教性組織，名為「近鄰同盟」（Amphictyonic League）。其中最重要的是以傳達阿波羅（Apollo）神諭聞名的德爾菲（Delphi）近鄰同盟，有十二個希臘主要國家或族群加入這個同盟；同盟的最高決議機構是評議會，總計有二十四名來自各國的代表。第三次神聖戰爭始於西元前三五六年。同盟成員之一的福基斯（Phocis）人，因為在聖地從事耕作而被判處罰金，但他們卻反過來以武力占領德爾菲。福基斯人挪用神殿財產動員大量傭兵，將希臘的主要國家捲入了長達十年的戰爭之中，令各國疲弊不堪。

西元前三四六年，福基斯的最大敵手底比斯與腓力結為同盟，並請求他介入戰爭。腓力剛展開遠征，福基斯的軍隊便放棄抵抗投降。德爾菲近鄰同盟的評議會，決議將福基斯曾經持有的兩個議會席次讓給腓力和其後代，並讓腓力擔任在

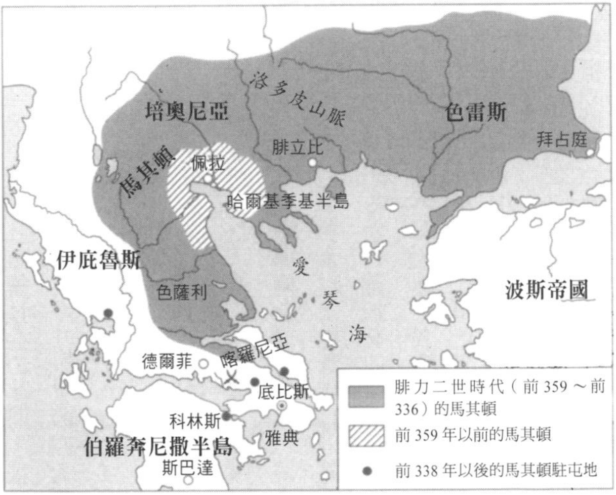

馬其頓的領土擴張

德爾菲舉辦的競技會的共同主辦人。這個競技會被稱為皮托競技會（Pythian Games），與奧林匹克競技會同時並列於古代希臘的四大慶典之中。於是，腓力成為希臘最具權威的聖地，德爾菲的守護者，備受讚揚。他不只贏得驍勇善戰的英名，還得到了崇敬阿波羅神的名聲。

腓力決心征服希臘，是在西元前三三八年的喀羅尼亞會戰（Battle of Charonea）時，契機也是因為神聖戰爭。西元前三三九年，德爾菲近鄰同盟評議會為了懲罰洛克里斯（Locris）人侵犯聖地，決議再次發動神聖戰爭，並將作戰指揮權授予腓力。腓力雖立即南下，但他利用這個機會故意攻擊雅典，且逼迫同盟國底比斯做出選擇：要不加入攻擊雅典，要不就是同意馬其頓軍通過底比斯。雅典的政治家狄摩西尼（Demosthenes）是反馬其頓派的急先鋒，親自前往底比斯，以與生俱來的雄辯之才，說服底比斯人與雅典締結同盟。於是翌年，馬其頓軍與雅典和底比斯的聯軍進行了決戰（參見第三章）。

腓力便像這樣，透過回應周邊各國的要求贏得友好與權威，並巧妙地掌握機會披上「合法性」的外衣，逐步實踐自己的野心。他的征服是經過縝密計算的事業，盡可能地以最少的負擔發揮最大的成效。

◎愛琴海的彼方

腓力的目光不知從何時起，開始投注在愛琴海的彼方。西元前三三七年，他注意到位於小亞細亞西南方的國家卡里亞（Caria）。卡里亞地區雖然是波斯帝國的一個行省，但是在西元前四世紀，總督赫卡托姆努斯（Hecatomnus）和他的兒子們，共同鞏固了在卡里亞的地位，成為一個半獨立的王國。特別是摩索拉斯（Mausolus），他聯合在哈利卡納蘇斯（Halicarnassus，今日的波德倫〔Bodrum〕）周圍的村落，擴大市區規模，[1]建立首都，並積極採用希臘文化，令卡里亞一舉躍升為小亞細亞的強國。摩索拉斯也顯露出擴張海上勢力的強烈意圖，將手伸向附近的愛琴海島嶼地區，挑撥雅典的同盟國叛離。他還建造了一座高度將近五十公尺的巨大陵墓。這座陵墓因其名字而被稱為「Mausoleum」，是古代世界七大奇蹟之一。「Mausoleum」這個名稱，在今日仍被當作一般名詞使用，指的即是巨大的陵墓。

摩索拉斯死後，由他的妻子、也是妹妹的阿爾特米西亞（Artemisia）繼位，她死後由弟弟披克索達洛司（Pixodarus）統治卡里亞。腓力便是想與這位披克索達洛司建立親戚關係。他計畫讓兒子阿里達烏斯（Arrhidaeus），也就是亞歷山大的兄長，和披克索達洛司的女兒結婚，然而計畫沒有實現。若是這段聯姻成立的話，馬其頓和卡里亞應該會成為同盟國，形成強而有力的紐帶，串聯起愛琴海的東西兩岸吧。並且，在腓力遠征波斯之際，卡里亞也肯定能成為協助他的珍貴夥伴。他的目光早已緊緊盯著東方大國波斯。

西元前三三六年，腓力遭到親信暗殺，他的兒子亞歷山大成為馬其頓的國王。這時的馬其頓王國已將巴爾幹半島和愛琴海地區的大部分島嶼納入版圖。正因為有腓力打下的基礎，亞歷山大的大規模遠征才有可能成真。

◎韋爾吉納的王室陵墓

從腓力二世到亞歷山大的時代，也就是西元前四世紀後半的馬其頓，王國內部的情況又是如何呢？幸運地，在一九七〇年代到八〇年代之間，發掘到馬其頓的王室之墓，提供了寶貴的線索，讓我們得以窺見當時的情況。

發掘到王室之墓的地點，是在古代的艾加伊城，也就是今日的韋爾吉納村。在佩拉成為馬其頓的新首都後，艾加伊仍然是王國的宗教和祭祀中心，占有重要的地位。一九七七年至七八年，塞薩洛尼基亞里斯多德大學（Aristotle University of Thessaloniki）的考古學者安德洛尼克斯（Manolis Andronikos），在韋爾吉納發掘到三座陵墓。其中有兩座陵墓幸運地逃過盜墓的劫難，留下了光彩奪目的陪葬品。這是希臘考古學史上在二十世紀最後的大發現。

而且，安德洛尼克斯發表指出，第二座王室陵墓埋葬的是腓力二世和他的王妃，因此引發了極大的迴響。雖然關於被埋葬者的身分依然未有定論，但從陪葬品豪華的程度看來，無庸置疑地，確實是西元前四世紀末的馬其頓王室之墓。進而在一九八七年，更發掘到有史以來最大、且最古老的馬其頓式墳墓，根據年代測定，推斷是腓力二世的母親尤麗黛（Eurydice）

韋爾吉納的王室陵墓入口　陵墓整體成為地下博物館，展示王家的祕寶。

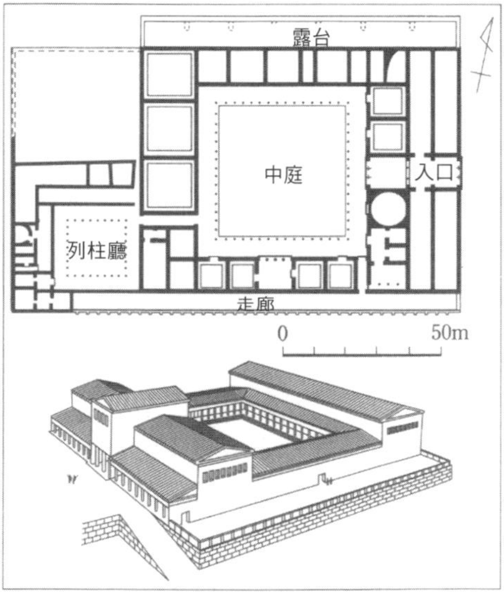

韋爾吉納的王宮平面圖與復原圖　引自：Drougou, *Vergina.*

黑帝斯之誘拐，第一座王室陵墓的壁畫　冥界之王誘拐珀爾塞福涅的場景。

的陵墓。

在這些王室陵墓中發現的濕壁畫和金製、銀製、青銅製的陪葬品，證明了當時馬其頓的藝術和工藝都已具有相當高的水準。

第一座王室陵墓雖遭到盜墓，但墓中三面牆上的濕壁畫完整地保留下來。特別是冥界之王黑帝斯（Hades）誘拐珀爾塞福涅（Persephone），搭乘馬車揚長而去的畫面，流動的筆觸令人印象深刻。另外的兩面牆，則是畫上了珀爾塞福涅的母親——女神狄蜜特（Demeter），和命運三女神摩伊拉（Moirai）。在古代希臘的繪畫作品已經完全消失的今日，這些壁畫在古代美術史上具有難以估量的珍貴價值。

最豪華的陪葬品，出現在第二座王室陵墓。被埋葬者的遺骨，以有金絲刺繡的紫布包覆後，再放入黃金製的骨灰盒裡。骨灰盒的蓋子上，刻有十六道光芒的星星圖樣，這是馬其頓王室的象徵。此外還發現大量的陪葬品，如黃金打造的王冠和花冠、貼有金箔的青銅製護脛和其他的甲冑裝備、基座上的小型象牙雕像，以及銀製餐具等等，均可稱得上是工藝的結晶。在尤麗黛之墓發現的寶座，是由大理石所打造，表面貼有金箔，高度約兩公尺；椅背上也以鮮明的色彩，描繪出黑帝斯和珀爾塞福涅恩愛地搭乘著四頭馬車的場景。另外，寶座上也裝飾著細緻的浮雕，有女性立像、斯芬克司（Sphinx）和獅子等等。

在亞歷山大大帝的時代，馬其頓王國早已不再是北方的落後國家。他們吸收先進的希臘文化，並進而提高其水準。直到後來被羅馬消滅為止，馬其頓的繁榮延續了將近二百年。

1 此種把數個村鎮聯合、形成都市的過程，在希臘語稱為「sunoikisomos」，英文稱為「synoecism」。

腓力二世之母陵墓中的寶座　描繪冥界之王黑帝斯與珀爾塞福涅乘坐馬車的場景。

第三章 亞歷山大的登場

少年亞歷山大與愛馬布塞弗勒斯　調教愛馬的亞歷山大。
（繪者：Francois Schommer）

從誕生到即位

◎大帝的肖像與實像

關於亞歷山大的肉體形貌，人們留下了種種描述。他的體態優美、膚色白皙，尤其是臉部和胸部的肌膚還透著紅潤。他的金髮微捲，瀏海往上梳起，露出前額。他的眼神優雅，目光清朗，雙眸顏色各異，右眼為黑，左眼則是灰中帶藍。

有兩件關於亞歷山大的作品，被認為呈現出他二十歲時的真實容顏。一件是高度僅有三公分的象牙製肖像雕刻，發現於韋爾吉納的第二座王室陵墓。肖像雕刻的頸部微傾，眼睛朝向上方。在表現手法上未刻意理想化，因此一般認為這件肖像雕刻非常接近真實的亞歷山大。

還有一面作品是濕壁畫，就畫在那座陵墓正面入口上方的三角楣飾上，亞歷山大的表情還留著些許稚氣。畫中描繪的是他在騎馬狩獵時，正要將持在右手上的矛投擲向獵物的瞬間。

亞歷山大成為國王後，他的雕像只交由留西波斯（Lysippos）製作。留西波斯出身於伯羅奔尼撒半島的小城邦西錫安（Sicyon），不僅多才多藝且作品相當豐富，因而廣為人知；據說他的作品總數多達一千五百件。蒲魯塔克在《亞歷山大傳》中如此敘述：

> 在為數眾多的雕像中，最能傳神表現出亞歷山大外貌的，是留西波斯的作品，而亞歷山大本身也只想將雕像交與他製作。因為這位藝術家能夠準確掌握住他的特徵，如頸部輕微向左轉的姿態，或是光潤明亮的雙眸。這些特徵，也都為亞歷山大日後的繼業者和許多朋友們所模仿。（第四章）

留西波斯的原作並沒有留下來，現存的作品都是羅馬時代的複製品。其中被認為最接近原作的是「阿扎拉之大帝胸像」（Alexander Azara）。這座胸像在西元

亞歷山大的肖像雕刻　小型頭部象牙雕刻，據說是大帝青年時期的樣貌。（韋爾吉納博物館藏）

阿扎拉之大帝胸像　羅馬帝政時期的仿製品。這座胸像成為希臘化時代製作的大帝像所模仿的原型。（羅浮宮美術館藏）

一七七九年於羅馬近郊的提弗利（Tivoli）被發現，因西班牙大使阿扎拉（José Nicolás de Azara）將它贈送給拿破崙，才會有此命名。胸像保存的狀況肯定不佳，嘴唇、鼻子和左右兩道眉毛的部分都經過修復。胸像的基座上以希臘文雕刻了三行銘文：「亞歷山大／腓力之子／馬其頓人」。這座胸像最大的特徵，是前方瀏海自額頭中央高高向後梳起的造型，這個表現手法是模仿自獅子鬃毛，因為大帝被認為具有雄獅般的氣質。留西波斯的這座胸像，成為希臘化時代製作的大帝像所模仿的原型。

◎亞歷山大的誕生與神話

亞歷山大誕生於西元前三五六年七月二十日。他的父親是腓力二世，母親是奧林匹雅思。奧林匹雅思是位於品都斯山脈西側，伊庇魯斯（Epirus）地區莫洛西亞王國（Molossia）的公主。馬其頓與莫洛西亞，皆受到北方伊利里亞人的威脅，因此兩人的結婚是一場政治婚姻，兩國彼此為了維護王國安全而互結同盟。

如同歷史上的大人物常會有的情況，關於亞歷山大的出生也創造出了許多傳說。其中一個傳說，說他的雙親是因為相戀而結婚的。據說他們兩人在愛琴海北部的薩摩色雷斯島

（Samothrace），一起參加秘密宗教的儀式時，腓力愛上了奧林匹雅思，於是他立刻跟她的監護人提出結婚的請求。奧林匹雅思確實是秘教的信徒，至於腓力的情況則不得而知。這個故事應該是在西元前四世紀末以後，薩摩色雷斯島成為馬其頓王室的重要聖地後才創造出來的吧。

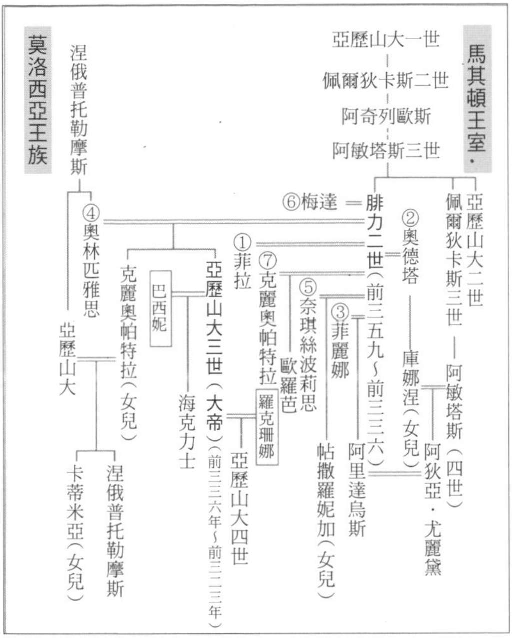

亞歷山大的家系圖　①～⑦為腓力二世娶妻的順序。

據說奧林匹雅思在婚禮前夕的夜裡，曾經做了一個夢。在夢中，雷鳴乍響後，一道閃電擊中她的腹部，緊接著就冒出火苗，火焰四處燃燒、蔓延成一片，然後又慢慢熄滅。因為主神宙斯能操縱雷電，因此這個夢境，暗示著宙斯與她的交媾。另一方面，腓力在婚後不久，也夢見自己在妻子的腹部蓋上一道封印，印記的圖樣是獅子的形象。宮廷的預言者對夢境的解釋是，奧林匹雅思已懷有身孕，並預言這個孩子將會像獅子一般勇敢。當時獅子被認為是與偉大的君主和統治者相稱的高貴動物。也因此亞歷山大的雕刻在呈現上，頭髮總是宛如獅子鬃毛般地飛揚。

腓力接到王子出生的通知，是在他占領希臘城邦波蒂迪亞（Potidaea）的時候。同時他亦接獲兩則捷報，一則是將軍帕曼紐（Parmenio）打敗了伊利里亞人；另外他的馬也在奧林匹克競技會中獲勝。這些事情應該是接連發生在短暫的夏季期間。腓力非常高興地說道：「這個孩子和三場勝利同時誕生，將來應該戰無不勝吧！」

亞歷山大雙親的家系，都能連結到希臘神話中的英雄。馬其頓王室的祖先，可以追溯到希臘最偉大的英雄海克力士，莫洛西亞王室則是特洛伊戰爭中的勇將阿基里斯的後裔，這兩位英雄都繼承了最高神祇宙斯的血統。此類的族譜，當然是為了提高王室血統的聲譽而創造出來的。只是對當時的人們而言，人類與眾神，會在傳說的世界中產生交集。他們將神和人類之間生下來的人物，稱為英雄。祖先是英雄的這個事實，對亞歷山大的心理和行動，應該都產生了相當深刻的影響。

◎少年時代的亞歷山大

現存的大帝傳記中，僅有蒲魯塔克詳細描述少年時代的亞歷山大。接著列舉其中幾則著名的逸聞吧。

亞歷山大自少年時起，在克己節制的德行修養上就有極為出色的表現，且因為重視名譽的態度，讓他在精神上顯現出超乎年齡的沉穩和恢弘器度。他跑步的速度很快，因此周圍的人詢問他，是否想參加奧林匹克競技會的「斯泰德」競賽項目（一百八十公尺短跑）時，他回答道：「若競賽的對手是國王們的話，倒可考慮。」

某次波斯國王派遣使節團來訪，腓力正好不在國內，由亞歷山大出面接待。他以國賓之禮接待使節，完全不像是個孩子，並且提出許多成熟的問題，如道路的長度、前往內陸旅行的情況、波斯國王在戰爭中是一位怎樣的人物、波斯人的勇氣和器量又是如何等等。使節們對亞歷山大提出的問題和充滿善意的態度，大為傾倒，甚至認為腓力的賢明雖舉世聞名，但和這個孩子的熱情和雄心壯志相比，也微不足道。

每當收到腓力攻陷有名的地方，或是在大型會戰中獲勝之類的消息時，他一點也不開心，反倒對同輩的年輕人說：「父王什麼都搶先做了。我可是想要跟你們一起創下一番了不起的大事業啊！請留下一點事情給我們吧！」

最有名的逸聞，或許就是他和名馬布塞弗勒斯（Bucephalus）的相遇。某個商人帶著一匹名叫布塞弗勒斯的烈馬前來兜售。這匹馬擁有色薩利出產的名馬血統，布塞弗勒斯是「公牛頭」的意思，牠會被叫這個名字，是因為肩膀上有個公牛頭的烙印。這匹馬要價十三塔蘭特（Talent）[1]。在當時的希臘，擁有一塔蘭特的財產就稱得上是富人，而且馬匹的平均價格是五分之一塔蘭特，因此這是個破天荒的價格。然而這匹馬的脾氣相當暴烈，沒有任何人靠近得了牠。亞歷山大看出馬是因為害怕自己晃動的影子而暴躁不已，所以他讓馬的頭部朝向太陽的方向，等馬平靜下來，他才躍上馬背並完美馴服了這匹馬。全場的人都高聲歡呼。據說腓力開心地掉下了眼淚，對他說道：「你應該去尋找和你相稱的王國，馬其頓不足以容下你啊！」亞歷山大在遠征期間總是騎著布塞弗勒斯上場應戰。西元前三二六年，布塞弗勒斯在印度因衰老而死，亞歷山大為悼念牠，興建了一座城市並命名為布塞弗勒亞（Bucephalia）。

這些逸聞肯定都是來自人們的目擊證言。根據研究古代馬其頓史的泰斗，已故學者哈蒙德（N. G. L. Hammond）的推測，這些典故應該是出自於大帝的同輩學伴，瑪耳緒阿斯（Marsyas）撰寫的《亞歷山大的教育》。瑪耳緒阿斯栩栩如生地描寫出少年亞歷山大的感情和行動，他的書寫應該是來自他和亞歷山大一起接受教育、一塊成長的記憶吧。這部作品雖早已亡佚，但因蒲魯塔克的引用，為我們留下了關於大帝少年時代的寶貴證言。

◎亞里斯多德的到任與教育

亞歷山大到了十三歲的時候，他的父親腓力為了開始正式對兒子施行帝王教育，特地招聘哲學家亞里斯多德（Aristotle）前來擔任他的教師。

亞里斯多德於西元前三八四年誕生在愛琴海北岸，一個名為斯塔吉拉（Stageira）的小城邦。他的父親尼科馬庫斯（Nicomachus），曾經在馬其頓宮廷擔任阿敏塔斯三世（Amyntas III，腓力之父）的御醫，因此亞里斯多德的幼年時光是在首都佩拉渡過的。他在西元前三六七年前往雅典遊學，進入哲學家柏拉圖開設的學院（Academy）研究學問。二十年後，柏拉圖過世，他便離開雅典前往小亞細亞。他接受腓力的邀聘回到馬其頓時，為三十九歲。蒲魯

亞里斯多德

塔克對他的描述是「最負盛名且最博學的哲學家」。雖然當時他正值人生的巔峰，但他真正成為一位通曉各類學問的偉大學者，是很久以後的事。

亞里斯多德教學的學校，設置在距離首都約莫四十公里的米埃札（Mieza），是一個風光明媚的地方。和亞歷山大同世代的貴族子弟們也一起被聚集在此地，如托勒密、赫菲斯提昂（Hephaestion）、利西馬科斯（Lysimachus）等人，他們後來都成為亞歷山大的親信，在遠征東方期間也有相當活躍的表現。亞里斯多德在米埃札教學的三年間，將希臘文化的精華傳授給這些年輕人，範圍廣泛地涵蓋了從政治學、倫理學到文學和醫學。亞歷山大原本就好讀書的天性，在接受老師的指導後完全被激發出來。他尤其喜愛荷馬的史詩《伊里亞德》（*Lliad*）。這部長篇作品歌詠著特洛伊戰爭中英雄們的英勇表現，被亞歷山大當作「戰術資料」。不僅如此，亞歷山大還帶著亞里斯多德親自校訂的《伊里亞德》抄本，踏上遠征之途，他將抄本放在小匣子裡，經常和短劍一起放置在枕邊。他當然也非常熟悉埃斯庫羅斯（Aeschylus）和尤瑞皮底斯的悲劇作品，並且能夠背誦自如。在遠征東方的期間，他也會命令親信將在亞洲無法取得的書籍送來給他。他深深地尊敬亞里斯多德；他自己便曾說，他對亞里斯多德的愛並不亞於對父親的愛，因為父親給了他生命，而亞里斯多德則給了他美好的生活。

亞歷山大登上王位後，亞里斯多德立刻寫了一篇以《論君王之道》（《斷片集》）為題的論述贈送給他，文中的內容類似指引書，闡釋身為一位國王應該如何進行統治。這篇論述對亞歷山大的心態產生了很大的影響。當他無法給某人任何好處時，他總是這麼說道：「今日，我不是國王。原因是我今日沒能為誰做一件好事。」

原本不應該美化亞里斯多德在米埃札付出的三年時光，然而不論如何，他面對的畢竟是血氣方剛的十多歲青年，亞里斯多德為了教育他們，似乎費盡苦心。後面這兩段亞里斯多德論及青年的文字，經常被引用來反映他在米埃札的教師生活：

> 年輕人無法一直保持安靜。對於大孩子而言，教育成了他們的聲音玩具。（《政治學》第八卷第六章、牛田德子譯）

> 青年在追求各類關於身體的欲望時，特別容易傾向對性欲的追求，且欠缺自我抑制的力量。還有他們的欲望，也容易見異思遷、容易厭倦，因此才會甫湧起強烈的追求意念，便又旋即喪失興致。因為他們還不認識世間的醜惡，所以不能說他們性格不好，反倒是過於老實，易為人所騙。他們自以為無所不知，對此還固執己見。（《修辭學》第二卷十二章、戸塚七郎譯）

亞里斯多德還為亞歷山大寫了另一篇論說，題目是《論殖民地之建設》。亞里斯多德在文中勸他，要待希臘人如友人、如族人一般地關切他們、領導他們，而對於異民族，則應該成為統治他們的專制君主，待他們如動物或植物。當時的希臘人在情感上認為外國人就等於野蠻人，亞里斯多德在文中認為異民族等同於動物和植物的言詞，正是這種整體社會心態的象徵。這證明亞里斯多德的學問乍見看似廣大，但終究無法超越希臘世界的狹小框架。相形之下，亞歷山大在遠征所到的各地建設城市，不僅讓馬其頓人和希臘人，也讓當地居民遷入城中居住，並採用波斯貴族擔任高官或親信。雖然後文將會提及亞歷山大的這些作為，與所謂的同化或融合政策並不相干，但無論如何，很明顯地可以看出他的政策與亞里斯多德的教誨是對立的。可以想見，亞里斯多德會寫下這篇論說，應該是聽聞大帝的東方政策後，心懷憂懼，所以想勸告他，對異民族應該要採取「正確」的應對態度。

如此看來，不得不讓人產生一種印象，在脫離個人情感和一般教育的層次，兩人步上了完全不同的道路。亞里斯多德是學問的巨匠，亞歷山大是政治和軍事的天才。前者停留在希臘世界的框架之中，後者則是遠遠超越那個框架，創造出另一個世界。哲人與大帝，看來的確是歷史上稀有的結合，然而實際上最終兩人會不會還是完全擦身而過了呢？

◎初次建設城市

從亞歷山大少年時代的逸聞可以看得出來，他一直對父親懷有強烈的競爭意識。他具體顯露出這份對抗意識，是在西元前三四〇年的時候。這年，腓力遠征面對博斯普魯斯海峽的希臘城邦拜占庭，他讓十六歲的亞歷山大留守王國並擔任攝政。當時剛好在色雷斯地區，也就是從現今的希臘東北部到保加利亞一帶，有梅迪族（Maedi）興兵叛亂。亞歷山大初次率軍出征，便輕而易舉地鎮壓住叛亂。值得關注的是，這時他占領了梅迪族的地區，將希臘人遷入，並獨自籌措經費建設城市。他將城市命名為亞歷山德魯波利斯（Alexandropolis），意即「亞歷山大之城」。這正是他在東方遠征期間建設諸多亞歷山大城的前奏。

才年僅十六歲的亞歷山大，就會想要建設冠上自己名字的城市，他心中的念頭是什麼呢？很明顯地，在他腦海中出現的，應是他父親腓力所創下的先例。西元前三五六年，腓力二世在與色雷斯人對戰之際，接收了希臘城邦克里尼德斯（Crenides）。接著，他讓附近居民移居到此地並擴充城市規模，還根據自己的名字將城市改名為腓立比（Philippoi）。因為城市附近的潘蓋翁山蘊藏著黃金礦脈，品質極佳，腓力計畫以這座城市作為開發礦山的據點。統治者以自己的名字為城市命名，這在希臘世界是史無前例。不論年輕王子是基於對名譽的欲望或是對父親的競爭心態，建設亞歷山德魯波利斯城之舉，從各個層面而言，都可稱得上是日後亞歷山大城的原型。

◎喀羅尼亞會戰

西元前三三八年八月二日，在位於波奧提亞地區的城邦喀羅尼亞東方的平原上，希臘聯軍和馬其頓軍雙方展開決戰。馬其頓軍的右翼是由腓力指揮的近衛步兵部隊，中央是密集步兵部隊，左翼則是亞歷山大所率領的騎兵部隊，總兵力包含輕裝步兵，共為三萬四千人。十八歲的亞歷山大，初次參加正規軍之間的正式戰鬥，就負責率領被視為馬其頓軍之光的騎兵。此事可看出腓力對兒子寄予深切的信賴。與馬其頓對決的希臘聯軍在布陣上，左翼由雅典軍對抗腓力，中央是各同盟國組成的聯合部隊，面對亞歷山大的右翼則是以底比斯為主力的波奧提亞軍。希臘聯軍包含輕裝步兵在內，總兵力為三萬六千四百人，特別是右翼，還有底比斯軍最強大的「神聖兵團」。神聖兵團是一支以同性戀戀人組成的三百人的精銳部隊，自西元前三七八年創設以來，保持了四十年不敗的傲人紀錄。

兩軍的戰鬥首先由腓力下令步兵部隊緩慢後退開始。正面的雅典軍打算追擊腓力的部隊而開始前進。腓力先是佯裝怯戰後撤，引誘雅典軍冒然前進，然後趁著雅典軍陣線混亂之際展開反攻，擊敗了雅典軍。中央的希臘聯軍部隊，為避免和雅典軍之間出現空隙而向左移動，右翼的波奧提亞軍也跟著一起移動。底比斯的陣線因而到處出現空隙，此時亞歷山大便率領騎兵部隊闖入敵陣，穿過神聖兵團的側邊，成功地繞到部隊背後。亞歷山大的騎兵部隊與神聖兵團的交戰極為激烈。在底比斯人的共同墓地，發掘出二百五十四具遺骨，一般認為這些死者全都是神聖兵團的戰士。在這場戰役中，三百人的精銳部隊，僅有四十六人倖存，可謂是一場毀滅性的打擊。

於是，喀羅尼亞會戰以馬其頓軍取得壓倒性的勝利告終。先以後退戰術攪亂敵軍的陣線進而加以擊破，再由騎兵闖入敵陣因此產生的空隙，一切的發展就如同腓力所料想的情況，這同時也證明了他卓越的指揮能力。亞歷山大在遠

在喀羅尼亞戰場遺跡立起的獅子像

征東方時，或許也原封不動地採用了此類的戰術。另一方的希臘聯軍，雖在人數上占有優勢，但欠缺統轄全軍的指揮權。光是雅典人，便超過上千人陣亡，淪為俘虜者則多達兩千人。

雅典人接到戰敗的通報時，預想將會遭遇到包圍戰而採取了緊急應變措施。不過，腓力卻避開了更進一步的直接對決，以寬大的條件與雅典締結和約，像是不要求贖金便釋放俘虜、歸還陣亡者的遺體和遺物等等。腓力派遣亞歷山大和重臣安提帕特（Antipater）前往雅典締結和約。深具希臘文化涵養的亞歷山大，在拜訪嚮往的雅典時，心中的滋味是如何呢？令人遺憾的是，所有的大帝傳記都未曾提及此事。

相較之下，腓力對底比斯的處置相當嚴厲。他要求底比斯支付高額贖金，以換回俘虜和陣亡者的遺體。底比斯反馬其頓派的領導者們，不是遭到處決，就是被流放國外，取而代之地，腓力要求讓親馬其頓派的流亡者歸國，並樹立了三百人的寡頭政權，且還在底比斯衛城

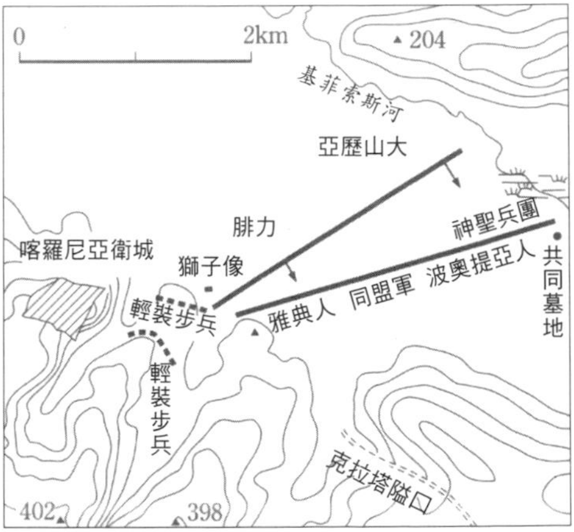

喀羅尼亞會戰　希臘軍因欠缺統轄全軍的指揮權，最後由馬其頓取得壓倒性的勝利。

所在的卡德密之丘（Cadmea）留下駐軍。

在這之後，腓力召集希臘諸國的所有代表到科林斯（Corinth），表達對戰後處理的構想。接受腓力的號召，西元前三三七年初，除斯巴達外的希臘諸城邦，共同組立科林斯同盟，這個同盟成為腓力統治希臘的體制（參見第四章）。腓力本身被任命為科林斯同盟的最高統帥，即是全權掌管同盟軍隊的將軍，他分配各國應當提供的兵力成立同盟軍，並決定動員同盟軍遠征波斯。腓力即位二十多年，終於成為希臘世界的霸主，君臨希臘，攀登上巴爾幹最強大的統治者之位。

◎腓力二世遇刺

西元前三三六年春，腓力終於著手實行下一個大目標，遠征波斯。他首先任命重臣帕曼紐等三人擔任指揮官，率領一萬名先遣部隊先行出發。先遣部隊渡過希拉海（今日的達達尼爾海峽）[2]，登陸小亞細亞，「解放」希臘諸城邦。部隊幾乎未遭遇來自波斯方面的抵抗，順利沿著愛琴海沿岸地區逐步南下。腓力也預定在不久之後率領主力部隊出發。

這年初夏，腓力的女兒克麗奧帕特拉（Cleopatra）和鄰國莫洛西亞的王子，來自伊庇魯斯的亞歷山大，舉行了婚禮。新娘是亞歷山大的妹妹，新郎是他母親奧林匹雅思的弟弟，因此是舅舅與外甥女結婚。

再也沒有比這樣的聯姻，更能夠鞏固兩國的同盟關係。腓力為誇耀自己的權力和名聲，充分利用這場婚禮，招待許多來自希臘各地的名人。於是，在初夏新綠美好的古都艾加伊舉辦的慶祝典禮，聚集了來自各地的眾多人潮。在饗宴中，希臘強權諸國的代表一位接著一位向腓力獻上黃金之冠。雖是女兒的婚禮，但慶典真正的主人公，無非是攀登上威信和權力顛峰的腓力。這場慶典，也是大軍即將出發遠征波斯前夕的盛大歡送會。

饗宴的隔日，預定在緊鄰宮殿下方的

韋爾吉納（Vergina）的劇場遺跡　腓力二世遭暗殺的現場。暗殺是由身旁的護衛在觀眾眼前執行。（作者拍攝）

劇場舉行音樂競演會。天色未明，觀眾便絡繹不絕地湧入劇場。披著白衣的腓力終於在劇場現身。隨侍在腓力左右的是兩位亞歷山大，也就是他的兒子和女婿，他並命令跟隨在後的護衛兵與自己保持一段距離。之後，腓力跨步邁向寶座，在離開兩位年輕人落單的瞬間，腓力的近身護衛官保薩尼阿斯（Pausanias）迅速衝向他，以藏匿在身上的短劍刺穿腓力的胸膛。腓力成大字形癱倒在地，幾乎是當場死亡。保薩尼阿斯自劇場飛奔而出，跑向事先為逃走所準備的馬匹。護衛們自後追上，將他制伏後用矛刺死。

光天化日之下，在滿堂的觀眾面前，公然上演了一齣暗殺劇。一瞬間，腓力便自光榮的絕頂跌落地獄的深淵。他此時四十六歲，正當人生鼎盛期，生命的最後一刻卻突如其來地降臨。

保薩尼阿斯是因為個人的理由而刺殺國王。同性愛的糾紛讓保薩尼阿斯對腓力心懷怨恨。或許有人會說怎麼可能是這種理由，因為在男性之間的同性愛和希臘一樣平常的馬其頓，這一點都不稀奇。事實上，西元前五世紀末的國王阿奇列歐斯，也是因為同性愛的糾葛，被年輕的愛人（當然是男性）所殺害。在王族彼此之間的血腥鬥爭和肅清已成為家常便飯的世界，就連暗殺國王也不是什麼太突出的事件。

確立王權

◎年輕的獅子

誰將即位成為下一任的馬其頓國王？亞歷山大當然是最有希望的繼位人選，不過還有其他幾位候選人存在。在馬其頓國內也一股有勢力，支持約莫比亞歷山大年長十歲的堂哥阿敏塔斯（Amyntas IV）。新任國王形式上會在馬其頓人的公民大會中選出，然而實際上是由極少數握有權力的貴族所決定。決定亞歷山大成為新任國王的關鍵，是重臣安提帕特的推舉。亞歷山大因此登上馬其頓的王位。

亞歷山大成為國王後首先處理的第一件事當然是父親的葬禮。腓力的遺體火化後，遺骨被收納在黃金打造的骨灰盒中。腓力的陵墓建造在宮殿某一座小丘的山麓，屋頂是馬其頓特有的圓弧型魚板狀，跟遺骨一起埋葬的還有豪華的陪葬品，如黃金之冠、甲冑和日常用品等等。

亞歷山大接著必須處理的課題，就是排除國內的反對勢力。被認為是暗殺共犯的人物，接二連三地被逮捕、處決。最棘手的對象是一位名為阿塔拉斯（Attalus）的貴族，他的姪女克麗奧帕特拉，一年之前剛成為腓力的第七位妻子。因而成為國王外戚的阿塔拉斯，在那之後急速提升自己的威望，獲選為先發前往波斯的先遣部隊指揮官之一。此時他正在小亞細亞。亞歷山大以增加援軍的名目派遣一支部隊前往小亞細亞，並任命一名親信擔任隊長，同時下達殺害阿塔拉斯的密令。和阿塔拉斯一起擔任指揮官的帕曼紐，默許亞歷山大的計畫，讓暗殺按照預定計畫執行。於是亞歷山大除掉了最大的政敵。此外他在王族內部最大的對手阿敏塔斯，也立即被冠上謀反的罪名處決。

另一方面，希臘的情勢也逐漸告急。對於向馬其頓軍投降才兩年的希臘諸國而言，征服者腓力突然死亡，是求之不得的好消息。雅典公民大會立刻提出表彰暗殺者保薩尼阿斯的決議；反馬其頓派的急先鋒狄摩西尼也與當時身在小亞細亞的阿塔拉斯秘密取得聯繫，為恢復雅典的獨立而展開行動。以底比斯為首的其他希臘城邦，也紛紛驅逐馬其頓駐軍，或是讓被腓力放逐的流亡者歸國。叛離的情勢愈演愈烈。

亞歷山大迅速採取了應對措施。他首先前往色薩利，以巧妙的辯才說服色薩利聯盟的成員同意，由他繼承父親腓力原本所持有的聯盟最高官職。他也因此得以將希臘最強大的色薩利騎兵部隊占為己有。接著，他在溫泉關（Thermopylae）召集近鄰同盟的評議會。「近鄰同盟」是為了共同管理阿波羅神的聖地德爾菲的組織。色薩利人和其周邊的諸民族，占了近鄰同盟成員的大多數，所以亞歷山大也輕易地繼承了他父王的議會席次。

之後，他展開強行軍直奔底比斯。底比斯人沒料想到亞歷山大會突然抵達，一陣驚慌，急忙收兵。得知此事的雅典人也大為驚愕，慌慌張張地派遣使節團前往，為沒及時承認亞歷山大的王位之事致歉，明確地向他表達恭順之意。狄摩西尼原本也是使節團的成員，結果他在中途就折返了。這個年方二十歲的年輕人，展現出令人震驚的精力與宛如疾風的敏捷，讓所有希臘人瞠目結舌，乾脆地放棄抵抗。最後結束這一切的是科林斯同盟的代表會議。亞歷山大召集希臘諸國的所有代表舉行會議，他在會中任命自己為同盟軍的最高統帥，並促使會議通過共同出兵遠征波斯的決議。就這樣，他靠自己的力量繼承了科林斯同盟，這個由他父王所構築的希臘統治體制。

◎多瑙河的彼方

亞歷山大即位隔年，西元前三三五年春，率兵出發前往色雷斯地區。原因是曾經暫時歸順於腓力二世的色雷斯各部族，接獲馬其頓國王遭到暗殺的消息後，便開始發動獨立。亞歷山大必須完全制伏他們，鞏固王國北方的防衛。他率領一萬五千人的部隊，穿越東西橫貫今日保加利亞的哈伊莫司山脈（即巴爾幹山脈），抵達多瑙河。多瑙河在當時因為與印度河並列世界最大河流而聞名。特里巴利族（Triballi）和多瑙河岸的色雷斯人（Thracians），帶著女人和小孩到河中的一座小島避難。居住在多瑙河北方屬於凱爾特人（Celt）的蓋塔族（Getae），集結在對岸的堤防上，預備馬其頓軍一旦渡河而來，便在河岸邊進行阻擋。他們的人數，有騎兵四千名、步兵一萬名。

亞歷山大為了渡河直接攻擊對岸的蓋塔族，命人將乾草塞入宿營用的皮製帳篷內，並收集附近所有的獨木舟。馬其頓軍便利用這些工具，在一夜之間渡過多瑙河。渡河的兵力有騎兵一千五百名、步兵四千名。登上對岸的馬其頓軍，在破曉之際發動猛烈攻擊，蓋塔族旋即潰不成軍，落荒而逃。之後特里巴利族和多瑙河周邊的各部族，甚至是亞得里亞海（Adriatic Sea）一帶的凱爾特人，全都向亞歷山大宣誓稱臣。亞歷山大令對手出其不意的大膽渡河作戰，在正面打敗蓋塔族的同時，也讓在河中小島上布陣以待的敵人喪失戰鬥意志。他漂亮的戰術精彩地奏功了。

然而亞歷山大渡過多瑙河的理由，肯定還隱藏著另一個動機。這裡也有他對父王腓力的競爭心態。從西元前三四二年到前三三九年，腓力曾經毅然決然地大規模遠征色雷斯地區，一直前進到哈伊莫司山脈的北方為止。這是腓力為他的征服行動所劃下的北方界限。腓力雖未抵達多瑙河，但在名義上主張他所擁有的領土涵蓋多瑙河流域，將多瑙河視為王國的北方國境。因此對亞歷山大而言，渡過多瑙河，就意味著跨越他父王劃定的疆界線，凌駕了父親的成就。

◎對未知世界的「渴望」

「想要踏上河對岸的土地，這個渴望攫住了他。」羅馬帝政時期的阿里安，在他的大帝傳記中，如此描述面對著多瑙河的亞歷山大。「渴望」（Pothos）這個字眼，阿里安在大帝傳記中總共使用多達十次；他還說，這就是亞歷山大想創下一番偉大事業的動機。德國學者埃倫伯格（Victor Ehrenberg）在一九三七年的論文中解釋道，這個字眼中蘊藏著亞歷山大的內在核心。換言之，亞歷山大對於「渴望」一詞，賦予了他自己獨特的意義。那便是他憧憬著遙不可及的、未知的、遠方尚未被達成的事物。埃倫伯格認為，亞歷山大難以抑制追尋世界盡頭的渴望，正是從內在驅使他企圖稱霸世界的原動力。不過，也有其他學者提出反駁，指出「歷史之父」希羅多德在使用這個詞彙時，也有相同的表現方式，因此這個詞彙當中並不帶有他指稱的那種特別意涵。

確實，若只單看語詞的用法，或許提出反駁意見的學者是正確的。阿里安言及亞歷山大的「渴望」，說不定只是想對他的行動賦予某種合理的解釋。話雖如此，卻也無法否定埃倫伯格的說法深具魅力，讓我們似乎在一瞬間窺見了亞歷山大這位巨人的內心世界。例如，在遠征第四年的西元前三三一年，當亞歷山大佇立在埃及的尼羅河河口時，在此處建設城市的「渴望攫住了他」。這就是埃及亞歷山卓的起源，這座城市在日後成為托勒密王國的首都，也成為希臘化世界的中心，發展成為一座繁榮的大都會。在亞歷山大遠征歸來時也是，想順著幼發拉底河（Euphrates）和底格里斯河而下、直抵波斯灣，親眼目睹兩大河流注入大海的河口地區的「渴望攫住了他」。說不定亞歷山大在凝視著多瑙河彼方時，胸中湧起的對於未知世界的「渴望」，在遠征中也不時縈繞在他心頭。

◎征服伊利里亞人

亞歷山大離開多瑙河後，朝著阿克西奧斯河（Axios，今稱發達河〔Vardar〕）上游地帶，繼續向西前進。就在此時，他接獲伊利里亞人（Illyrians）各部族在巴爾幹半島西部反叛的通報。他旋即取道西南，直抵伊利里亞人據守的城鎮派利尤姆（Pelium），在城外擺下陣勢。然而，翌日其他的伊利里亞人部隊也抵達，占據了馬其頓軍背後的高地。馬其頓軍只要攻擊任一方，另一方或許就會自背後攻擊而來。亞歷山大原本打算包圍對手，卻反倒落入了被包圍的局面。這時，他想到了一個巧妙的策略。此處就直接引述阿里安的記述吧：

亞歷山大要求密集步兵部隊編組成縱深一百二十列的隊形，並在兩側各配置二百名騎兵，他嚴令眾人保持沉默，迅速遵從指令行動。他首先命令密集步兵部隊豎直長矛，其次要求他們配合信號，將長矛轉為水平方向擺出預備突擊的姿勢，接著全體整齊劃一地迅速揮動長矛，先是將矛頭向右，進而再向左。他命令密集部隊全體保持隊形快速前進，同時向左又向右互相交替迴旋。於是，在短時間內，他指揮部隊一邊移動一邊進行多樣而複雜的隊形變換，然後讓密集部隊的左翼排列成一種楔形隊形，對敵軍發動攻擊。敵軍目睹亞歷山大的軍隊行動敏捷，紀律嚴明且一絲不亂的軍容，早已破膽喪魂，不等他們攻過來，就輕易放棄了最初占領的高地。（《亞歷山大遠征記》第一卷第六章）

這個珍貴的場面，不只展現出亞歷山大富有機智的作戰策略，也顯示馬其頓軍是一支經過高度組織化、且訓練有素的軍隊。三日之後，馬其頓軍發動奇襲，深入伊利里亞人作為根據地的山岳地帶，毅然決然地展開追擊作戰。

亞歷山大以半年的時間，完全平定了環繞馬其頓王國的整個巴爾幹半島。他不但凌駕他父王所征服的範圍，並且完成堅若磐石的統治體制，幾乎可稱之為巴爾幹帝國。二十一歲的年輕國王，僅憑著自己一人的果敢指揮與驍勇善戰，便完成這番偉業。同時他也因此獲得馬其頓將士的信賴。他們佩服亞歷山大的力量，對這位卓越的指揮官、他們的國王，開始由衷產生敬意並寄予全面的信賴。此時誕生於兩者之間緊緊相連的一體感，正是亞歷山大實現東方遠征的基礎。就這層意義而言，巴爾幹半島的平定作戰，可謂是確立了亞歷山大王權的核心。

◎底比斯的反叛與破壞

順利平定伊利里亞後不久，亞歷山大又接獲底比斯人在希臘叛亂的通報。這年的九月，被腓力流放的底比斯民主派公民們，偷偷潛入城內，先是殺害馬其頓駐軍的兩名士兵，繼而現身於公民大會議場，呼籲眾人應該要挺身反抗馬其頓以爭取自由。而且，他們甚至還帶來了亞歷山大在伊利里亞陣亡的報告。底比斯人通過叛離馬其頓的決議後，立即包圍馬其頓軍駐紮的卡德密之丘，並派遣使節前往希臘諸國請求援助。

亞歷山大這次也彷彿在與時間競賽，再度祭出強行軍。從派利尤姆到底比斯的路程大約有四百公里，他率領全副武裝的士兵，只用了兩周的時間便走完全程。馬其頓軍平常行軍的速度是一天三十公里，然而這趟行程有三分之一以上，是穿行在山勢險峻的品都斯山脈之中。馬其頓軍宛如奇蹟的急速進擊，讓底比斯人無法相信現身在他們眼前的是亞歷山大本人，甚至誤以為是別的部隊。完成布陣的亞歷山大，為了讓底比斯回心轉意而暫緩攻擊，然而底比斯人不僅沒打算妥協，還吶喊著解放希臘的口號。於是亞歷山大排除一切的妥協，決意徹底展開攻擊。馬其頓軍強行闖入底比斯城後，馬其頓駐軍也立刻自卡德密之丘出擊，與主力部隊會合，城內變成了激烈的戰場。

完全制伏底比斯後，亞歷山大便召開科林斯同盟會議，將底比斯的處置交由會議裁決。不過，亞歷山大所召集的會議代表，並非針對所有同盟國，而是只有參加此次攻擊行動的國家。他們過去曾與底比斯敵對，或是國家遭受過底比斯破壞，這些燃燒著復仇意志的會議代表們，理所當然般地決定了最嚴苛的處分。他們決議在卡德密之丘設置駐軍，徹底破壞底比斯城，將神殿領地以外的地方分配給各同盟國，倖存下來的市民，包含女人、小孩全部充做奴隸。只有極少數的人逃過一劫，如馬其頓王室私人的朋友和詩人品達（Pindar）的後代。死者有六千人，被賣為奴隸的人數則多達三萬人。

希臘最強大的國家之一，擁有豐富傳說的歷史古都，就這麼完全消滅了。整個希臘都受到猛烈的震撼。這種徹底搗毀反抗者的做法，在亞歷山大遠征東方的過程中也一再地出現。而且在形式上，透過科林斯同盟的決定對底比斯採取殘酷的處置，他還能夠將責任推給希臘人。企圖效法底比斯叛離馬其頓的希臘諸國，也旋即向亞歷山大屈膝臣服，此時他完成了王國內外基礎的鞏固。之後他回到馬其頓，終於開始著手準備遠征東方。他還在王國的聖地狄翁（Dion），舉辦盛大的競技會獻給宙斯。

至此，是亞歷山大即位後兩年內所發生的事件。因為他的東方遠征太過有名，以至於完全掩蓋了遠征出發之前所發生的事情。不過正是因為這兩年中所發生的事件，讓我們得以看見亞歷山大的原型：對多瑙河彼方的渴望、迅速果敢的行動、巧妙施展策略的作戰、對抵抗者的斷然處置，以及在國王與馬其頓將士之間醞釀的親密一體感。我們在接下來的東方遠征中將看見的，就是這個原型被進一步全面地雕琢打磨的過程。

東方遠征論的由來

◎希臘知識分子的東方遠征論

話說遠征東方這個構想，究竟是從何而來？亞歷山大遠征的規模實在是過於龐大，說不定有人會因此以為遠征東方是他的獨創構想，但事實並非如此。前文已提及，在他之前，他的父王腓力二世也正準備出發遠征。然而這也不是腓力獨創的構想。東方遠征論，原本就是在希臘人之間創造出來的論點，且出現的時間可以追溯到西元前五世紀末。

西元前四二七年，西西里出身的知名詭辯家高爾吉亞（Gorgias）拜訪雅典，他在為陣亡將士所發表的《葬禮演說》（*Epitaphios*）中說道：「讓我們以制服夷狄的勝利為讚歌，讓我們以制服希臘的勝利為輓歌。」為希臘正進行的內戰哀悼，也同時煽起人們對波斯人的同仇敵愾之心。西元前四世紀初，高爾吉亞配合奧林匹克競技會發表了《奧林匹克慶典演說》，其中亦對彼此征戰不歇的希臘各城邦闡明必須和諧的要義，勸告眾人應將目光轉向異族的領土。在雅典從事辯論活動的呂西亞斯（Lysias），也於西元前三八四年發表《奧林匹克慶典演說》，訴說希臘人應該停止彼此爭戰，同心協力守護自身安全。

兩者的共通之處，皆是感嘆希臘人彼此敵對、爭戰不歇的現狀，因而呼籲希臘人應該要同心協力共同征服波斯的領土。實際上戰爭在當時的希臘是司空見慣之事，其結果不只導致許多人喪失性命，也造成農地荒廢，農民因而沒落淪為無產公民。再加上，許多城邦的黨派之間也不斷爆發激烈鬥爭。取得政權的黨派，處決、放逐反對派，沒收其財產。被放逐的一派，有時得到國外的支援，以武力奪回政權，這時又換他們放逐反對派。於是便出現許多流亡者，也就是政治難民，和他們的家族一起在希臘到處流浪。當時的知識分子認為從根本解決這種現狀的方法，就是組成希臘聯軍征服波斯領土，並讓無產公民和流亡者前往殖民。所以，在西元前四世紀初期，勸告希臘人應該和諧相處並且對波斯發動戰爭，便成為政治辯論中的固定主題。

針對這個主題發展出最具系統性論述的知識分子伊索克拉底（Isocrates），與狄摩西尼並列為希臘最偉大的辯論家。西元前三八〇年，他發表了耗費十年歲月才完成的《泛希臘集會演說辭》（*Panegyric*），明確提出遠征東方的構想。他如此闡述：希臘的土地原本就貧瘠，但亞洲大陸上卻有廣大的閒置土地未耕作。波斯人不僅是希臘人的不共戴天之敵，更是柔弱的劣等民族。波斯帝國各地早已叛亂叢生，現在正是發動戰爭進攻的絕佳良機。希臘人當前燃眉之急的課題是，團結一致將彼此之間的戰爭移往大陸，並將亞洲的繁榮帶回這片土地。

狄摩西尼　雅典的辯論家，也是反馬其頓的急先鋒。

伊索克拉底　希臘最偉大的辯論家之一。

實現伊索克拉底構想的關鍵，在於該由哪一個國家肩負起領導征服戰爭的任務。在《泛希臘集會演說辭》中，他對雅典和斯巴達寄予期待。不過斯巴達在西元前三七一年大敗於底比斯，因此喪失強國的優勢地位，而雅典也於西元前三五五年，在與叛離的各同盟國之間的戰爭中落敗，因而喪失威信。這其間伊索克拉底致信給各地的獨裁君主，懇請他們出面領導希臘遠征東方。他最後看上的人選是新興王國馬其頓之王腓力二世。西元前三四六年，他發表了一篇以《致腓力書》為題的論說，對腓力發出呼籲：「我想勸您聯合、協調希臘人，並成為波斯征服戰的領導者。」並說道，對已獲得偉大軍事成就的腓力而言，再也沒有比征服波斯更了不起的功業；若能實現此事，應能贏得舉世無雙的偉大名聲。西元前三三八年，腓力在喀羅尼亞會戰中獲勝，伊索克拉底立刻致信祝賀。同年秋天，伊索克拉底在長年懷抱的夢想即將實現之前，結束了九十八年的漫長一生。

◎希臘人進攻波斯的經驗

希臘知識分子的這類構想，絕非完全沒有實現的可能性。事實上，希臘軍早已擁有攻入波斯帝國境內的經驗。

最著名的例子，就是色諾芬（Xenophon）在《遠征記》（*Anabasis*）中描述的希臘傭兵的脫逃行動。西元前四〇一年，波斯國王阿塔澤克西茲二世（Artaxerxes II）的弟弟小居魯士（Cyrus the Younger），為圖謀王位而興兵造反，他聚集包含希臘傭兵在內的一萬三千名大軍，自小亞細亞進攻首都巴比倫。兄弟兩人在巴比倫的北方展開對決，小居魯士陣亡，希臘傭兵因而被滯留在敵國的正中央。他們以黑海為目標向北行進，歷經千辛萬苦，越過小亞細亞東部亞美尼亞（Armenia）的山岳地帶，翌年二月終於抵達位於黑海沿岸的城邦特拉培哲斯（Trapezus，今稱特拉布宗〔Trapzon〕）。色諾芬在行軍的中途開始指揮部隊，《遠征記》就是這段過程的詳細記錄。對希臘人而言，色諾芬一行人成功逃出波斯，證明了希臘士兵的優秀與波斯帝國的積弱不振。

還有另一個例子是斯巴達軍遠征小亞細亞。西元前四〇〇年，小亞細亞沿岸地區的希臘諸城邦，因為遭受到波斯總督的壓迫而向斯巴達求援。斯巴達在四年前結束的伯羅奔尼撒戰爭中戰勝雅典後，便以全希臘的解放者自居，故而立即派軍前往小亞細亞，「解放」各地的希臘城邦。西元前三九六年，斯巴達國王阿格西勞斯（Agesilaus II）銜命前往，雖一路攻打到波斯在小亞細亞的統治據點薩迪斯（Sardis），但隔年因希臘本土爆發科林斯戰爭，被召喚回國。

就像這樣，在腓力計畫遠征波斯之前，希臘人早已擁有進攻亞洲和擊破波斯軍的實績。只是，其中之一僅是希臘各地來的傭兵部隊，另一個則是斯巴達的單獨遠征。因此當時普遍認為，若是整個希臘組織成聯軍進攻波斯的話，應該可以輕而易舉地獲得亞洲廣大的領土。伊索克拉底寄予腓力的期待，擁有充分的依據。

◎腓力二世的動機與構想

腓力會計畫遠征東方，並非是被伊索克拉底的勸說打動，而是有他自己的動機和構想。

多數學者的想法一般傾向和亞歷山大相比，腓力的構想顯得較為節制，是有限定範圍的。他們認為腓力所設定的遠征範圍可能僅止於小亞細亞，或是最遠到達幼發拉底河，腓力應該就會滿足了。不過，如果仔細閱讀史料，就會發現腓力打從一開始的目標，就是打倒波斯帝國和征服全亞洲。

西元前三三六年春，腓力派出先遣部隊後，到德爾菲請示神諭，他問道：「我是否能夠征服波斯國王？」雖然神諭的內容極為曖昧，但腓力的解釋是，波斯將會被打倒，亞洲將會成為馬其頓的囊中之物，因而極為滿意。在腓力遭到暗殺前夕，夜裡舉行的饗宴中，有位著名的詩人吟誦了一首詩歌，詩中暗示波斯國王的興隆將會遭到命運的顛覆。據說腓力聽了之後，大為狂喜，被打倒波斯國王的想法所盤據。根據西元前一世紀的哲學家菲婁德穆斯（Philodemus）的片段說法，亞里斯多德曾經勸告腓力不要繼承波斯的王權。這恐怕是因為亞里斯多德認為，腓力要是成為波斯風格的專制君主，那麼希臘人就會遭受到奴隸般的待遇，故而對腓力的野心發出警告吧。反過來看，也就等於腓力計畫打倒波斯王權後，自己君臨亞洲。

還有在腓力遭到暗殺當日舉行的慶祝遊行隊伍中，他自己的塑像就跟在奧林帕斯十二位主神的神像之後。這是暗示著他自己的神格化。事實上，伊索克拉底寫給他的信，以這麼一段話作為結束。

「您若能使夷狄之人成為希臘人的奴隸，讓今日被稱作大王的人物（波斯國王）遵從您的命令，那麼您的未竟之業，除了成為神之外就別無其他了吧！」

腓力的野心很明顯。他的意圖，是打倒波斯帝國成為亞洲的統治者。接著要獲得不朽的名聲，達成身而為人最崇高的目的；甚至追求在活著的時候，就加入眾神的行列。這些不正是亞歷山大所追求的目標嗎？毫無疑問地，腓力不但是亞歷山大的先驅者，也是他仿效的典範。

1 塔蘭特（Talent）是古代希臘、羅馬、中東地區的貨幣或重量單位，代表的重量和價值，因時代和地點的不同而異，當時約是二十五點八公斤，所以這批駿馬的價值是十三塔蘭特重的白銀。

2 希拉海（Hellespont）為達達尼爾海峽的古稱，希拉（Helle）為古希臘神話中的女性角色，傳聞在歐亞交界處墜海喪生。

第四章 大帝與希臘人

薩迪斯的神殿遺跡　薩迪斯過去曾經是呂底亞王國的首都，也是波斯統治小亞細亞的據點。（作者拍攝）

東方遠征史略（一）

◎東方遠征的時期劃分

從本章到第七章，將沿著亞歷山大遠征東方的經過，依據不同的主題，逐一詳細論述亞歷山大帝國的實際狀態。首先將遠征的整體過程劃分為三個時期，並簡要說明大致的輪廓。

第一個時期，始於西元前三三四年，亞歷山大展開遠征，到西元前三三〇年夏，大流士三世死去，阿契美尼德王朝統治的波斯帝國滅亡為止。在這個時期，大帝高舉著進攻波斯來為希臘復仇的正義之名，在格拉尼卡斯河、伊索斯、高加米拉的三大會戰中皆大獲全勝。接著和平占領了埃及、巴比倫等擁有古老傳統的國家，獲得波斯帝國的西半部領土。因為阿契美尼德王朝的滅亡，而達成了遠征的表面目的。

第二個時期，始於西元前三三〇年秋進攻中亞，至西元前三二六年大軍越過印度河後，亞歷山大在

海發西斯河（Hyphasis，今日的比亞斯河〔Beas River〕）中止遠征，決意折返為止。在這個時期，亞歷山大已經不需要打著維護希臘正義的名號，開始堅持追求他自身的目標。他自稱為亞洲之王，提拔波斯貴族擔任高位，採用東方風格的宮廷禮儀。亞歷山大的東方協調路線，引起將士們的強烈反彈，於是他逐一排除抱持反對立場的親信。大軍在舊波斯帝國的東半部領土，遭遇險峻的山脈、炙熱的沙漠、雨季的印度河，面臨種種嚴苛自然環境的考驗，他們在所到之處，屠殺頑強抵抗的居民，一再重現悽慘的

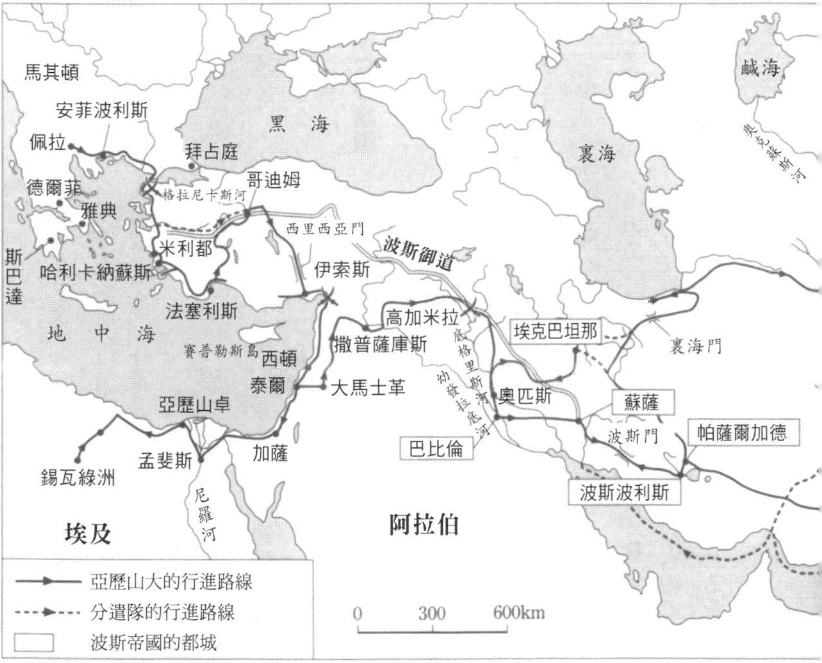

亞歷山大的遠征地圖

殺戮。

第三個時期，始於西元前三二六年底，大軍順著印度河而下、抵達河口，再向西進並回到巴比倫，至亞歷山大於西元前三二三年去世為止。在這個時期，大帝所面臨的課題，是該如何確立帝國的統治體制。他開始重組帝國的權力基礎結構，不但大力肅清貪贓枉法的波斯總督，也讓馬其頓老兵退役，並將大量波斯人編入軍隊。希臘諸城邦開始將大帝神格化，但另一方面也因為流亡者歸國所引發的騷動，陷入不安的氛圍之中。大帝下一步的計畫是環繞阿拉伯半島航行一周，然而出發前夕他卻因為熱病而倒下，在尚未指定繼承者的情況下便去世了。

在第四章、第五章和第七章的開頭，將會根據上述的輪廓，更為詳細地敘述遠征的經過。不過，想先申明一點，為了敘述上的方便，各章遠征史略的時期劃分和上述的劃分未必完全一致。

◎遠征軍的編制

亞歷山大出發遠征東方時所擁有的兵力，就如同下頁的表格所顯示的情況。接下來簡單說明主要部隊的情形。

馬其頓軍隊的核心是由分成八隊，每隊一千八百人的騎兵部隊所組成，被冠上了「Hetairoi」這個意指同伴、朋友的美稱，稱之為「夥伴騎兵」。他們上戴頭盔、身穿胸甲、

出發遠征東方時的兵力	
騎兵	
馬其頓夥伴騎兵	1800
色薩利人	1800
希臘同盟軍	600
巴爾幹諸民族	900
（色雷斯人、阿格瑞安人、培奧尼亞人）	
騎兵合計	**5100**
步兵	
馬其頓近衛步兵部隊	3000
馬其頓密集步兵部隊	9000
希臘同盟軍	7000
希臘傭兵	5000
巴爾幹諸民族	7000
（歐德利西亞人、特里巴利人、伊利里亞人）	
阿格瑞安擲矛兵	500
克里特弓兵	500
步兵合計	32000
總兵力	**37100**
前三三六年的先遣部隊	
步兵	9000
騎兵	1000
於小亞細亞會合後的總兵力	**47100**
非戰鬥人員	
隨從	16000
土木相關、測量等各種專門技術人員	數百～1000
總計	**約64000**

本國殘留部隊	
步兵	12000
騎兵	1500

亞歷山大的兵力

腰掛短劍，單手操持長達二點七公尺的長矛上場作戰。組成戰鬥序列時，會由八隊夥伴騎兵當中最右側的部隊擔任全軍的前鋒，每日更換隊伍的配置。馬其頓軍的戰鬥隊形通常採取正方形，有時也會採用楔形隊形。所謂的楔形隊形，即是由位於楔形尖端的指揮官，率領部隊組成細長的等腰三角形，宛如雁行般地銳利切入敵方的陣線。

其次是馬其頓步兵，有稱為「夥伴步兵」（Pezhetairoi）的重裝步兵部隊，以及名為「持盾衛隊」（Hypaspistai）的近衛步兵部隊兩種。雖然兩者在戰鬥時同樣都是組成密集戰鬥序列，不過單提到密集步兵部隊時指的則是前者。

「Pezhetairoi」一詞是步兵夥伴的意思；對一般步兵也會給予「國王夥伴」的名譽稱號，這個名稱是為了灌輸他們對國王的親近感與忠誠心而創造出來的。夥伴步兵部隊，是由六支一千五百人的隊伍所組成，共有九千人。這支腓力二世獨創的步兵部隊最大的特徵，就是使用長達五點五公尺的薩里沙長矛（Sarissa），矛頭的鐵刃長達五十公分，整體重量則有七公斤，士兵會以雙手操持薩里沙長矛。在戰鬥時，部隊前面四

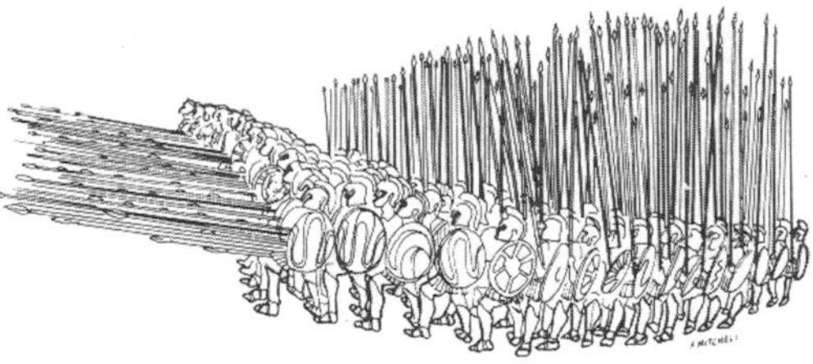

馬其頓密集步兵部隊的想像復原圖　前面四列的士兵，平舉著被稱為薩里沙的五點五公尺長矛，擺出突擊的姿勢，第五列以後的士兵，則將長矛朝向上方，等待下一步的指令。

列的士兵會將長矛平舉向前方突出，第五列以後的士兵則會斜舉長矛，用這樣的方式前進。當時希臘步兵使用的矛的長度大約是二點五公尺，[1] 因此馬其頓步兵就能夠利用較遠的攻擊距離，搶先展開攻擊。這支宛如刺蝟、令人畏懼的密集步兵部隊，直到西元前二世紀敗給羅馬軍之前，是名副其實的常勝軍。

另一方面，近衛步兵也就是「持盾衛隊」，原本是持盾牌的隨從，腓力二世擴大這支隊伍的編制，選拔身強體健的優秀人物組成精銳步兵部隊。持盾衛隊的戰鬥機能雖與密集步兵相同，不過夥伴步兵是每逢戰爭時才會被召集，按照出身地區的不同進行隊伍編組，相對地，持盾衛隊則是職業軍人，時常待在軍營且能夠長期從軍。亞歷山大將持盾衛隊擴充成一支總計三千人的部隊，並分成三隊，每隊一千人，由當中最精銳的一支隊伍擔任國王的親衛部隊。持盾衛隊的作戰方式相當廣泛，如游擊戰、奇襲作戰、沙漠和山岳地帶的強行軍、騎兵部隊的側邊防衛等等，亞歷山大會配合各種不同的狀況靈活運用這支部隊。

除此之外，特別值得一書的是，在腓力的時代攻城機具有了飛躍性的發展。西元前三四〇年，腓力在攻擊希臘城邦佩林蘇斯（Perinthus）時，搭建起高達三十七公尺的移動式木造攻城塔後，將攻城塔推到城牆前方，從塔中向城內射出箭林彈雨。又以破城槌（衝車）搗毀城牆，並挖掘坑道讓城牆自下方崩塌。腓力還進一步改良了能夠從遠距離投射大型箭矢和石頭的投射機。投射機的最大射程，在仰角四十五度下可達四十五公尺。

至於國家財政，則又是另外一回事。腓力二世雖藉由開發礦山和大量的戰利品，讓馬其頓王國變得富裕，但另一方面，他又將資金浪費在毫不間斷的戰爭、賄賂和盛宴款待親信上。因此當亞歷山大要出發遠征時，國家財政已岌岌可危。根據亞歷山大在西元前三二四年的演說中自己敘述的狀況，當時國庫僅有六十塔蘭特，而他父親的借款卻高達五百塔蘭特。因此據說亞歷山大為籌措遠征費用，也欠下高達八百塔蘭特的借款。根據蒲魯塔克的描述，當時亞歷山大手邊握有的資金是七十塔蘭特，借款是二百塔蘭特，大軍攜帶上路的糧食則是三十日份。直到伊索斯會戰後獲得大量波斯的豪華財寶，財政狀況才獲得改善。

◎進攻小亞細亞沿岸地區

西元前三三四年春，馬其頓軍和希臘同盟軍在安菲波利斯（Amphipolis）集結，出發遠征東方。二十天後，大軍抵達渡海的地點塞斯托斯（Sestos）。等於是遠征軍副總指揮官的馬其頓老將帕曼紐（Parmenio），率領主力部隊渡過希拉海（達達尼爾海峽），登陸亞洲。亞歷山大自己則率領著六十艘船隻，航向因特洛伊戰爭的傳說而聞名的古都特洛伊。他從船頭擲矛插入海岸，率先登陸，並發出宣言：「我將以矛贏得這片領土，從眾神手中拿取亞洲。」他的這番演出，是將自己比擬為特洛伊戰爭的英雄們。之後，兩年前腓力派出的一萬名先遣部隊也與主力部隊合流，兵力總計達四萬七千一百人。

至於波斯這一方，小亞細亞各地的總督和將軍們聚集在澤雷亞（Zeleia），協商應對之道。身為希臘人的傭兵隊長門農（Memnon）提議展開焦土作戰，讓馬其頓軍陷入糧食短缺的窘境，迫使他們撤退。不過在當地總督阿西提斯（Arsites）強硬反對下，門農的提案遭到否決。於是兩軍在格拉尼卡斯河（Granicus）展開對決。馬其頓軍由騎兵部隊帶頭渡河進攻；亞歷山大的周圍形成騎兵混戰的局面。令人想起荷馬史詩中單槍匹馬的英雄，亞歷山大也以一人之力撂倒兩名敵軍指揮官。下一個瞬間，又一人揮刀砍向亞歷山大，千鈞一髮之際為親信所救。這期間馬其頓軍的中央步兵部隊壓制住對手，波斯軍敗走。

首戰旗開得勝，為馬其頓軍打開了通往小亞細亞西岸地區的道路，部隊往南朝向薩迪斯推進。薩迪斯從前是呂底亞王國的首都，也是波斯人統治小亞細亞的據點，但波斯駐軍指揮官卻自行獻上城池。愛琴海沿岸的各希臘城邦也一個接一個地打開城門，亞歷山大在他「解放」的各個城邦樹立民主政體。僅有米利都（Miletus）和哈利卡納蘇斯（今波德倫）兩座城邦頑強抵抗。特別是哈利卡納蘇斯，不但是一座堅固的要塞城市，還有指揮官門農率領的強勁部隊據守城中。不過馬其頓軍不斷推出攻城機具進行攻擊，在激烈的包圍戰後攻陷哈利卡納蘇斯。占領米利都後，亞歷山大解散了由一百六十艘船隻所組成的希臘艦隊。原因除了資金不足之外，他也判斷希臘艦隊勝不過構成波斯海軍主力的腓尼基和賽普勒斯（Cyprus）艦隊。取而代之的做法是，他採取壓制沿海地區奪取港口，從陸上迫使波斯海軍解體的作戰策略。

進入冬季時，亞歷山大將騎兵部隊和希臘同盟軍交給副總指揮官帕曼紐，命帕曼紐率軍朝薩迪斯方向前進，在內陸的哥迪姆（Gordium）再與他合流。他自己則率領步兵部隊沿著小亞細亞南岸前進，一路攻陷從呂基亞地區（Lycia）到皮西迪亞（Pisidia）地區的各城邦。途中在法塞利斯（Phaselis）的北方，有一段平常因海浪拍擊而無法通行的岩岸道路，在亞歷山大通過時，恰巧北風抑制住巨浪，他因而得以順利通過險峻難行之處。歷史學家卡利西尼斯（Callisthenes）將此事視為是上天的庇佑，留下了亞洲之海以跪拜之禮迎接大帝的記錄。這是大帝神話的開端。之後部隊

從劇場瞭望博波德倫灣　在過去曾經被稱為哈利卡納蘇斯的波德倫（Bodrum）。（作者拍攝）

轉而北上，抵達弗里吉亞地區（Phrygia）的首都哥迪姆；這座城市自西臺帝國（Hittites）以來，便是小亞細亞內陸地區的交通要衝，波斯帝國的「御道」也通過此地。如此在遠征第一年，亞歷山大便占領了小亞細亞的西半部地區。

◎伊索斯會戰

西元前三三三年春，帕曼紐的部隊在哥迪姆與亞歷山大會合，開始遠征的第二年。大軍出發前，亞歷山大造訪了哥迪姆的堡壘。堡壘中有一輛古代國王邁達斯（Midas）供奉的牛車，傳說解開車轅上繩結的人將會成為國王。大帝挑戰了這項傳說；有一種說法是他拔掉釘子鬆開繩結，但在不同的傳說中他是直接用劍斬斷繩結。這就是著名的哥迪姆之結傳說。

在愛琴海，門農所率領的波斯海軍積極展開行動，逐一奪回希臘的各個島嶼和城邦。據說，門農打算將整場戰爭轉移到馬其頓和希臘地區。如果門農的作戰計畫成功的話，遠征軍應該就會被迫與本國隔絕，孤立在敵方的地盤上吧。然而，初夏奪取列斯博斯島（Lesbos）的米蒂利尼（Mytilene）時，門農病死了。這對亞歷山大而言是一件幸運的事，因為他在遠征初期的最大敵人消失了。不過波斯海軍在新任指揮官的率領下，依然握有愛琴海東部的制

哥迪姆王宮所在的丘嶺　中央是城門的遺跡，左側是王宮遺址。（作者拍攝）

海權。由於波斯海軍擾亂後方，亞歷山大不得已又下令重建海軍。制海權將落誰手，情勢依然不明，遠征軍的前途不容樂觀。

初夏自哥迪姆出發的馬其頓軍，從安塞拉（Ancyra，今日的安卡拉〔Ankara〕）南下，在稱為西里西亞門（Cilician Gates）的隘路，突破波斯的守備部隊，抵達沿岸的塔爾蘇斯（Tarsus）。在塔爾蘇斯時，亞歷山大於西德納斯河（Cydnus River，今稱貝爾丹河〔Berdan River〕）入浴後發高燒，因而臥病約莫兩個月。發源自托羅斯山脈（Taurus Mountains）的西德納斯河，即便是夏日河水也相當冷涼，一般認為他應該是感染急性肺炎。亞歷山大的身體在初秋終於康復後，他立刻平定西里西亞地區，並繼續向伊索斯灣前進。途中，他接獲波斯軍在阿麻那斯山脈（Amanus Mountains，今稱努爾山脈〔Nur Mountains〕）東邊紮營的情報，旋即朝向阿麻那斯山脈南方的隘口急速前進。

大流士三世率領的波斯軍，八月時自巴比倫出發，於十月抵達索契（Sochi）。索契是一片廣大的平原，對波斯軍而言，是以大型編制的騎兵部隊展開攻勢的絕佳地點。然而，因為亞歷山大在塔爾蘇斯生病，導致馬其頓軍進軍遲緩，讓等得不耐煩的大流士喪失判斷力。他主動移動軍隊，經由阿麻那斯山脈的北側向伊索斯（Issus）前進。兩軍合計將近十萬人的兵力，上演了一場前所未見的錯過戲碼。亞歷山大接獲敵軍從背後出現的通報，大為驚愕，立刻掉頭揮軍北上。於是，兩軍在皮納魯斯河（Pinarus River，今稱帕亞斯河〔Payas River〕）遭遇，在夾於山和海之間約莫二點五公里的兩側河岸上，雙方分別布下陣勢。

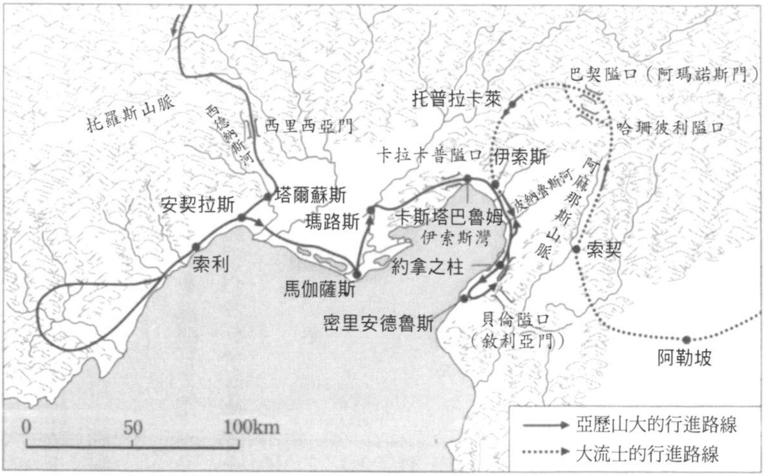

伊索斯會戰前兩軍的行進路線

亞歷山大率領近衛步兵輕易渡過河流，正面突破波斯輕裝部隊，接著鎖定緊接在後、與騎兵部隊一同坐鎮全軍中央的大流士，突擊猛進。大流士一見亞歷山大長驅而來立刻迅速逃走，儘管波斯軍的中央部隊仍處於優勢，卻因此全面崩潰、退卻。波斯軍的騎兵部隊因場所狹隘而無法擺開戰鬥序列，雖擁有諸多優勢卻無從施展。捨棄廣大的平原移動到狹窄的海岸地帶，是大流士犯下的致命性錯誤。亞歷山大趁勢追擊，但沒能追上大流士。

伊索斯會戰的戰場全景　（上圖）兩軍交戰於阿麻那斯山脈山腳下到大海之間，寬二點五公里的平地上。（下圖）兩軍對峙的皮納魯斯河。（作者拍攝）

大流士留下的豪華帳篷和精美日用品，不但全數為馬其頓軍奪走，他隨軍同行的母親、妻子和三個孩子也都淪為俘虜，但亞歷山大以符合王族的待遇慎重款待她們。按照波斯慣例，在國王親征之際，整個宮廷也會跟著一起移動，國王和貴族的家族也會隨行。帕曼紐占領波斯軍位於大馬士革（Damascus）的據點後，也擄掠了大量的財物和貴族女性。因為這些戰利品，大帝獲得豐富的資金，終於擺脫了財政上的窘境。

◎占領腓尼基

西元前三三三年晚秋，馬其頓軍朝向腓尼基地區前進，因為在進入內陸追擊大流士之前，有必要先拿下東地中海沿岸一帶。腓尼基地區的城邦雖採取君主制，但所有的國王都率領艦隊待在愛琴海一帶，因此大部分的城邦都是國王不在國內的情況下便開城投降，只有泰爾（Tyre）拒絕歸順。廣為人知的泰爾是迦太基（Carthage）的母城。亞歷山大判斷若將擁有強大海軍的泰爾置之不理，會是一件危險的事。於是自西元前三三二年一月起，展開了一場長達整整七個月的大型包圍戰。

泰爾是一座位於島嶼的要塞城邦，在距離陸地上舊泰爾市區八百公尺的外海，由堅固的城牆圍繞。企圖攻陷這座城邦，任誰看來都是無謀之舉。亞歷山大投入大量的木材和砂土，構築起一道由陸地通往島嶼的防波堤，再將攻城機具設置於防波堤前端，進而發動攻擊。泰爾人當然也出動船隻、採取火攻等等，拼命展開反擊。此時，腓尼基人和賽普勒斯人的國王們叛離波斯，率領著共計二百艘的艦隊，歸順亞歷山大。這是因為亞歷山大從陸地箝制住海面的作戰策略成功奏效。接著，亞歷山大便利用這些艦隊封鎖整座島嶼，搗毀南面城牆，命令步兵攻入城內。彷彿像是為了發洩在拖延甚久的包圍戰中累積的憤怒，馬其頓士兵毫不留情地大開殺戮。戰死的泰爾人有八千人，多達三萬人被賣為奴隸。

遠征軍更進一步南下，沿途只在巴勒斯坦地區（Palestine）的南端，遭遇加薩（Gaza）的頑強抵抗。加薩城所在的丘陵，距海四公里，四周為潟湖和沙地所環繞。亞歷山大在城市周圍堆起土墩，再從土墩上以攻城機具展開攻擊。歷經長達兩個月的包圍戰後，男性居民全數被殲滅，女人和小孩則被賣為奴隸。亞歷山大便獲得了從敘利亞到巴勒斯坦一帶全部的沿岸地區。

另一方面，在小亞細亞則有自伊索斯戰場逃脫的波斯將軍們，聚集士兵伺機反擊。西元前三三二年春，他們攻入呂底亞地區，但遭弗里吉亞總督安提柯（Antigonus）擊破。於是小亞細亞的內陸地區也完全被平定了。

科林斯同盟與希臘的正義

◎科林斯同盟的組織

如同第三章所述，腓力二世將他所征服的希臘諸國組織成科林斯同盟，以此作為他支配希臘的統治工具。亞歷山大繼承科林斯同盟，以最高統帥的資格，動員希臘同盟軍展開遠征。這裡先來看看科林斯同盟的內容。

科林斯同盟的條約正文雖然沒有留下來，但根據同時代的政治辯論演說詞可以得知規定包含：保障希臘諸城邦的自由與自治、禁止政體變革、禁止勾銷負債、禁止土地重新分配、保障海上通行安全、違反條約者將被視為公敵等事項。幸運的是，在雅典衛城出土的一份碑文，記載了各國代表在條約最後的誓約內容：

> 誓約。我向宙斯、蓋婭（Gaia）、赫利奧斯（Helios）、波塞頓（Poseidon）、雅典娜（Athena）、阿瑞斯（Ares）等一切眾神起誓。我將守護和平，不破壞對馬其頓腓力的條約，凡是遵守誓約者，不論是在海上或是陸上，我都不會心懷敵意，舉起武器攻擊。

我不會為了戰爭，而以任何手段，奪取加入和平者的任何一座城邦、要塞和港口。我不會破壞腓力及其子孫的王權，也不會破壞諸城邦於起誓維護和平時各自所擁有的政治體制。我自身不會做出違反這份條約的行為，也將盡可能阻止他人做出違約之舉。若有任何人侵犯這份條約，我將聽從遭受不義者的請求並提供援助，遵從評議會的決議和統帥的命令，與侵害普遍和平者戰鬥。

碑文在誓約內容之後，接著列出加入科林斯同盟的國家名稱，和各國在評議會行使表決權的席次。石碑破損極為嚴重，因而只能辨識出極少數國家的名稱。表決權的席次是根據各國提供的兵力數量分配。在誓約末尾提及的普遍和平，即如同第二章所述，是自西元前三八六年以來，希臘人在波斯國王的主導下反覆締結的和平條約。很明顯地，科林斯同盟繼承了《普遍和平條約》的架構。腓力利用《普遍和平條約》的形式，設置由各國代表所組成的評議會，以便藉由科林斯評議會來統制希臘。禁止政體變革的目的是為了讓各國的親馬其頓政權持續，而禁止勾銷負債和重新分配土地，也是為了保護服從腓力的上層階級公民的利益。換言之，這些條文的意義，是為了讓加盟國的政治和社會的秩序，固定不變地維持現狀。且還進一步要求加盟國起誓，向馬其頓國王和其子孫稱臣，以確保忠誠。於是，腓力便將希臘人依附長達半世紀的國際關係體系，完全改組成支配希臘的統治工具。這可謂是他發揮巧妙外交戰略和老練手腕的好例子。

條約中保障的希臘人「自由與自治」，通常是用來謳歌希臘諸國之獨立的制式用語，然而在這份條約中也被變質為僅限於在馬其頓支配下的「獨立」。希臘化時代的馬其頓國王為了確實支配希臘，更在科林斯、底比斯、安布拉基亞（Ampracia）、哈爾基斯（Chalcis）等四座城邦設置駐軍；這些城市後來被稱為「希臘枷鎖」。但小亞細亞的各希臘城邦，在從波斯的統治下「解放」之後，並未加入科林斯同盟。

◎希臘的正義

亞歷山大的東方遠征有兩個表面上的正當理由。一是對波斯人在約莫一百五十年前的第二次波希戰爭中，蹂躪希臘人的國土、玷辱眾神之事，進行報復。還有一個就是將小亞細亞的希臘人自波斯的統治下解放。亞歷山大透過言語和行動不斷反覆強調，他的遠征自始自終都是為了希臘人。

首先，在格拉尼卡斯河會戰勝利後，亞歷山大立刻從波斯軍手上奪得的戰利品中，挑出了三百具甲冑送到雅典，獻給衛城的雅典娜女神。他命人將此事刻成以下這段銘文。

「腓力之子亞歷山大，與斯巴達以外的希臘人，自亞洲夷狄獲得之物。」

亞歷山大會致送甲冑到雅典，乃因雅典是希臘贏得波希戰爭的最大功臣，而會敬獻給衛城，則是因為過去波斯軍占領雅典時燒毀衛城的神殿，冒瀆了雅典娜女神。特意刻上「斯巴達以外」，或許是為了將這個唯一拒絕參加科林斯同盟的國家，拿來與「忠實的」雅典作為對比，以討雅典人的歡心。在波希戰爭中，斯巴達於西元前四八〇年的溫泉關會戰中全軍覆沒的士兵人數為三百名，與亞歷山大送到雅典的甲冑數目一致。此舉明顯是將對波希戰爭有功的斯巴達，排除在希臘的正義之外。

高加米拉會戰後，亞歷山大對普拉提亞和克羅通（Crotone）兩國，特別表現出關照之意。普拉提亞在西元前三七三年遭到底比斯破壞，他首先下令復興該城邦，理由是因為普拉提亞人在波希戰爭中，提供他們的國土作為戰場。克羅通是位於義大利南部的希臘城邦，大帝贈送了部分的戰利品給這個國家。原因是義大利和西西里的其他希臘人都未加入波希戰爭，僅有克羅通人派遣了一艘船隻參加薩拉米斯海戰。不過實際的情況，並不是克羅通以國家的身分正式參戰，而是某個曾經在競技會中獲得優勝的克羅通人，私自戰備船隻，以個人的資格加入戰役罷了。總而言之，亞歷山大特意稱頌他們在波希戰爭中表現出的勇氣和貢獻，以表達敬意。

波斯帝國的都城之一，蘇薩（Susa）的宮殿中，收藏著國王薛西斯（Xerxes I）從希臘帶回來的戰利品。當中也有哈爾摩狄奧斯（Harmodius）和阿里斯托革頓（Aristogeiton）的青銅像；兩人在西元前六世紀末殺掉了統治雅典的僭主，創造出推翻庇西特拉圖家族的僭主政體的契機。大帝立刻下令將兩尊青銅像送回雅典。再也沒有比從專制君主波斯國王的戰利品中，奪回對推翻僭主政體有功者的銅像之事，更能彰顯亞歷山大遠征的正義。

◎對背叛者的懲罰

相反地，亞歷山大將和波斯聯手者視為違背希臘正義的叛徒，對他們毫不留情。在格拉尼卡斯河會戰中，有五千名希臘傭兵在波斯軍背後的丘陵上待命，波斯騎兵戰敗逃走後，他們束手無策地被馬其頓軍包圍。他們向亞歷山大請求投降，亞歷山大非但不接受，還以步兵和騎兵對他們施加猛攻。陣亡的希臘傭兵多達三千人，兩千人淪為俘虜。亞歷山大在俘虜身上套上枷鎖，將他們送往馬其頓，以違背希臘正義為由，要求他們服沉重的勞役，是名符其實的懲罰。

從政治的角度看來，亞歷山大的處置或許是一種正確的判斷，但蒲魯塔克在大帝傳記中卻認為他會對希臘人進行猛烈攻擊，「並不是經過理性的判斷，而是在憤怒的驅使之下」。若是經過理性的判斷，他應該要放過希臘傭兵，將這一群優秀的士兵編入自己的軍隊，才是高明的策略。然而，他卻以發洩對背叛者的「憤怒」為優先。事實上這番處置的結果，對其他早已被波斯雇用的希臘傭兵帶來反面教訓。他們認為亞歷山大應該不可能會放過他們，因而在各地與波斯軍一起奮不顧身地展開抵抗。特別是在伊索斯會戰中，希臘傭兵被配置在戰線的中央，壓制住馬其頓的密集步兵部隊，迫使他們陷入苦戰。

但並非所有希臘傭兵都遭受到嚴厲的懲治。西元前三三四年，在米利都攻城戰中，有三百名希臘傭兵逃到無名小島，亞歷山大看見他們展現出徹底抗戰的姿態，湧起惻隱之心，便以加入遠征軍為條件與他們和解。

在格拉尼卡斯河會戰中淪為俘虜的傭兵中，也有雅典人。西元前三三三年，雅典派遣使節前去拜訪滯留在哥迪姆的亞歷山大，請求他釋放同胞。亞歷山大雖然拒絕雅典的請求，但回覆他們等狀況好轉時可再度派遣使節前來。雅典俘虜被釋放時是在亞歷山大平定埃及後，再度滯留於腓尼基的西元前三三一年夏天。在這個時間點，亞歷山大已征服東地中海一帶，也完全掌握制海權。

根據希臘傭兵接受波斯僱用的時期不同，亞歷山大對他們的處置也有所差異。大流士三世死後，有一千五百名追隨他的希臘傭兵，在裏海南岸的海爾卡尼亞地區（Hyrcania）投降。大帝釋放了其中在科林斯同盟成立以前就受雇於波斯的傭兵，至於其他的傭兵，則付給他們和波斯相同的薪資雇用，編入自己的軍中。

就像這樣，亞歷山大處置希臘傭兵的態度未必一致。因為他的政策，是因應每一個當下狀況而來的。如此看來，他會對格拉尼卡斯河會戰的傭兵採取嚴厲的處置，應該與那場會戰是遠征的第一場戰鬥有很大的關係。正因為遠征才剛開始，所以他才必須要格外強調名義上的正當性。

不過，在遠征更持續地深入內陸後，亞歷山大有時也會出現殘虐的報復之舉。在西元前三二九年，他抵達位於中亞的索格底亞那地區（Sogdiana），布朗奇達伊家族（Branchidae）所居住的城鎮。布朗奇達伊家族出身於小亞細亞的米利都，是執掌狄杜瑪（Didyma）[2]阿波羅神殿的神職世家後裔。西元前四七九年，波斯國王薛西斯自希臘撤退後，布朗奇達伊家族將神殿的財寶讓渡給波斯國王，國王將神殿燒毀。據說之後布朗奇達伊家族跟隨波斯軍離開故國，定居在這偏遠之地。亞歷山大將他們視為希臘的背叛者，不僅以步兵部隊包圍，將全城居民屠殺殆盡，還從市區和城牆的地基開始破壞起，連神聖的樹林也被連根刨除，成為一片荒野。雖然有許多學者認為這個事件不具可信度，但多份古代史料都傳達了此事，因此應該是不容置疑的事實。然而倘若只是基於維護希臘正義的理由，根本無法說明亞歷山大為何要如此徹底的殺戮與破壞。當時，因中亞地區的居民紛紛起而反抗，嘗盡苦頭的馬其頓軍，很有可能是將他們家族當作發洩不滿情緒的出口。因此可以認為，布朗奇達伊家族的背叛與冒瀆神靈，不過是被利用來正當化這項殘虐行為的藉口。

小亞細亞的希臘人被「解放」了嗎？

◎寬大的待遇——普里耶涅的情況

遠征第一年，順著小亞細亞沿岸南下的亞歷山大，在所到之處解散各希臘城邦的寡頭政體，樹立民主政體，令各個城邦恢復其固有律法，允許他們自治。亞歷山大會在各地樹立民主政體，並不是因為本身認同民主派的理念，而是因為波斯統治下的各城邦，政權掌握在寡頭派手中，他有必要在各城邦植入支持自己的政體。

問題在於其中的實際狀態。關於亞歷山大對小亞細亞沿岸地區各城邦的處置，由刻在石碑上、數則他本人所頒布的文告或寄送的書信留存了下來。首先，來看看其中最寬大的處置案例，也就是位於邁安德河（Maeander River）[3]河畔的普里耶涅（Priene）的情況。後文揭示的內容，是大帝在西元前三三二年時發布的文告中殘存的部分（〔〕內的文字，是缺損部分的復原）：

亞歷山大國王之〔文告〕

納洛丘斯（Naulochus）居民中的普里耶涅人擁有自治與自由，和普里耶涅人自身同樣地，市區及田園地帶的土地和房屋也應歸其所有。米爾塞洛伊（Myrseloi）與佩迪埃司（Pedieis）的土地及其周邊地區，當隸屬吾之下，這些村落的居民須繳納貢賦。吾人免除普里耶涅城支付醵金[4]之責，然爾等須同意於〔衛城〕導入駐軍。……對訴訟〔判決〕……法庭……（以下缺損）

還原文告頒布的經過與內容，情況大致如下。西元前三三四年，馬其頓軍從波斯人的手中「解放」普里耶涅時，亞歷山大曾經命令這座城邦支付醵金。隔年波斯海軍展開反攻，奪回小亞細亞沿岸的各城邦和島嶼地區，但普里耶涅仍然對大帝保持忠誠，相對地居住在納洛丘斯中的非希臘人則屈從於波斯。納洛丘斯是座小型的海港城市，位於普里耶涅西方約莫七公里外。西元前三三二年，大帝將波斯人完全驅逐出小亞細亞沿岸後，頒布了前面這份文告。普里耶涅因為對大帝保持忠誠，所以大帝免除普里耶涅支付醵金之責，而為了懲罰納洛丘斯倒向波斯，大帝將納洛丘斯城歸併於普里耶涅，至於非希臘人的土地則全成為大帝的屬地，大帝還命令他們繳納貢賦。貢賦是定期徵收的稅金，醵金則是在特殊情況下被要求繳納的資金。結果，希臘城邦普里耶涅被承認擁有「自由與自治」，得以免除特別稅，但非希臘人居住的土地則成為大帝的領土，必須服從地繳納貢賦。

普里耶涅被免除支付醵金一事，反過來說，也就暗示著沿岸地區其他希臘城邦被課徵醵金之事。此外文告中還提及駐軍，後面接著還可看見訴訟、法庭、判決等單字，因此可推測亞歷山大應具有干涉各城邦內政的空間。且以上的命令不是以條約，而是以大帝文告的形式頒布，因此他隨時都可以取消或變更。相較於其他城邦，普里耶涅所獲得的待遇已是最寬大的了，即便如此，其中的「自由與自治」在實質上卻是受到限制的，惟有遵從亞歷山大的意向，「自由與自治」才會獲得認可。

◎大帝的介入——希俄斯的情況

愛琴海島嶼中鄰近大陸的各城邦，先前早已自波斯帝國獨立。亞歷山大開始遠征東方後，這些城邦卻反而受到波斯海軍反攻作戰的波及。亞歷山大在西元前三三四年，對其中的一座城邦希俄斯（Chios）發出一份文告：

希俄斯的流亡者應全數歸國。希俄斯的政體應為民主政體。為避免民主政體和流亡者歸國，兩者相互矛盾，希俄斯應選出立法委員，起草並改定律法。改定或起草後的律法必須送至亞歷山大。希俄斯人應以他們的費用提供二十艘包含作戰人員的三層艦戰船。當其他希臘人的艦隊與吾儕共同巡航之際，這些船艦應在海上值勤。至於向夷狄（波斯人）開城投降者中已逃亡者，應遵從希臘人之決議，自所有共同維護和平的城邦中驅逐、逮捕。至於（在城內）被留住（已遭監禁）者，應送還並由希臘人之評議會進行裁處。倘若歸國者與原本留在希俄斯城內的人們之間出現任何紛爭，應將他們在吾儕之前接受裁定。在希俄斯人彼此互相和解之前，亞歷山大國王（應派遣）具相當規模的部隊駐守該城，希俄斯人須提供所需之經費。

希俄斯自西元前五世紀加入提洛同盟以來，一直就是雅典在愛琴海的主要同盟國。雖然希俄斯在前三五七年叛離雅典，樹立寡頭政權，但在前三三六年，腓力二世為遠征波斯派遣先遣部隊到小亞細亞沿岸後，希俄斯便推翻寡頭政權，轉而依附於馬其頓，同時也加入科林斯同盟。只是隔年波斯軍奪回沿岸地區後，希俄斯的寡頭政權也復活了。西元前三三四年，趁著亞歷山大到來之際，希俄斯放逐親波斯的寡頭派公民。前面的這份書信，就是亞歷山大此時發給希俄斯人的文告。他命令希俄斯遵循科林斯同盟的決議逮捕和審判逃亡者，這點吻合遠征的目的是為了解放希臘人的正當理由。另一方面，新法的制定必須獲得亞歷山大的承認，他又料想可能會因為返還歸國者被剝奪的財產而引發紛爭，於是陳述道：「在吾儕之前。」換言之就是將由大帝親自裁可。正因為希俄斯是掌控愛琴海制海權的重要島嶼，因而亞歷山大干涉其內政的程度，遠勝過他對普里耶涅的處置。

當時波斯部署在愛琴海方面的海軍尚且活躍，且陸續奪回各地的島嶼和城邦，動盪的情勢持續了好一陣子。在這份書簡中，希俄斯會被要求派遣二十艘船隻，也是為了應對這些狀況。不過，希俄斯翌年又在親波斯派人士的裡應外合下，再度落入波斯軍手中。希俄斯最後終於被「解放」，是在西元前三三二年年末，波斯艦隊完全被驅逐，愛琴海成為「馬其頓之海」時。

此外還留下另一封亞歷山大寫給希俄斯的書信。他在書信中以第一人稱敘述，可清楚看出大帝親自解決歸國者引發紛爭的情形：

> 他（姓名不詳）之所以會投靠夷狄（波斯人），並非出自個人意志，此事已獲得證明。他是本人的朋友，他對諸位當中的大多數人也都懷有善意。因為他是歸國的流亡者，且曾經致力於將各位的城邦從夷狄樹立的寡頭政體中解放。因此，本人要向各位提出以下的要求：為回報他對公民團體所做出的貢獻與參加和諸位相關的戰役，對他父親所通過的（流放）決議視為無效，各位將城邦剝奪之物返還給歸國者時，必須優先歸還給他，並表彰他和他的友人們；應相信他是一位值得信賴的愛國者。

書信中提及對於他父親的決議，因此可以明白此人是跟隨被放逐的父親出國，無奈之下依附於波斯，並在之後對希俄斯的「解放」做出貢獻。他幸運地受到亞歷山大的禮遇，因為有大帝作為後盾，他得以順利歸國且回復了財產。問題解決的關鍵，在於他和大帝之間的個人情誼，以及仰賴大帝的決斷。

然後在西元前三三一年，希俄斯的寡頭派人士遭到逮捕後，被帶到停留在埃及的亞歷山大面前。大帝將他們放逐到遙遠的尼羅河上游，亞斯文（Aswan）附近的埃勒凡太尼島（Elephantine，今稱象島）。之後在希俄斯人的請求下，大帝終於撤除該地的駐軍部隊。

◎政體轉變的餘波——以弗所的情況

各城邦的政治體制便是如此變化莫測。流放與歸國、財產的沒收與回復，一再地反覆，導致公民相互之間爆發激烈摩擦，滋生敵意，有時甚至還可能造成城邦分裂。以弗所（Ephesus）便是明顯的例子，試著整理一下大致的情況。

西元前三三六年以前，以弗所處在波斯的統治下，由寡頭派掌握政權。

西元前三三六年，腓力二世派遣遠征波斯的先遣部隊南下後，以弗所的民主派發動政變，驅逐寡頭派。他們為了讚揚腓力，在神殿中豎立起他的塑像。以弗所民主派的領袖是希羅派斯（Heropythes），他在不久之後死去，公民為彰顯他解放城邦的功績，在市民廣場

（Agora）為他建造了墳墓。

西元前三三五年時，波斯的希臘傭兵隊長門農率領部隊展開反攻，驅逐馬其頓軍，追逼到小亞細亞西北部的邊緣地帶。流亡中的以弗所寡頭派人士呼應門農的反攻，奪回政權，流放民主派人士。寡頭派的核心成員是西爾發克斯（Syrphax）家族，他們不但掠奪阿耳忒彌斯（Artemis）神殿，扳倒腓力的塑像，還毀壞民主派核心人物希羅派斯的墳墓。

西元前三三四年，亞歷山大的軍隊來到以弗所，他放逐寡頭派，讓民主派人士再度掌權。民主派的公民們著手報復寡頭派人士，殺害西爾發克斯一族。大帝禁止他們再展開更進一步的報復行為，回復城邦的秩序，因而受到以弗所公民的歡迎。

多麼令人目不暇給啊！被捲入這場劇變的公民和他們的家人，究竟嘗到了何等辛酸，史料並未一一告訴我們。因為像以弗所這種程度的政體轉變，在希臘諸城邦中，亦不過是平凡的日常光景。他們即便是從波斯人的統治中解放，也難以自激烈政爭掀起的慘禍中獲得解放。

◎自由正義的內幕

高加米拉會戰後，亞歷山大送了一封書信到希臘，信中寫道：「我已消滅了所有僭主政治，因此希臘人可以遵循各自的律法經營自己的政治。」這句話的意思是，在波斯國王的支持下掌控各國政權的僭主們，也跟著波斯王權一起被打倒了，這段文字脈絡中的希臘人，指的是居住在亞洲的希臘人。雖然亞歷山大說，可以「遵循各自的律法」統治自己的城邦，但如同前文已詳見的，這一切終歸還是必須以服從亞歷山大的統治為前提。

然而這時在希臘本土，還有幾個城邦存在著親馬其頓派的僭主政體。根據一篇寫於西元前三三一年，以狄摩西尼之名流傳下來的政治論說，伯羅奔尼撒半島的西錫安（Sicyon）、培林尼（Pellene）和美塞尼亞（Messenia），這三座城邦在當時都有僭主存在，且據說都是由安提帕特（Antipater）所扶植。安提帕特是代理亞歷山大統治馬其頓的重臣，無庸置疑地，這些僭主也都是在大帝的承認下，坐上了執政者的位置。結果，儘管亞歷山大高舉著維護希臘的「自由」正義之旗，然而在利害關係一致的情況下，他也會支持僭主政體。所謂表面的正當理由與現實政策之間的背離，不過就是這麼一回事。以維護自由之名，行支持獨裁政權之實，現代的美國也是如出一轍。這個事例應該算很好的故事，足以充分說明掌權者在性格上所具有的功利主義和機會主義了吧。

對希臘人的不信任感

◎對待同盟軍的方式

儘管亞歷山大的遠征高舉著希臘正義之旗，但若具體觀察他在遠征期間與希臘人的關係，就會從蛛絲馬跡當中發現出他不信任希臘人的心態。不管他如何深愛希臘文化，一旦涉及戰爭和現實政治，他也未必能夠相信希臘人。

事實上在幾場與波斯軍的主要會戰中，亞歷山大並未充分活用理當是同盟軍的希臘人。在格拉尼卡斯河會戰中，他只使用了希臘同盟軍當中的六百名騎兵，多達七千名的步兵並未參戰。一千八百名的色薩利騎兵，被編列在左翼的最外側，活躍於戰場上，他們雖是希臘人但很早就臣服於馬其頓，因此受到有別於其他希臘同盟軍的特殊待遇。在伊索斯會戰時也是，大帝並未讓同盟軍的步兵上場，反而使用了希臘傭兵，只有部分希臘步兵被配置在右翼，其他大多都被配置在第二列預備部隊，編列在馬其頓密集步兵部隊的背後。在高加米拉會戰中，同盟軍的步兵則是被置於第二列，目的是為了防備波斯大軍自後方包圍而至。

結果在三場大會戰中，除了色薩利騎兵之外，希臘軍幾乎都沒登場，即便是參戰的場合也沒有什麼表現的機會。更糟糕的是，在伊索斯會戰和高加米拉會戰時，波斯方面部署了強勁的希臘傭兵部隊，成為大流士三世最後的靠山。在伊索斯會戰即將展開之前，亞歷山大召集各級指揮官和部隊長，對他們發表了一番激勵士氣的演說。演說中他提及希臘人彼此互相交戰之事，並區別雙方的不同：敵方的目的是為了賺取金錢，而我方則是為希臘而戰。他雖然說「為希臘而戰」，但終究不過是句口號。結果，他還是無法信賴可以若無其事地投靠敵營的希臘人，因為害怕遭到背叛，所以避免將同盟軍配置在第一線的位置。

海軍也可以說是同樣的情況。在遠征第一年，馬其頓的艦隊有一百六十艘船隻。其中當然大部分都是希臘的船隻，但最大的海軍國家雅典的船艦卻只占了二十艘。據說，當時雅典的船塢明明還保有多達三百五十艘的船隻。由腓尼基和賽普勒斯的艦隊所構成的波斯海軍主力，確實很強大。亞歷山大也認為無法與之對抗，故而在占領米利都後便解散自己的海軍。但是如果他能活用雅典海軍，或許就足以充分對抗波斯海軍，並且能夠更容易掌握愛琴海的制海權。儘管如此，未利用雅典海軍之事，無法從政策面上說明，原因應該是出自於心理作用作祟。他雖傾心於希臘文化，但在政治上卻連希臘首屈一指的國家雅典都無法相信。

◎阿基斯起義

亞歷山大的不安在希臘本土果真發生。西元前三三一年夏，斯巴達國王阿基斯三世（Agis III）得到波斯的支援，興兵起義。斯巴達是唯一拒絕加入科林斯同盟的城邦，他們選擇步上「光榮孤立」之路。其中很大的原因是，美塞尼亞人曾經在斯巴達的統治之下，但科林斯同盟卻承認他們的獨立，而且對於斯巴達所面臨的多個國境紛爭，腓力二世都做出對斯巴達形勢不利的裁決。在馬其頓派往東方的增援部隊出發後不久，阿基斯抓住這個時機，與波斯海軍提督聯手出兵。阿基斯擁有的兵力，多達步兵二萬名、騎兵兩千名，其中也包含八千名自伊索斯戰場逃脫的希臘傭兵。相形之下，亞歷山大的代理統治者安提帕特所擁有的兵力，僅有步兵一萬兩千名，騎兵一千五百名。亞歷山大立刻派出馬其頓艦隊，同時也派遣已歸順的一百艘腓尼基和賽普勒斯的艦隊。翌年年初，他亦透過敘利亞總督送出戰爭經費。他最擔憂的是，雅典是否會加入斯巴達的叛亂，但雅典最後沒接受阿基斯的勸誘。西元前三三〇年春，馬其頓和希臘的聯合軍隊共聚集四萬大軍，於伯羅奔尼撒半島中部的梅格洛玻利斯（Megalopolis）與叛軍對決。斯巴達方面，超過五千三百人陣亡，阿基斯本身也陣亡在這場戰役中，叛亂終於平息。

意外的是，亞歷山大居然稱這場決戰為「老鼠打架」，乍見頗為輕蔑。他的言下之意，是認為阿基斯的起義沒什麼大不了的呢，還是不想承認安提帕特的功績？只是，他應該也認為事態嚴重，才會接二連三送出艦隊和戰爭經費。儘管如此，他卻又為何刻意表現出嗤之以鼻的態度？就結果而言，阿基斯的起義印證了他長久以來對希臘人的不信任感，會不會是因此反而讓他認為得到了可以輕視希臘人的證據，而表現出希臘人在他心目中的政治地位已大不如前呢？亞歷山大虛張聲勢和蔑視的態度反面來看，應該就是他不信任希臘人的意識表現。

◎實際上的隔離政策

西元前三三〇年夏，阿契美尼德王朝因大流士三世的死去而滅亡後，希臘同盟軍便在波斯帝國的舊都埃克巴坦那（Ecbatana）解散。因為名義上為希臘而戰的戰爭也結束了。在這之後加入遠征軍的希臘士兵，除色薩利騎兵外全都是傭兵。他們又受到何種待遇呢？從結論來說，事實上他們大多數的人，要不是被棄之不顧，就是遭到隔離。他們被留置的地點除了駐屯地之外，還有亞歷山大在各地建立的城市，也就是所謂的亞歷山大城。

亞歷山大城的建設經常會被解說成是大帝東西融合政策的一環，然而就實際狀態看來，這完全是個誤解。移入這些城市的居民，有希臘傭兵、退役的馬其頓人和當地居民等三種人，其中也包含了於城市所在地擄獲的戰爭俘虜。而希臘傭兵又占了其中最大的比例。根據德國古代史學家貝爾弗（Helmut Berve，一八九六～一九七九）的說法，從西元前三三四年到前三二八年為止，被編入遠征軍的希臘人，推估最多可達四萬四千人，而其中至少有二萬五千人被迫移居到東方；這當中也有不少是曾經受雇於波斯軍的投降士兵。特別是加入阿基斯的叛亂行動後，被送到亞洲的八千人，是一群歷經千錘百鍊的戰士，他們最初受雇於波斯的希臘傭兵隊長門農，後來又曾經參加伊索斯會戰。追本溯源，這些士兵既是失去希臘祖國之人，也包含了被腓力和亞歷山大本身放逐的人們。他們對馬其頓人和大帝懷有強烈的憎恨，對亞歷山大帝國而言，不論是在政治層面或是社會層面都是危險的存在。因此將他們移入亞歷山大城，目的也是為了將危險分子隔離在偏遠之地。順帶一提，關於隔離異議分子這點，馬其頓士兵的情況也不例外。西元前三三〇年，亞歷山大為了以儆效尤，集合曾經對自己發表過批判性言論，或是在書信中寫過違反國王利益內容的士兵們，將他們命名為「無紀律部隊」。在巴克特里亞（Bactria）和索格底亞那地區，他也將被認為帶有反抗傾向的馬其頓不滿分子，分配到十二處軍事殖民地。

被迫在遠離希臘本土超過五千公里之遙的偏遠之地求生，移居在那的希臘人之後處境會是如何？面對嚴苛的自然條件、等同流刑的待遇所帶來的屈辱和疏離感、重返希臘式生活的念頭、與馬其頓人之間的摩擦、當地居民的敵意，這些種種因素交疊之下，不難想像原來就沒有定居意願的他們，心中應該鬱積了許多不滿情緒。西元前三二五年，當傳出大帝在印度河畔陣亡的謠言時，巴克特里亞和索格底亞那地區的希臘移民者，有三千人奮起反抗。他們雖占領了巴克特里亞的首都巴克特拉（Bactra，今日的巴爾赫〔Balkh〕），但眾人因對歸國的方法意見不同而形成對立，不但領導者被殺，團體也分裂了。隔年在印度地區，也發生馬其頓總督菲利普（Philip）被希臘傭兵暗殺的事件。這起事件也有希臘傭兵被強迫留在印度的背景，或許是在某種契機下導致雙方爆發對立。另外還有大帝在西元前三二三年去世後，東方各行省的希臘人同時發動叛變。叛軍總數是步兵二萬人，騎兵三千人。成為帝國攝政的佩爾狄卡斯（Perdiccas）派軍前往鎮壓，殺害了三千人。倖存的希臘人則繼續殘留在當地，之後也參加了大帝逝世後的繼業者戰爭。

所謂希臘的正義，只不過是亞歷山大為了掩飾征服戰爭所打出的旗號。且這份正義本身，同時也成為帶給希臘士兵巨大痛苦的元凶。

◎難以跨越的民族壁壘

希臘人雖是被馬其頓人征服的民族，但在亞歷山大帝國之中也是屬於統治者一方的成員。那麼兩個民族跨越了阻隔在彼此之間的壁壘嗎？答案是否定的。狄奧多羅斯和庫爾提烏斯的大帝傳記中紀錄了這樣的逸聞。

西元前三二五年，亞歷山大在印度河流域舉辦盛大的饗宴，招待歸順於他的部族領主們。宴席之中，馬其頓人考瓦古（Coragus）在酒醉之下，向知名的雅典搏擊高手迪奧希普（Dioxippus）提出兩人單挑的挑戰。隔天兩人進行比賽，理所當然地，希臘人為迪奧希普助陣，馬其頓人和大帝則支持考瓦古。比賽由迪奧希普獲勝，希臘人大聲喝采，但大帝明顯因為馬其頓人在異民族面前輸掉比賽，而相當不悅。之後大帝對待迪奧希普的態度轉為冷淡。數日後，大帝的親信們命令僕從將金杯放在迪奧希普的臥鋪下，接著在下次的宴會上以竊盜罪名責難迪奧希普。迪奧希普無法忍受周圍的目光而退席，並寫下一封留給大帝的遺書後，以劍結束自己的生命。

就今日的常識看來，運動是跨越民族和國境的壁壘，促進和平與建立友好關係的媒介。不過顯然當時並非如此。對亞歷山大和馬其頓人而言，不管是何種形式，都無法容忍他們民族的名譽受到玷汙，也不允許他們的驍勇善戰之名遭到輕蔑。這個事件能讓希臘人重新認知到誰才是帝國真正的統治者嗎？結果，希臘人雖是亞洲征服者的一員，但卻被真正的統治者馬其頓人放置在從屬地位，只是他們當下的同盟者罷了。

1 實際上希臘步兵使用的矛長度不一，二點五公尺最短，有的會到四點八公尺，只比薩里沙長矛短一點。
2 狄杜瑪（Didyma）位於米利都（Miletus）的南方，原意為「雙胞胎」，因阿波羅（Apollo）與女神阿耳忒彌斯（Artemis）為孿生姊弟。
3 邁安德河（Maeander River）今日稱為「大門德雷斯河」（Büyük Menderes River），中間「Menderes」一詞即來自希臘語。
4 本書翻譯成「醵金」的希臘文為「syntaxis」，源自第二次雅典海軍聯盟，雅典對盟邦所徵收的「不定期貢獻金」。

第五章

在東方世界的傳統之中

波斯波利斯遺跡　該城的名字在古代波斯的含義是「波斯人的城市」。

東方遠征史略（二）

◎平定埃及

西元前三三二年初冬，遠征軍抵達埃及的入口佩魯希昂（Pelusium）。波斯總督馬扎西斯（Mazaces）放棄抵抗；埃及人將亞歷山大視為解放者，歡迎他的到來。他沿著尼羅河，抵達祭祀太陽神拉（Ra）的宗教城市赫利奧波利斯（Heliopolis），接著進入古王國時代的首都孟斐斯（Memphis）。他在孟斐斯向聖牛埃皮斯神（Apis）祭獻，並成為實質上的埃及國王，也就是法老。之後他又順流而下，抵達位於尼羅河三角洲西端的卡諾布斯（Canobus）。卡諾布斯夾在地中海和馬里歐提湖（Lake Mareotis）之間，是一片有涼風吹拂的宜人土地。亞歷山大看出卡諾布斯是一個非常適合建設城市的地點，於是親自畫下設計圖。這便是日後被歌頌為希臘化世界最大城市——亞歷山卓的誕生。此時，馬其頓艦隊的司令官黑格羅庫斯（Hegelochus）也抵達埃及，並向亞歷山大報告，馬其頓軍已完全自波斯手中奪回愛琴海諸島嶼。東地中海地區的愛琴海制海權，此刻亦完全歸於馬其頓人之手。

在位於利比亞沙漠的錫瓦綠洲（Siwa Oasis），有一座祭祀埃及最高神祇阿蒙（Amun）

的神殿。這座神殿的神諭在希臘也廣為人知，希臘人視阿蒙等同於希臘的最高神祇宙斯。西元前三三一年二月，大帝穿越沙漠前來拜訪阿蒙神殿。在神諭宣示所，大帝一人單獨被引導進入內部的房間，如願獲得一切想要的答案，然後踏上歸途。關於神諭的內容，眾說紛紜，亞歷山大對外發表的公開說法是，他是神之子一事獲得了證明。這是大帝向神格化邁出的第一步。在他返回孟斐斯的途中，於四月七日舉行了新城市亞歷山卓的動工儀式。

亞歷山大在四月底離開埃及，再度進入腓尼基，他逗留在泰爾時，接獲希臘發生叛亂的通報。這場叛亂的領導者是斯巴達國王阿基斯。阿基斯從前一年就開始和波斯的海軍提督接觸，接受波斯援助的資金和船隻。亞歷山大立刻派遣艦隊前往希臘。至於留守本國的安提帕特打敗叛軍，阿基斯也陣亡，則是隔年春天的事。另一方面，亞歷山大也收到大流士三世的親筆信函。大流士在信中提到，願意將幼發拉底河以西的地方割讓給亞歷山大，並希望他與波斯公主結婚。亞歷山大當然予以拒絕。沒有任何人可以阻止他，成為統治亞洲唯一的王。

◎阿契美尼德王朝滅亡

馬其頓軍自腓尼基出發後，終於開始朝向內陸前進，在七月底時抵達幼發拉底河，接著渡過底格里斯河。大流士三世也自波斯帝國東部召集強大的騎兵部隊，編組成一支龐大的軍隊。他還改良步兵使用的矛，增加矛的長度，為方便戰車通行也整理了地面。做好萬全的準備後，他在高加米拉（Gaugamela）的廣大平原上，擺開陣勢。亞歷山大為了避免兵力處於劣勢的馬其頓軍遭到包圍，布下雙重陣列，配置在左右兩端的騎兵部隊排成近乎直角的隊形。兩軍在十月一日展開決戰。

戰鬥一展開，亞歷山大便動用右翼的騎兵，切入對手的陣線，製造出空隙，緊接著讓騎兵和步兵組成的巨大楔形隊形從空隙突入，一鼓作氣地向大流士突進。大流士又再度落荒而逃。在處於優勢的波斯騎兵壓迫下，馬其頓軍的左翼部隊陷入危機，然而波斯軍得知國王逃走後，全軍崩潰，勝負已成局定。大流士安全逃回首都埃克巴坦那，阿契美尼德王朝的統治已實質瓦解。

亞歷山大繼續揮軍南下，逐一攻下波斯帝國的首都。十月二十一日，他進入美索不達米

馬拉索斯殘留的墓塔　大帝進入腓尼基後停留的地點馬拉索斯（Marathos），現在稱為阿姆里特（Amrit）。

亞地區最大的城市巴比倫，總督馬扎亞斯（Mazaeus）拱手讓出城市與財物，巴比倫人全體出動歡迎新國王的到來。亞歷山大判斷帝國的統治需要波斯統治階層的協助，於是任命馬扎亞斯繼續擔任總督。這是他拔擢波斯人擔任高官的首例。大帝的東方協調路線，也在這之後正式展開。

遠征軍在十一月二十五日離開巴比倫，十二月十五日抵達波斯帝國的行政中心蘇薩，也和平地接收了城市與財物。在蘇薩的宮殿中，亞歷山大初次坐上波斯國王的寶座。十二月底，大軍離開蘇薩，向波斯波利斯前進，途中在札格洛斯山區，擊破抵抗的攸克西亞人（Uxians），也突破了埋伏在隘路上的波斯軍。於是，西元前三三〇年一月底，遠征軍占領阿契美尼德王朝的王權象徵波斯波利斯城。大帝立刻解放馬其頓士兵的欲望，允許他們掠奪市區。這是勝利者的權力，也是征服的獎賞。大概沒有比這樣的行為更符合遠征的正當理由了吧。遠征軍在波斯波利斯駐留四個月，完全接收了收藏在宮殿中的大量財物。然而，遠征軍的掠奪激起波西斯地區當地居民的反感和怨恨，他們持續頑強地拒絕歸順於亞歷山大。五月底，失去耐心的亞歷山大怒火中燒，為懲罰波西斯人而在宮殿放火，壯麗的覲見大殿和百柱殿全都化為廢墟。翌日，大軍終於朝向大流士逗留的埃克巴坦那出發。

大流士得知亞歷山大率軍自波斯波利斯出發後，立刻率領部隊九千人，向帝國東部出發，他打算重整軍隊，再和亞歷山大一決勝負。亞歷山大立刻展開全速追擊。不過，因為過度嚴酷的強行軍，導致人員接連脫隊，許多馬匹也因疲憊而倒下。大流士的親信們則是拋棄國王，一個接著一個脫離陣營，歸順於亞歷山大。這時，亞歷山大接獲通報，巴克特里亞總督貝蘇斯（Bessus）等人發動政變，拘禁國王掌握實權，事態告急。七月底，遠征軍徹夜奔馳，穿越七十公里的沙漠，終於即將追上大流士一行。然而，貝蘇斯等人卻已刺殺大流士後逃走。大流士享年五十歲。亞歷山大指示將大流士的遺體送到波斯波利斯鄭重安葬。

◎展開東方路線

當遠征軍在位於厄爾布魯士山脈（Mount Elbrus）南方山麓的城鎮，赫卡通皮洛斯（Hecatompylos）重新集結後，亞歷山大立刻解散希臘同盟軍。因為高舉希臘正義之旗的遠征，已經名符其實地結束了，接下來開始就是亞歷山大自己的遠征。他命令副總指揮官帕曼紐留在埃克巴坦那，負責財物接收和與後方聯絡。接著，當他正準備出發討伐殺害大流士的貝蘇斯時，接獲貝蘇斯在巴克特里亞稱王的通報。為了與貝蘇斯對抗，亞歷山大本身也採用波斯風格的服裝，並拔擢波斯舊王族為親信。此刻已成為阿契美尼德王朝繼承者的正統性之爭了。

不過，大帝的東方化路線，無可避免地在遠征軍內部造成裂痕。西元前三三〇年秋，在德蘭吉亞那（Drangiana，今日阿富汗西部）的首都法拉達（Phrada），發覺一群無名的年輕人企圖暗殺國王的陰謀。騎兵隊指揮官菲羅塔斯（Philotas）因為被懷疑涉入這項陰謀而遭到處決，他的父親帕曼紐也在埃克巴坦那遭到謀殺。帕曼紐和菲羅塔斯是馬其頓舊世代的核心人物，在遠征軍內部保有極大的勢力。大帝抓住了陰謀事件造成的機會，強行排除掉東方協調路線的最大障礙。帕曼紐在士兵之間深具人望，得知他遭到謀殺的士兵們幾乎引發暴動。亞歷山大肅清反對派親信之舉，此後也一再反覆發生。

◎中亞的苦戰

遠征軍進入了冬季的興都庫什山脈（Hindu Kush）。初次經驗的酷寒，讓他們足部凍傷，雪地反射的強光也讓他們睜不開眼睛。他們到達喀布爾（Kabul）後，在此地過冬；這期間大帝建設了高加索地區（Caucasus）的亞歷山大城。西元前三二九年春初，遠征軍翻越哈瓦克山口（Khawak Pass），進入波斯帝國的東方據點巴克特里亞地區。這次他們一路行軍到奧克蘇斯河（Oxus，今稱阿姆河〔Amu Darya〕），灼熱的沙漠連綿七十公里，好不容易抵達河川，急忙飲水的士兵反倒因氣管阻塞窒息而死。貝蘇斯雖然在山中採取焦土作戰，但未能夠止住大帝的進擊，反而被背叛的同伴交到亞歷大山的手上。亞歷山大追究貝蘇斯的背叛國王之罪，仿效波斯的傳統，削掉他的鼻子和耳朵，再將他送到埃克巴坦那處決。

之後遠征軍抵達賈克薩提茲河（Jaxartes，今稱錫爾河〔Syr Darya〕），這條河川在當時被視為是亞洲的盡頭。大帝預想將來可能會遠征斯基泰（Scythia），故而在河畔建設了「最偏遠的亞歷山大城」（Alexandria Eschate）[1]。然而在波斯貴族斯皮塔米尼斯（Spitamenes）的領導下，索格底亞那地區的居民一起發動叛亂。皮塔米尼斯便是逮捕貝蘇斯的人物。於是就此展開整整長達兩年的艱難平定作戰。大帝首先攻陷賈克薩提茲河附近的七座城鎮，殺掉所有男人，將女人和小孩收為奴隸。其中最大的城鎮居魯波利斯（Cyropolis，意為「居魯士之城」），居民犧牲人數多達八千人，淪為俘虜的居民則被強迫遷徙到最偏遠的亞歷山大城。

索格底亞那人也與騎馬遊牧民族斯基泰人聯手。斯基泰人不但是能夠嫻熟自如地駕馭馬匹的騎兵，在當地居民的協助下更是神出鬼沒。這是馬其頓軍首度遭遇的游擊戰。在坡利提米塔斯河（Polytimetus，今稱澤拉夫尚河〔Zeravshan River〕）河畔，馬其頓的一支部隊嘗到敗北，幾乎全軍覆沒。得知此事的大帝，開始劫掠坡利提米塔斯河流域一帶，殺掉所有逃入碉堡的居民。於是索格底亞那最富裕、人口最多的地區，成為一片荒蕪。

西元前三二八年，索格底亞那人捨棄城鎮，據守在各地難以攻陷的碉堡中，不讓抵抗的態勢崩潰。亞歷山大將遠征軍分成五支部隊，分別派遣到不同地方，他本身也毅然展開困難的包圍戰，攻陷一座接著一座的碉堡。其中位於科瑞尼斯（Chorienes）的碉堡，標高兩千七百公尺，周邊為十一公里的深谷所環繞，只有一條通往山頂的道路。大帝命人不分晝夜地利用木材，從谷底搭建起一片可供立足的平台，擺開準備攻擊的姿態。他的大膽行動，令部族首長驚慌失措，自行開城投降。另一方面，其中一支分遣隊擊破了斯皮塔米尼斯手下的部隊，被逼得走投無路的斯皮塔米尼斯，被同盟者斯基泰人殺死。於是，遠征軍幾乎完全消滅了巴克特里亞和索格底亞那一帶的軍事威脅。

西元前三二七年春，亞歷山大和身為索格底亞那豪族的歐克西亞提斯（Oxyartes）的女兒羅克珊娜（Roxana）結婚。羅克珊娜在前年夏天，因為和家族一塊藏身的碉堡陷落而淪為俘虜。雖然傳說大帝愛上了羅克珊娜，但是這場婚姻更帶有政治上的涵義，即是漫長平定戰爭後的和解。

與此同時，馬其頓將士對大帝的東方路線的反彈又再度表面化。西元前三二八年晚秋，大帝與親信克利都斯在宴會中爆發激烈口角，盛怒的大帝刺死了克利都斯。翌年春，馬其頓年輕貴族中服侍國王的貼身侍衛們密謀暗殺國王，他們在陰謀被發覺後遭到處決。無論克利都斯也好，貼身侍衛們也好，都是因為無法再忍受亞歷山大「崇尚東方」。最令將士們反彈的是，亞歷山大試圖導入波斯風的宮廷禮儀——跪拜禮（希臘文為*proskynesis*）。因為他們認為，朝活著的人俯臥在地，就等於像奴隸一樣，是侮辱性的行為。當面反對行跪拜禮的歷史學家卡利西尼斯，遭到大帝疏遠，後來因為貼身侍衛們的陰謀事件遭牽連而被處決。就像這樣，反對派遭到排除，對大帝忠心耿耿的親信們占據了遠征軍的中樞位置。

身為法老的大帝

◎在古都孟斐斯

亞歷山大征服的波斯帝國疆域中，包含埃及和美索不達米亞等，擁有長達兩千年至三千年古老傳統的世界。因此大帝要取代波斯國王統治這些地區，就必須適應各地區的政治和宗教的傳統，以此作為統治基礎。後面就來看看埃及和巴比倫兩地的具體情況。

埃及曾經在西元前五二五年被波斯國王岡比西斯（Cambyses II）征服，不過在前四〇四年恢復獨立；從第二十八王朝到第三十王朝為止，他們在一邊擊退波斯軍攻擊的同時，守住了約莫六十年的獨立。然而，西元前三四三年，阿塔澤克西茲三世（Artaxerxes III）再度成功令埃及臣服於波斯。埃及人憎恨波斯人的統治，因此視亞歷山大為解放者，相當歡迎他的到來。

對亞歷山大而言，為了顯示自己不是新的壓迫者，而是具有正統性的統治者，他就必須要適應埃及獨特的政治與宗教緊密相連的王權理念。埃及國王即是法老，是太陽神拉之子，也是冥界統治者俄賽里斯（Osiris）之子荷魯斯（Horus）在世間的化身。荷魯斯的埃及王位是在眾神的法庭上獲得正式承認的，因此法老必須要具體展現他是荷魯斯的化身後，才會被承認是正統的國王。法老最大的任務就是維繫並更新創造之神所制定的宇宙秩序，藉此守護人類社會的安寧。不論是在神殿執行祭典儀式，或是打倒外敵保衛國土，都是法老為了守護此種宇宙秩序須做的行動。而且只有法老能夠與眾神進行交涉，擁有溝通眾神世界與人類世界的媒介力量。因此外國人想要在埃及獲得正統的統治者地位，就必須要在這個宗教脈絡之中達成法老的任務。

亞歷山大首先在古都孟斐斯向眾神祭獻。他之所以選擇孟斐斯也具有特別的涵義。孟斐斯是埃及古王國時期的首都，不僅可連繫到埃及國土統一的記憶，也與創造天地之神卜塔（Ptah）的信仰有很深厚的關聯。大帝在孟斐斯祭獻的眾神之中，最重要的神祇是聖牛埃皮斯。聖牛埃皮斯被認為是創造天地之神卜塔的化身，埃皮斯死時，埃及人為牠舉行了盛大的葬禮。

根據歷史學家希羅多德的記載，波斯國王岡比西斯以短劍刺傷埃皮斯，導致埃皮斯的死亡，因此岡比西斯後來在埃皮斯的作祟下發狂了。還有傳說阿塔澤克西茲三世也曾粗暴對待埃皮斯。因此大帝向埃皮斯祭獻，也帶著強調自己有別於波斯專制統治者的意味。不過，岡比西斯殺死埃皮斯的傳說相當可疑。根據古埃及象形文字（Egyptian hieroglyphs，聖書體）的紀錄，埃皮斯在岡比西斯在位的第六年，也就是岡比西斯征服埃及的隔年被隆重安葬。岡比西斯為籌措戰爭經費用盡各種手段，如要求交出神殿收入、沒收神殿財產等等，因此對他心生敵意的神職人員們才會創造出這個帶著惡意的傳說。

岡比西斯的次任波斯國王大流士一世，舉行埃及傳統禮儀，建設神殿與神職人員們和解，還建設了連結尼羅河和紅海的運河。大流士一世因此被埃及人接納，認為他是一位滿懷慈悲的法老。大流士一世的功績與岡比西斯形成的鮮明對比，或許也記在亞歷山大的腦海中。

◎法老的稱號

常說大帝是在孟斐斯接受加冕成為法老，可是現存的大帝傳記沒有任何一篇留下大帝接受加冕的記載。唯一提及此事的，是一部以卡利西尼斯之名流傳下來的《亞歷山大大帝傳奇》[2]。不過，這是一部被稱作「亞歷山大傳奇」（Alexander romance）的憑空想像的文學作品，幾乎不具備歷史研究的史料價值。

然而在古埃及的象形文字紀錄中，保留了大帝法老的稱號。埃及國王的正式稱號是由以下五個項目組成：荷魯斯名、雙女神名、金荷魯斯名、上下埃及之王名、太陽神拉之子名（國王原有的本名），最後兩項會以長橢圓形的王名環（Cartouche）圈起來。這當中除了國王本名外，其他四項都是由神職人員所構思出來的，並在加冕時贈予國王，之後再公告於全埃及。這個部分的稱號定義了新國王與王權之間的關係，以及和王權連結的眾神與新國王之間的關係。

至於亞歷山大，則留下了第二項和第三項以外的三個稱號，是相當典型的例子（與阿蒙相關的部分將在下一小節敘述）。大帝的法老稱號如下：

（I）荷魯斯名：守護埃及之人

（Ⅳ）上下埃及之王名：拉所選之人、阿蒙所愛之人

（Ⅴ）拉之子名：亞歷山大

既然在紀錄中留有亞歷山大的正式稱號，所以認為他接受加冕即位成為法老，應該是很正常的想法。只是，在大帝死後成為馬其頓國王的亞歷山大四世和腓力三世，兩人儘管都沒有在埃及接受加冕的事實，但他們也留有以聖書體紀錄的正式稱號。故而僅有正式稱號的存在，並不足以證明亞歷山大曾經接受過加冕成為法老。那麼我們該如何思考此事呢？

亞歷山大在埃及逗留的時間約莫半年，其中停留在孟斐斯的時間未滿兩個月。因此可以認為，他基於物理性的理由，避開需要耗費時間和心力準備的加冕儀式，取而代之地以祭獻眾神、下令建造神殿等等方式，姑且完成法老被期待達成的義務。例如，他在盧克索（Luxor）的神殿中為阿蒙建造新的聖所，當然神殿的建造是在部下手中完成。另一方面，對埃及的神職人員們而言，如果沒有法老的存在，王權和眾神的連結就會被切斷，宇宙的秩序便無法維持。因此，就算是亞歷山大沒有正式即位和接受加冕，但他們也選擇在實質上接受他成為新任國王，單純給予他形式上的稱號以繼續維持王權。

順帶一提的是，根據最近的研究清楚發現，大帝擁有的法老稱號，最初就沒有一定的規則。比如他的荷魯斯名就出現多種形式，像「貢獻者」、「攻擊各個外國的統治者」等。還

有確定無誤的稱號「拉所選之人、阿蒙所愛之人」，則是在大帝治理埃及的第四年首度出現。此事顯示出，亞歷山大不只沒有正式接受加冕，就連法老的稱號在當初也只是暫定的。亞歷山大離開埃及後，他留在埃及的高官們對埃及的統治逐漸進入狀況，他的法老稱號也才開始安定下來。

◎阿蒙的神諭

大帝在埃及逗留的期間有一件不能忽略的事，那就是他曾經造訪位於利比亞沙漠正中央的錫瓦綠洲的阿蒙神殿，並在那裡獲得神諭。阿蒙原本是主掌大氣和豐饒的神祇，在埃及中王國時期（第十二王朝）成為首都底比斯（Thebes）的守護神。然後在新王國時期（第十八王朝）升格為國家守護神後，阿蒙神的威信達到頂峰，與太陽神拉融合被稱為阿蒙・拉（Ammon-Ra），並被尊為創造神、眾神之王。

錫瓦綠洲的阿蒙神殿因其神諭而享有盛名，且聲名遠播希臘。希臘人將阿蒙神視為等同於他們最高神祇的宙斯。詩人品達曾經寫下獻給阿蒙的讚歌，雅典也曾派遣國家使節前往錫瓦，並在國內建造阿蒙神殿。因此，亞歷山大會想要尋求如此赫赫有名的神諭，也是極其自然的。

不過關於亞歷山大尋求神諭的目的始終爭論不斷，僅有一點是很明確的，那就是神職人員用希臘語呼喚大帝為「神之子」。這一點具有雙重意義。首先，法老被視為太陽神拉之子，因此神職人員的用詞，只是一般平常對法老的問候語，但這同時也暗示阿蒙神正式承認亞歷山大的法老地位。第二，這句問候被解讀成證明大帝是阿蒙之子，同時也就等於證明他是宙斯之子。因為在希臘，阿蒙和宙斯被理解成是同一位神，所以亞歷山大的父親就是最高神祇宙斯，因此亞歷山大是直接繼承了神的血統。於是亞歷山大認為，他得到了關於自己出生的明確證據。

至於神諭的具體內容，大帝本身絕口不提，因此與他同行的親信們也無從得知。各式各樣關於神諭內容的傳說，全都是後世的創作，因為宣示神諭的實際情況就如下段文字的描述。

大帝一行人抵達神殿後，首先被迎接到中庭。之後只有大帝一人被帶到內部的神諭宣示所，其他隨從人員則被吩咐在前方的大廳等候。位階最高的大祭司在神諭宣示所內以「神之子啊」問候大帝，隨行人員也聽到這聲問候，眾人相當驚訝。大帝將他想問的問題告訴祭司，然後就被引導到隔壁的等候室。接著祭司便進來向大帝傳達神諭，但並不是用語言，而是以點頭的動作，只傳達給亞歷山大一人，因此隨從人員完全無從得知神諭的內容。大帝回到大廳後，眾人異口同聲地詢問結果，他卻只說了一句：如願地獲得一切想要的答案。

之後大帝也允許隨行人員各自向阿蒙請求神諭。眾人請求神諭的過程是以隊伍的形式在中庭舉行。首先，肚臍形狀的阿蒙神體被放在船形的台座上，再由二十位祭司一起將船體抬起。在接受提問後，祭司們便配合大祭司的指示前後搖晃船體。船體向前傾斜時表示答案是肯定的，船體向後傾的話答案則是否定的。以上就是在阿蒙神殿發生的事情的全部經過。

總而言之，亞歷山大跟阿蒙神確認了自己的出生，而且他身為法老的地位也獲得承認，便心滿意足地踏上歸途。

◎離開錫瓦綠洲後的歸途

雖然擔心會有些繁瑣，但還是想提一下關於亞歷山大離開錫瓦綠洲踏上歸途後的事。許多書籍和日本高中世界史教科書上所刊載的遠征路徑，都寫道亞歷山大是從錫瓦綠洲直接東進回到孟斐斯。但這是根據阿里安的記述而來的，事實上那是阿里安誤解托勒密的大帝傳記所造成的結果。阿里安關於此事的記述如下：

關於（離開阿蒙神殿後的）歸途，阿瑞斯托布拉斯（Aristobulus）說他是循原路回去的，但根據托勒密的說法，卻是走另一條直達路線回到孟斐斯。（第三卷第四章）

阿瑞斯托布拉斯當時應該是與大帝同行，日後他在執筆撰寫大帝傳記時，明確記下歸途的路線。相對地，應該可以認為托勒密並未同行前往錫瓦綠洲。而且托勒密的大帝傳記是以戰爭和軍事為中心，假設就算他曾提及大帝造訪阿蒙神殿之事，肯定也不會關心大帝一行人歸途走的是哪條路線。因此他記述的內容只會是極為簡單地寫道「自阿蒙神殿歸來的亞歷山大」之類的吧。

然而，阿里安讀了托勒密記述的內容後，因為托勒密沒有寫出從錫瓦綠洲回到孟斐斯這中間的過程，就誤以為還有另一條不同於阿瑞斯托布拉斯記載的路線，因此創作出了大帝從錫瓦綠洲直接回到孟斐斯的傳說。

現在常見的遠征地圖，都是誤用阿里安根據誤讀

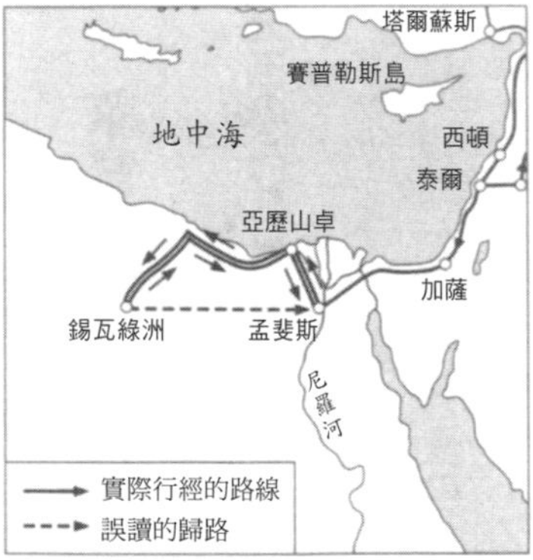

從錫瓦綠洲返回孟斐斯的路徑
大帝是循原路而返的。

的結果所創作的記述內容而製作的，是雙重誤解下誕生的產物，這一點必須及早訂正才行。

亞歷山大是循原路而返，並在途中舉行新城市亞歷山卓的動工儀式後，才回到孟斐斯的。

華麗的巴比倫

◎大帝進入巴比倫城

亞歷山大在高加米拉會戰打敗大流士三世後，便沿著底格里斯河南下，於會戰二十天後的十月二十一日，進入巴比倫城。巴比倫位於現今的巴格達南方約莫九十公里處，幼發拉底河流貫市中心。西元前十八世紀，巴比倫在國王漢摩拉比（Hammurabi）在位時期，繁榮至極；之後幾經戰亂，雖時而蒙受戰火破壞，但也都順利復興，是美索不達米亞文明的中心，長久以來擁有無與倫比的權威和聲望。總督馬扎亞斯在亞歷山大抵達巴比倫之前，便先行前去拜訪大帝，主動輸誠，將城市和他自己都交給大帝處置。大帝雖接受馬扎亞斯的提議，但還是命令軍隊擺出戰鬥隊形，宛若將赴戰場似地朝著巴比倫城前進。在庫爾提烏斯的大帝傳記中，記載了當時大帝進城的情景：

許多巴比倫人為了一睹新國王的風采，早已盤踞在城牆上，不過有更多人出到城外等候他的到來，人群當中也有掌管堡壘和王室金庫的巴格凡斯（Bagophanes）。巴格凡斯為展現出他歡迎國王的盛情並不亞於馬扎亞斯，便在街頭灑下花朵和花環，並在街道的兩側到處配置銀製祭壇，祭壇上放的不只有乳香，還堆積了所有種類的香料。在巴格凡斯身後的，是他準備敬獻給大帝的禮物，有成群的馬匹和絡繹不絕的家畜，獅子和豹也被關在籠裡搬運而來。繼之在後的祆教僧侶（Magus）依循慣例吟唱聖歌，走在他們後面的是迦勒底人（Chaldaeans，侍奉巴比倫最高神祇馬爾杜克〔Marduk〕的神職人員）和巴比倫人；行走在隊伍最後的是巴比倫騎兵。騎兵與馬匹的裝束，極盡奢華之能事，莊重華麗根本不足以形容，稱之豪華絢爛或許更貼切。

亞歷山大被他麾下的軍隊團團包圍，他命令由市民組成的群眾跟隨在（馬其頓）步兵的末尾一塊行進。他本身則是搭乘著戰車進入城市，隨後進入宮殿。（第五卷第一章）

這場華麗的進城儀式，並非只是單方面地出自於巴比倫人的主動意志。根據巴比倫天文日誌中的正式紀錄，亞歷山大在十月十八日，從位於巴比倫北方大約五十公里的城市西帕爾（Sippar），向巴比倫人發出文告。現存的泥板文書雖只留下片段記載，但內容提及大帝的部下前赴巴比倫、祭祀馬爾杜克神的埃薩吉拉（Esagila）神殿的財產，以及亞歷山大將不會進入巴比倫人的家中。換言之，即是大帝在事前已發出文告，表示他將會尊重巴比倫的神殿和聖域，並且不會容許軍隊掠奪城市。

繼巴比倫之後，在亞歷山大進入蘇薩城之際，也可以見到相同的過程。因此無庸置疑地，亞歷山大進入巴比倫城的盛大儀式，是經過雙方費心周詳設計的，且開城後的城市待遇也是事前就決定好的。這是場彼此的合作。馬其頓軍會以戰鬥隊形行進，並非是預想會遭遇到來自巴比倫方面的抵抗，而是因為軍隊的行進本身就是儀式的一部分。

◎巴比倫傳統與外國統治者

古都巴比倫在此之前，也曾前後遭受亞述帝國和波斯帝國阿契美尼德王朝等外國勢力的統治。每當面臨不得不屈服於外國勢力的處境時，巴比倫人便會順應他們自己的王權觀，接納外來國王的統治。根據巴比倫人的王權觀，只要巴比倫之王輕蔑眾神、施行惡政令民眾受苦，那麼最高神祇馬爾杜克就會憤而離開巴比倫，外出尋找新的國王候選人。馬爾杜克神會與祂親自找到的候選人共同歸來，驅逐前任國王。因此民眾將新國王視為解放者，歡迎他的到來，國王在馬爾杜克神之前祭獻，便可恢復和平與秩序。

根據亞述的記錄，亞述國王薩爾貢二世（Sargon II）於西元前七一〇年，在巴比倫人的歡迎下進入巴比倫城，在他們的面前向神明祭獻，並為祭典隊伍開鑿新運河。西元前五三九年進入巴比倫城的波斯國王居魯士二世，在被稱為「居魯士圓柱」（Cyrus Cylinder）的文書中，以第一人稱敘述自己的事蹟。他說道：「吾保障和平，守護聖域，稱頌馬爾杜克神，讓被前任國王拿波尼度（Nabonidus）捨棄的眾神，回到祂們原來的地方。馬爾杜克神祝福吾人和吾人的軍隊，奉祂的命令，將各國納入的貢品帶到吾人面前。」（摘要）在前面提到的巴比倫天文日誌中，亞歷山大被也稱作「世界之王」，這是因為巴比倫人視他為馬爾杜克神所選擇的新國王，接納他的統治。

亞歷山大不僅尊重巴比倫的傳統禮儀，也無可挑剔地達成了新來外國君主被期待完成的任務。根據阿里安的大帝傳記，他除了下令重建主神馬爾杜克和其他眾神的神殿外，也遵從服侍馬爾杜克神的神職人員指示，舉行祭祀並獻上祭品。所謂的重建神殿，具體來說是修復與擴充神殿的規模，此事本身也是祭祀行為當中相當重要的一部分。因為建築神殿必須要經過一連串的程序，除了包含對獻給眾神的供品和特權的再確認之外，國王還必須透過神職人員向眾神請求建築神殿的許可，而眾神則經由賜予吉兆來表示認可。因此國王發布建設神殿的命令，不，應該是被允許發布命令這件事本身，便意味著他的王位是在眾神的保證及護持之下。亞歷山大通過發布重建神殿的命令，正式表明自己身為新巴比倫王的正統性。

◎學習美索不達米亞傳統的亞歷山大

可以想見，在巴比倫時的亞歷山大應該是將波斯帝國的建設者居魯士二世的先例放在心上。有好幾項證據證明他非常崇拜居魯士，認為居魯士是一位偉大的君主。當他從印度歸來時，看見居魯士的陵墓遭到破壞，深感痛心，立刻命人修繕陵墓。他讚許居住在興都庫什山脈南麓的阿瑞亞斯皮亞人（Ariaspians），對居魯士遠征斯基泰時提供協助，

居魯士二世之墓　建於帕薩爾加德（Pasargadae），陵墓全高 11 公尺。

承認他們是「自由之民」。他會對居魯士如此傾心，或許是受到西元前四世紀希臘作家色諾芬的著作，《居魯士的教育》（*Cyropaedia*）的影響。這部小說將居魯士描寫成一位理想君主，亞歷山大應該也讀過這部作品，且將內容化為自己帝王學的一部分。居魯士對巴比倫人採取寬大的態度，這個事實對亞歷山大而言應該也是很寶貴的先例。

除此之外，亞歷山大也有可能向亞述的先例學習。高加米拉會戰的戰場地點，位於亞述帝國首都尼尼微（Nineveh）的東方，距離僅有幾公里之遙。會戰後，亞歷山大占領波斯軍作為據點的阿貝拉（Arbela），從阿貝拉到巴比倫的途中，會經過尼姆魯德（Nimrud）和阿舒爾（Assur）等地，這些城市在過去也曾是亞述帝國的首都，當然在當時都已成廢墟。西元前四〇一年，雅典人色諾芬加入波斯國王弟弟小居魯士的叛亂後，沿著底格里斯河向北撤退的途中，便親眼目睹了尼姆魯德空無一人的堡壘。雖然古都已成廢墟，但大帝在前往巴比倫的途中，很有可能是在西帕爾，確實學習到了傳承自亞述的美索不達米亞文明。

因此，亞歷山大不僅尊重巴比倫的傳統，同時也沿襲亞述帝國和阿契美尼德王朝君主的先例，名副其實地表現出身為巴比倫王應有的舉止；這麼做的結果，讓他能夠為巴比倫人所接納，和平地成為巴比倫的新統治者。巴比倫人也在他們自己的王權觀和皇家禮儀的脈絡中接納亞歷山大，保證他王位的正統性。一邊是以打倒波斯統治為目標的亞歷山大，在政治上展現出的深思熟慮，一邊是渡過長達數個世紀動蕩不安的古都巴比倫，所呈現出的圓熟智慧與生命力，當亞歷山大成為巴比倫的統治者時，可謂是兩者完美結合的瞬間。

但絕對不可將兩者的遇合過度理想化。巴比倫的記錄中，有一段記述提到亞歷山大是「來自希臘人國家的國王」，他的王權終歸還是被認定成是外國人的統治。而且從他率軍離開巴比倫後，到西元前三二四年重返為止，有六年的時間不在巴比倫。這段期間他當然無法舉行新年節慶，這等於是蔑視巴比倫王最被期待的重要任務之一。在第七章將會進一步談到，亞歷山大對巴比倫傳統禮儀的不理解和漠不關心。

亞洲之王與權力的視覺化

◎亞洲之王

阿契美尼德王朝國王們的正式稱號，舉例來說，刻在波斯波利斯的大流士一世的碑文上寫的是：「偉大之王、諸王之王、諸邦之王」。相對地，亞歷山大使用的稱號則是：「亞洲之王」。

在伊索斯會戰中戰敗後，大流士三世在西元前三三三年末，致送一封親筆信給當時待在腓尼基的亞歷山大，信中除了請求友好和締結同盟之外，還提出願意割讓幼發拉底河以西的領土給亞歷山大。亞歷山大送出了一封回絕的書信，然而在阿里安留傳下來的那封書信的內容當中，有這麼一段話：

> 如今既然我已是全亞洲的主人，足下才應當來到我的跟前！若是擔憂來到我的跟前，將會遭受到任何不愉快的對待，那麼可取得我方的誓約；派遣親信前來吧！（中略）今後足下在向我提出請求之際，應當尊我為亞洲之王，斷不可以對等立場提出交涉。（第二卷十四章）

在西元前三三一年的高加米拉會戰中取得勝利後，亞歷山大向羅德島（Rhodes）林杜斯（Lindus）的雅典娜神殿獻上武器，並在神殿刻下這段銘文：

> 國王亞歷山大在戰爭中擊敗大流士，成為亞洲的主人，故而遵循神諭，在林杜斯的雅典娜女神之前供奉祭品。

這正是亞歷山大的宣言，今後的亞洲並非兩個王國並立，而是在自己獨大的王權統治之下。話雖如此，這終究不過是言語上的片面宣言。亞歷山大要讓被統治的亞洲貴族和居民，接受並承認他的王權，就必須要以顯而易見的明確形式來展現自己的王權。從大流士三世死亡的西元前三三〇年夏季開始，亞歷山大著手將自己的王權具體化。

◎東方風格的宮廷禮儀

亞歷山大做的第一件事就是穿上波斯風格的服裝。原本是騎馬民族的波斯人穿的是褲子和長袖上衣，這在馬其頓人的眼中看來實在顯得太過奇特，所以他沒採用。另外，波斯國王會在頭上戴上稱作「Tiara」的毛氈帽或是披上頭巾，並纏繞上藍白相間的國王專用絲帶。亞歷山大便從波斯國王的裝飾當中採用了這個絲帶（Diadem，希臘文 *Diadēma*），盤繞在名為「Kausia」的馬其頓式圓帽上，然後繫上波斯風格的腰帶。最初他只有在室內與東方人或親信見面時才會這麼穿著，但漸漸地也會以這樣的裝扮外出、騎馬和進行演說。馬其頓士兵看到他們國王的這副模樣雖然很痛苦，但還是讓步了。

接著，亞歷山大開始接受歸順的波斯人向他行跪拜禮。所謂的跪拜禮，是波斯人的日常問候禮節，在下位者會向上位者微微地傾斜上身，將右手放在嘴上獻吻，是一種表達敬意的方式。一般認為跪拜禮，隨著時代和場合的不同曾有過各式各樣的形式，而在宮廷禮儀上所發展出來的形式，則是覲見者在謁見波斯國王時會屈膝叩拜進而臥伏在地。但是，這禮儀完全不具有將國王當作神明崇拜的宗教性意義。

西元前三二八年，大帝也曾經嘗試將波斯的跪拜禮導入馬其頓人和希臘人之中，然而這當中蘊藏著極為嚴肅的問題。因為對希臘人而言，一般的自由人只有在向眾神祈願之時才會行跪拜之禮，且僅限於極為特殊的場合；他們平常祈願時，不會俯臥而是以站立的姿勢將雙手伸向天空。因此，以俯臥的姿勢向人類行跪拜之禮，這對希臘人而言就等於侮辱他們是奴隸。亞歷山大雖明白希臘人的這種感情，卻還是意圖導入跪拜禮。其目的是因為他要以亞洲之王的身分君臨於亞洲人之上，所以想確立統一的宮廷禮儀。換言之，即是他擔憂若不接受來自馬其頓人和希臘人的跪拜，可能會讓波斯人覺得他不符合亞洲之王應有的形象。所以他判斷，讓所有的民族採用共通的宮廷禮儀，應可樹立他王權的普遍性。亞歷山大為了導入跪拜禮做了周全的準備，但結果還是招致馬其頓將士們的強烈反彈，他也因此不得不放棄。從此以後，僅有波斯人等東方民族才施行跪拜禮。

◎奢侈與華美

關於消滅阿契美尼德王朝後的亞歷山大，現存的大帝傳記都一致地描述他，不可自拔地墮落於東方樣式之中。至於援引的例證，除了亞歷山大服裝和飲酒的情形之外，就是他窮極奢侈的作風。

西元前三世紀的作家菲拉爾克斯（Phylarchus）說，亞歷山大的謁見場合之豪華，甚至凌駕波斯國王。根據他的描述，亞歷山大的帳篷極為寬敞，可放進一百張躺椅，以五十根黃金打造的柱子支撐，帳篷頂部覆蓋著繡工精緻的金絲布。在帳篷內部，首先有被稱為「金蘋果衛隊」的波斯親衛隊五百名，和名為「銀盾隊」的馬其頓精銳部隊五百名。帳篷中央擺放著黃金座椅，亞歷山大便坐在那之上，在親衛兵的圍繞下接受謁見者覲見。在帳篷外側，先是站著一圈全副武裝的大象部隊，再由一千名馬其頓士兵圍繞象隊，接著外圍再站上一萬名波斯士兵。（金蘋果衛隊，是波斯國王親衛隊的美稱，正式名稱是持金蘋果之矛者。因為他們使用的長矛，在接觸地面的部分包裹著黃金打造的蘋果，故而有此稱呼。）

西元前三二四年，亞歷山大在都城蘇薩與親信們一起舉行集團婚禮時，他準備的帳篷更是格外巨大。根據大帝的禮賓官員卡瑞斯（Chares）的紀錄，婚禮的房間多達九十二間，設置這些房間的營帳可收納一百張躺椅。躺椅一張一張地裝飾上特別為婚禮準備的毯子，每張躺椅的費用要二十銀彌拿（Mina，共等於三分之一塔蘭特）[3]，而國王的躺椅則是以黃金打造。招待賓客的帳篷也極為奢華，且建造得相當宏偉，使用的亞麻布料全都是高價品，下方則鋪滿以金絲線混織而成的紫色和深紅色的布匹，固定帳篷的柱子高約九公尺，表面以金銀包裹並鑲入寶石。中庭的周長約有七百五十公尺，周圍也掛滿昂貴的布簾，而且還以金絲線織入動物圖樣，支撐布簾的柱子表面亦包覆金銀。

那座以五十根柱子支撐，可放入多達一百張躺椅的巨大帳篷，肯定是亞歷山大模仿波斯國王的帳篷打造的移動式宮殿。波斯國王出征時也會帶著家族隨行，在帳篷中過著和停留於首都時別無二致的豪華生活。例如在西元前三三三年的伊索斯會戰中，大流士三世戰敗逃走，將他的帳篷遺留在戰場。亞歷山大進入大流士的帳篷時，裡面有裝飾豪華的黃金製的盆子、水壺、浴缸、香油瓶等等，且充滿了香料和香油的濃郁香氣。亞歷山大看著帳篷內的情況說道：「這是國王的生活嗎？」這不是讚嘆的台詞，而是他對大流士頹廢的生活方式所發出的輕蔑，言下之意是，在如此豪華的奢侈品包圍下，在戰爭中會變得膽小也是理所當然的。

然而理應是輕蔑波斯國王的亞歷山大，而今本身卻又模仿波斯國王，命人打造凌駕其上的豪華帳篷，這究竟是為了什麼？理由就是他想要以東方諸民族之王的身分君臨天下。他的王權早已遠遠超越希臘人和馬其頓人的框架。此時在他眼前的是，過去支撐阿契美尼德王朝的波斯貴族，以及被波斯統治的各民族。亞歷山大為了要讓他們接受自己成為新國王，他本身也不得不採用波斯富麗堂皇的禮儀形式。

從羅馬帝政時期的希臘人波利艾努斯（Polyaenus）的記述當中，可以找到支持這個解釋的內容。根據他的記述，亞歷山大在對馬其頓人和希臘人宣布判決時，使用的是簡樸且與公民身分相符的法庭，但當對象是東方人的情況，大帝就會使用符合大將軍身分的豪華法庭，從法庭外觀就營造出震懾人心的效果。波利艾努斯接著描寫帳篷，有趣的是，內容與前面介紹的菲拉爾克斯的記述幾乎一模一樣。因此那座富麗堂皇的帳篷不只是為了謁見之用，應該也被當作用來審判東方人的法庭。亞歷山大藉由外觀使人震驚的法庭，向波斯人等東方民族展現自己擁有的權力是何等巨大，目的是意圖透過心理上的威嚇來令他們屈服。

◎王權的視覺化

像這樣以具體可見的形式表現王權的偉大，稱為王權的視覺化。這是一種統治的方法，透過宮廷禮儀和祭典之類的形式，以視覺化的方式展現國王的權力和權威，藉此誘發人們的服從心。為何會需要此種統治方法呢？

因為任何王權都不可能光靠軍隊和刑罰等毫不掩飾的力量來維持統治。國王必須經常在貴族和民眾面前，明確展現出自己權力的正統性，且需透過種種制度和機會強化彼此之間的連結，創造出讓貴族和民眾主動服從的機制。這類王權穩定裝置的一種方式就是國王的禮儀，根據內容可以分為宮廷禮儀、國家禮儀和國王圖像等三類。宮廷禮儀限定在宮殿這個特定場所舉行，嚴格地將王族和貴族等特權身分編入以國王為頂點的位階序列之中。所謂的國家禮儀，即是國王的隊伍和歌頌國王的慶典等等，也就是大規模的公開例行活動。透過這類公開活動，直接向一般民眾展現國王的存在和王權的偉大，藉此將民眾統合於王權之下。還有國王圖像，就是透過繪畫、雕刻、貨幣等傳播媒介，來散播國王肖像。在電子媒體不存在的年代，這些物品也是每一個時代的國王用來傳達政治訊息的手段。所謂王權的視覺化，就是這些統治手段的總稱。

事實上阿契美尼德王朝的國王為了統治廣大的領土和多樣的民族，用盡一切機會來行使王權的視覺化。他們頻繁地在帝國的領域內移動，賞賜民眾各式各樣的禮物，也藉由收下民眾的禮物再次確認各地區和各城市的從屬。且國王的移動，便是整座宮殿的移動，透過呈現出華麗的行進隊伍，讓一般民眾認知到王權的偉大，使他們對國王心悅誠服。

例如西元前三三三年，大流士三世從巴比倫出發前赴伊索斯會戰時，他的軍隊擺開盛大且豪華絢爛的行進隊伍。走在最前方的是一群祆教僧侶，繼之在後的是三百六十五名披著紫色斗篷的年輕人，接著由幾匹馬拉著獻給瑣羅亞斯德教（Zoroastrianism，祆教）主神阿胡拉・瑪茲達（Ahura Mazda）的白色戰車，後頭則跟著一匹名為「太陽」、高大非凡的駿馬。騎士們手持金笏、身穿白色衣裝。不遠處有十輛裝飾著大量金銀浮雕的車輛。接著是帶著各種不同武器和習慣的十二民族的騎兵。其次是一萬名被稱為「不朽者」的波斯精銳士兵，他們掛著黃金項鍊，身穿金飾上衣和帶著寶石裝飾的貼身長袖。之後前進的是國王的戰車，戰車上的國王更顯出類拔萃。王族和貴族的女性們搭乘的豪華馬車，則跟在軍隊後方。

波斯國王時常會坐在黃金製作的懸鈴木和葡萄樹下接受覲見。黃金葡萄樹上成串的果實，以綠色寶石、印度紅寶石以及其他各種寶石製作而成，是相當昂貴的物品。宮廷中的僕役人數也相當龐大。伊索斯會戰後占領大馬士革的帕曼紐，在給大帝的信中如此寫道：「就我所發現，專門演奏樂器的國王妻妾有三百二十九人、編織花冠的男人有四十六名、廚師有二百七十七人、燒水的有二十九人、製作乳製品的有十三人、負責茶水的有十七人、濾酒的有七十人，製作香水的有十四人……。」

就像這樣，國王與宮廷的大規模移動和軍隊的行進，本身無非都是王權的視覺化，這在阿契美尼德王朝的波斯帝國是具有實效的重要統治手段。前一小節述及的亞歷山大進入巴比倫城的儀式，應該也可以理解成是，新任統治者以具體可見的形式來表現自己的權力。這些舉止並非是單純奢侈或墮落的行為。亞歷山大在繼承阿契美尼德王朝的王權後，接收其廣大統治領域的結果，換成他也被迫必須設法將自己的王權視覺化。

順帶一提，權力的視覺化不分東西，舉世皆然。從秦始皇到蒙兀兒帝國（Mughal Empire）的阿克巴（Akbar），乃至於西方中世紀和近世的國王們，皆利用國內巡視來維持和擴大權力。在日本可以聯想到近世的大名隊伍，還有明治天皇也曾行幸全國六次，向過去連天皇的存在都不知道的一般人擴展自己的威信。大正天皇與昭和天皇，以大元帥身分跨著白馬、檢閱軍隊分列式的身影，深深烙印在人們的腦海中。二次大戰日本戰敗後，昭和天皇的行幸，則是宣告由「人間天皇」[4]代表的新象徵天皇制的開始。自那時以來，天皇以執行公務的名義赴全國各地，出席國民體育大會的開幕式和植樹節之類的活動，發表「金口玉言」，這些行動無庸置疑地對於固定象徵天皇制產生極大貢獻。今日，電視影像媒體在權力的視覺化上帶來前所未有的進化，發揮了絕大的影響力，這是我們每天在日常之中已經驗到的。

火燒波斯波利斯王宮

◎壯麗的宮殿群

高加米拉會戰後，亞歷山大一座接著一座占領波斯帝國的首都。遠征軍在巴比倫和蘇薩都沒有進行掠奪，在和平的情況下進城、離城。然而在波斯波利斯，不只王宮周邊的城鎮遭到掠奪，宮殿群也被放火燒成廢墟。為何會發生這樣的狀況？確實掠奪占領地並藉此累積財富，對獲勝的外國軍隊而言是當然的權利。可以理解，在此之前一直壓抑著欲望的馬其頓將士，會為了發洩情緒而大肆掠奪，亞歷山大也容許他們這麼做。但光是這樣並不足以說明為何他們會在宮殿放火。就讓我們試著解開大帝在東方遠征期間發生的各種事件中，尤其充滿謎團的火燒王宮事件。

波斯波利斯位於札格洛斯山脈東南部的伯爾薩地區（Pârsa，今日的法爾斯省〔Fars〕，古希臘語為波西斯〔Persis〕），是古代波斯王國的發祥地。在西元前五二二年即位的大流士一世，耗費一整年的時間鎮壓住發生在全國各地的叛亂後，在伯爾薩建設新都以紀念勝利。他首先建造南北長約四百公尺、東西長約三百公尺，高達十二至十四公尺的巨大台基，並在上方完成議事廳和他自己的宮殿，進而又著手建設阿帕達納宮（Apadana Palace）和寶庫。阿帕達納宮是一座四方形的多柱式宮殿，也是波斯波利斯宮殿群中最高、最寬敞的建築。宮內的大殿，每邊長六十公尺，共計有三十六根高達十九公尺的柱子，推估可收容一萬人，在此處會舉行大帝出席的帝國正式例行活動，因此也被稱作覲見大殿。

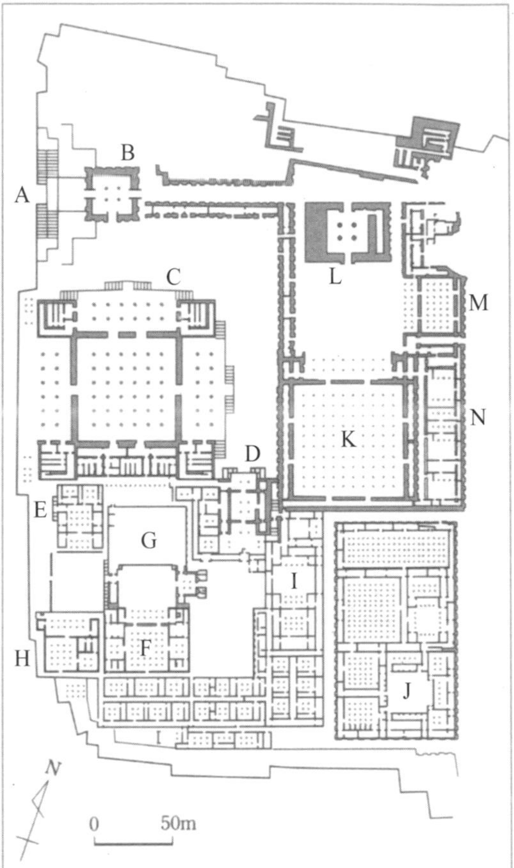

A＝正面階梯　B＝萬國門　C＝覲見大殿（阿帕達納宮）　D＝議事廳　E＝大流士的宮殿　F＝薛西斯的宮殿　G＝宮殿　H＝阿塔澤克西茲三世的宮殿　I＝薛西斯的後宮　J＝寶庫　K＝百柱殿（寶座廳）　L＝未完成的大門　M＝三十二柱廳　N＝兵營

波斯波利斯王宮平面圖

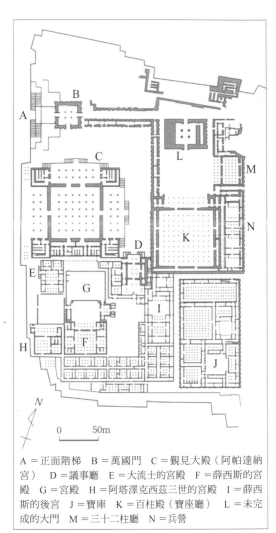

次任的國王薛西斯除了完成阿帕達納宮外，也開始動工興建寶座廳。該廳的大殿每邊長六十八點五公尺，柱子高度十三公尺，因為有一百根柱子，所以也稱做百柱殿，這座宮殿的目的是為了公開展示財寶。相對於阿帕達納宮是國王政治權力的象徵，寶座廳則是誇示帝國輝煌財富的宮殿博物館。寶座廳的建設在下任國王阿塔澤克西茲一世（Artaxerxes I）的時代完成。薛西斯另外也興建了萬國門和後宮。於是歷經三代，耗費近百年的歲月，主要宮殿群的建設終於完成。宮殿建設的過程，從帝國境內動員為數眾多的工匠和工人，也從各地運來各種物料和寶石，名副其實地集結了整個帝國的力量。

那麼，波斯波利斯宮殿群的使用目的是什麼？過去一般的說法，主張波斯人會在此地舉辦新年節慶。現在伊朗的元旦是在三月二十一日，也就是春分之日，他們稱新年為諾魯茲節（Nowruz）。據說波斯波利斯的建設就是為了舉行諾魯茲節的慶典活動。但是，伊朗的元旦

阿帕達納宮遺址　謁見賓客之所。

固定於春分是在十一世紀，而且也沒有證據證明阿契美尼德王朝的國王必定會在波斯波利斯迎接新年，甚至還有史料記載他們曾經在秋天時停留於此地，從宮殿的浮雕上也看不出具有宗教性意味。因此無法支持建設波斯波利斯是為了舉行諾魯茲節的說法。

萬國門　宮殿正門，門邊側柱上雕刻著人面獸翼像，門上石刻著用三種文字（古波斯文、埃蘭文、古巴比倫文）所寫的銘文：「薛西斯一世創建了此門。」

波斯波利斯城裡出土的泥板文書，顯示出此地是波斯帝國的行政中樞和經濟活動中心。關於波斯波利斯的機能，迄今依然爭論不休，或許也難以歸結到某個單一的機能上。話雖如此，無庸置疑地，這個建設在王國發祥地的宏偉宮殿群，既是波斯帝國的權力和威信的象徵，也是波斯人的精神支柱。

◎兩則對立的傳說

關於火燒波斯波利斯宮殿的事件，現存的五篇大帝傳記中有四篇記載了此事。其中，蒲魯塔克、狄奧多羅斯、庫爾提烏斯三人都說明，縱火事件的發生是起因於酒宴上的衝動性偶發行為。根據他們的說法，在遠征軍將要出發追擊大流士前夕的酒宴上，有一位雅典出生的藝妓泰思（Thaïs），以向波斯復仇為由煽動放火，於是已酩酊大醉的亞歷山大和他的朋友們組成隊伍，持著火炬在宮殿放火。泰思是一位真實的人物，她在日後成為埃及國王托勒密的情人，他們兩人之間也確實生下兩男一女。這個宛如電影場景般充滿戲劇張力的故事，廣泛地從希臘化時代一直流傳到羅馬時代。

但這個故事當中有幾個疑點。首先就馬其頓人的習慣而言，撇開僕役不談，一般的女性是不會出席宴會的。女性同席的宴會明顯是屬於希臘風格。再者這個故事的主旨是，雅典出身的女性比馬其頓軍還要更徹底地，展現出向波斯軍復仇的意志。因此西元前三世紀在亞歷山卓活動、喜愛八卦逸聞的作家克來塔卡斯認為，這是針對希臘人創作的故事。

另一方面，只有阿里安的大帝傳記寫道，亞歷山大會在波斯波利斯放火，是帶有企圖的計畫性行動。根據阿里安的敘述，這時帕曼紐曾經試圖拯救宮殿，對亞歷山大提出忠告，說破壞已屬於自己的財產並非明智之舉，亞洲的居民也會因此將國王視為單純的征服者，他將會難以獲得民心。對此亞歷山大的回答是：波斯人過去進攻希臘時曾做下種種惡事，他的目的是為了要報復他們。可見接下來的經過，應該是國王和親信們召開會議，針對宮殿放火的是與非進行討論，而國王斷然無視帕曼紐的勸阻，堅決執行放火。

哪一則傳說才是真實的？

◎發掘報告書說明的事

一九三〇年代，美國芝加哥大學東方研究所，在波斯波利斯展開具有組織性的發掘工作，負責人是德國出身的考古學者施密特（Erich Schmidt）。施密特在第二次大戰後發行了兩大冊的報告書；他死後，第三冊報告書於一九七〇年完成。參照這份報告書的內容，可以明白亞歷山大在波斯波利斯宮殿放火之舉，毫無疑問是具有計畫性的行動。

首先，發現留有火災燃燒後痕跡的建築物，有阿帕達納宮的大殿和大多數的小房間、寶座廳的大殿和列柱廊，寶庫則是主要房間和柱廊，幾乎占了寶庫整體面積的一半，以及薛西斯建的後宮的四個房間。這四座建築互相分離，難以想像會在偶然的情況下延燒開來。

第二，阿帕達納宮大殿的地板全都著火，燃燒後的痕跡相當均勻。這暗示地板上可能鋪滿易燃物，像是紡織品或木製品。堆積在寶座廳大殿的灰燼和木炭層，厚達三十公分至九十公分。木炭是原本用來作為屋頂梁柱的杉木炭化的結果。可以推測整個大殿都被塞滿了易燃物。

第三，除了後宮之外，失火的大殿，柱子大部分都遭到損毀。寶座廳的一百根柱子被破壞殆盡，只留下基座。寶庫的一間大殿也是九十九根柱子全被推倒，基座大部分要不是被破壞，就是因為火焰的熱度而裂開。

根據前面這幾點看來，著實難以想像放火是一時衝動的突發性行為，應該要視之為是一項有意為之的計畫性行動。

其次，也可以清楚看見掠奪的痕跡。從堆積的灰燼底下發掘出來的，除了武器之外，大部分是金屬製品的殘片，具體成形的物品相當稀少。例如從阿帕達納宮南側的小房間發掘出青銅的殘片、金箔和黃金扣件的殘片、黃金製的皮帶或束帶等等。從穿過寶座廳前庭的列柱廊，也發掘出細小的雕刻碎片、縞瑪瑙和青金石的裝飾品、紅玉髓和紫水晶的串珠、青銅製的手鐲和扣件等。

接著便能夠重現以下的掠奪場面。士兵們闖入阿帕達納宮的收藏室，從昂貴的傢俱上，扯下以貴金屬製作的裝飾後帶走。這時雖有碎片掉落地面，但無人回頭。木製傢俱和紡織品燃燒後，木炭和灰燼層層堆積，掉落地面的貴金屬殘片便被埋在底下。在寶座廳則是大量的財寶從大殿被搬運到列柱廊，並在此處揀選出珍貴物品，然後同樣的場面一再反覆。寶庫的房間也是一樣的情況。散亂的各類小物品暗示出，士兵們進行掠奪的時間很短暫。而且灰燼和木炭上沒有留下紊亂的足跡，所以能夠認定他們並沒有再次回到宮殿內。

因此，當時的情況應該是如此。亞歷山大預先從宮殿中接收金塊、銀塊和重要的貴金屬製品，準備搬運到埃克巴坦那。然後在五月下旬，只給了士兵們一天的時間，允許他們掠奪宮殿，翌日便按照預定計畫在四座建物放火。之後馬其頓軍便將化為廢墟的王宮拋在身後，離開波斯波利斯，開始追擊大流士。

◎放火的動機與結果

剩下的問題就是亞歷山大放火的動機。截至目前為止提出了四種說法。

第一項說法是：依循遠征的正義之名，完成對波希戰爭的報復。但若是如此，為何不是在剛占領波斯波利斯的一月份展開行動，而是在遠征軍即將出發的五月？即便是為了在停留期間使用而保存宮殿也好，這樣的報復劇未免也太軟弱無力了。

第二項說法是：這是一項政治宣言，目的是為了向東方各民族展現出波斯人的統治已結束。不過，這時亞歷山大早已踏出與波斯統治階層之間的協調路線，像任命波斯貴族馬扎亞斯為巴比倫總督。在繼承阿契美尼德王朝舊統治體制的同時，卻又燒毀舊統治體制的象徵波斯波利斯，他的行為似乎自相矛盾。

第三項說法是：因為西元前三三一年在希臘爆發了反抗馬其頓的起義行動，亞歷山大為防範亂局擴大，故而以放火之舉向希臘諸城邦，尤其是雅典，表現出他遠征東方的目的終歸是為了要替希臘報仇。他確實是必須阻止希臘的叛亂局勢擴大，但他有必要因此犧牲與波斯人的新協調路線，向距離遙遠的希臘人重申遠征的正義嗎？亞歷山大在這個時間點上，會優先顧慮到希臘人感受的解釋，令人懷疑。

第四項說法是：波西斯地區的居民不肯接納亞歷山大的統治，大帝也無法成功使他們歸順，於是為了懲罰他們而在宮殿放火。我認為這項說法最具合理性。有幾篇大帝傳記都提到，馬其頓軍在宮殿周邊進行掠奪的結果，不僅造成當地的波斯人堅決不願接受馬其頓人的統治，大帝本身也對居民心懷怨恨。這也可以說明亞歷山大會在波斯波利斯逗留長達四個月的理由。大帝想方設法地試圖要讓波斯帝國的中心波西斯地區歸順，但居民們卻斷然拒絕從屬於大帝。大帝雖然尋求解決對策，但結果只是虛耗時光。最後，他為了懲罰頑強的波西斯居民而在宮殿放火，試圖打碎他們的民族驕傲，以暴力強迫他們屈服。但公開對外發表的理由則是為了向波斯報復。

然而，這個懲罰奏效了嗎？答案是否定的。遠征軍自印度歸來後再度通過波斯波利斯時，據說亞歷山大深感後悔。但他後悔的並不是因為讓宮殿化為廢墟一事，而是因為歸來後的他面對波斯總督們的貪贓枉法，不得不大舉肅清波斯高官。大帝的東方協調路線，最終得到與他原先期待相反的結果。亞歷山大會感到後悔，是因為他領悟到，東方協調路線受挫的結果，清楚映照出在宮殿放火的強行突破現狀之舉並沒有得到任何成效。

---

1 該城今日成為塔吉克的第二大城苦盞（Khujand）。
2 《亞歷山大大帝傳奇》英譯版書名為：*The Romance of Alexander the Great by Pseudo-Callisthenes.*
3 彌拿（Mina）：古代小亞細亞的重量和貨幣單位，一彌拿等於六十分之一塔蘭特，約四百三十公克白銀。
4 昭和天皇於一九四六年一月一日發表的《人間宣言》中，否定自己是現世神，宣告天皇也是人類。日語「人間」即「人類」之意。

第六章

遠征軍的人與組織

赫菲斯提昂　擔任遠征軍重要角色，同時也是亞歷山大帝的親密摯友。

支持王權的人們

◎國王的親信與朋友

任何的專制君主都不可缺乏支持他的王族和貴族集團；只有得到他們的支持王權才會安定。

在馬其頓王國，支持國王的是「Hetairoi」們。「Hetairoi」是希臘語「夥伴」的意思，在馬其頓則意味著國王的親信集團。國王會從周圍的貴族中選拔出適合擔任親信的人物，讓他們成為「夥伴」，賞賜土地和馬匹之類的財產，以換取他們的忠誠。「夥伴」成員原本僅限於馬其頓低地地區的貴族，但腓力一舉擴大這個集團的規模，也提拔了來自上馬其頓（山岳地區）和色雷斯地區的貴族，甚至還有希臘人。比如成為大帝書記官的希臘人厄邁奈斯（Eumenes），是腓力遠征中停留於希臘城邦卡迪亞（Cardia）時發現的人物。他們擁有的財富相當龐大，據說腓力在位時期的八百名夥伴擁有的財產，足以與一萬名希臘富裕者的財產匹敵。他們的拔擢與解任，當然也全憑國王一己之獨斷。因此，觀察國王親信集團構成的變化，便能看出國王權力基礎的推移過程。

再者本書翻譯「Hetairoi」（夥伴）一詞時，使用了親信和朋友兩個不同詞語。朋友一詞指的是所有被稱為「夥伴」者，包含部隊長層級和地位較低的成員。與此相對，隨侍在國王身側的少數特權集團則稱之為親信，以和廣義的「夥伴」（朋友）做區別。但須先說明兩者之間的界線並不是那麼明確。

如同第三章所述，亞歷山大即位後立即肅清暗殺他父王的相關人物和政敵，但那當然僅止於少數重要人物；基本上他繼承了他父王時代的權力構造。且在亞歷山大即位之際，王國的重臣安提帕特和帕曼紐兩人的支持，發揮了決定性的影響力，因此在論功行賞時，他分別賜予屬於兩人家門的貴族成員重要地位。另一方面，和亞歷山大同世代的學友們都還很年輕，他們開始嶄露頭角，在遠征軍內部晉升高位，還是不久後的事。於是，當亞歷山大出發遠征東方時，不論是他的王權或是夥伴之中的成員，也都是以安提帕特派和帕曼紐派兩股勢力作為支持基礎。

隨著遠征的推進，亞歷山大一個接著一個排除這些舊世代的貴族，晉升與自己同世代或對自己忠實的新朋友，只任用他中意的親信來鞏固遠征軍的指揮核心。在這段過程中，亞歷山大也超越了他父親留下的遺產，名副其實地建立起屬於他自己的王權。

◎安提帕特派

安提帕特（Antipater）約出生於西元前三九九年，腓力二世即位時他已四十歲。在腓力繼位之前，安提帕特在外交和軍事方面已有相當活躍的表現。在亞歷山大遠征東方期間，他被留在本國擔任代理統治者的角色，除了負責統治馬其頓和希臘之外，也持續派遣大量增援部隊加入遠征軍。他有六個兒子和四個女兒，兒子們的地位不清楚。

和安提帕特的女兒結婚的人當中，有兩人的身分是可以確定的。一人是和菲拉（Phila）結婚的巴拉克魯斯（Balacrus），腓力任命他為近身護衛官（關於這個職位容後再述），亞歷山大即位後，他的地位也維持不變。另一人同樣名為亞歷山大，是隸屬於上馬其頓舊王族的阿埃洛波司（Aeropus）之子。這位亞歷山大的兩名兄弟被認為涉入腓力暗殺事件而遭處決，只有他在安提帕特的建議下，迅速向剛即位不久的亞歷山大宣誓效忠，因此得到赦免。他在遠征第一年，接替成為小弗里吉亞（Lesser Phrygia）總督的卡拉斯（Calas），被任命為色薩利騎兵部隊隊長。而安提帕特的姪子阿敏塔斯（Amyntas）則擔任前哨騎兵部隊指揮官，在格拉尼卡斯河會戰前負責率領偵察部隊。另外，還有一位是單眼的安提柯，出生於西元前三八二年前後，與腓力幾乎同年，在遠征第一年是希臘同盟軍七千名步兵的指揮官。

◎帕曼紐派

帕曼紐約出生於西元前四〇〇年，他對腓力二世確立王位也貢獻良多，是支撐起馬其頓王國的國家棟樑。腓力在評價帕曼紐時曾說：「雅典人每年選出十位將軍，然而我長年下來卻只找到一位將軍，那就是帕曼紐。」腓力遭到暗殺時，帕曼紐正率領先遣部隊待在小亞細亞，也支持亞歷山大即位。而且儘管和他同為先遣部隊指揮官的阿塔拉斯，是他女兒的丈夫，但他卻默許亞歷山大的部下殺害阿塔拉斯（參見第三章）。這背後的原因是，帕曼紐與上馬其頓之間的關係極為緊密。實際上他在與波斯的三大會戰中指揮的步兵部隊，成員至少有一半以上是出身於上馬其頓。

大帝除了讓帕曼紐擔任遠征軍的副總指揮官之外，也讓他的家族成員擔任重要的職位。他的長子菲羅塔斯是馬其頓騎兵部隊的指揮官，次子尼卡諾爾（Nicanor）則是近衛步兵隊部隊的指揮官，都占據了享有最高榮譽的地位，而三子赫克特（Hector）的地位不明。除此之外，上馬其頓出身者在遠征軍中也很醒目。密集步兵部隊的部隊長科那斯（Coenus），與被殺害的阿塔拉斯的遺孀在遠征出發的前一年結婚，因而成為帕曼紐的女婿。坡利坡康（Polyperchon）也是密集步兵部隊的部隊長，他的親戚安德羅米尼斯（Andromenes）的兒子阿敏塔斯（Amyntas）和西米亞斯（Simmias），是帕曼紐長子菲羅塔斯的摯友。還有阿塔拉斯的親戚黑格羅庫斯，是腓力二世第七任妻子克麗奧帕特拉的子姪，在格拉尼卡斯河會戰中負責率領敵情偵察隊，之後並奉命重建海軍。

行省制度與遠征軍

◎繼承阿契美尼德王朝的行政組織

亞歷山大對於征服地的統治，在原則上繼承阿契美尼德王朝的行政組織，維持行省的劃分並分別任命總督。觀察遠征最初三年的情況，可以發現亞歷山大在編制和人事安排上是以軍事考量為優先，會根據東地中海和小亞細亞方面的情勢靈機應變。他通常會任命馬其頓人擔任行省總督，即便是若干例外的情況，也會由馬其頓人掌握實質上的權限。

整體而言，總督的權限被縮小，財政權遭分離的傾向也很明顯。例如在呂底亞，亞歷山大任命阿桑德（Asander）為總督，但同時將徵稅監督官之位交給尼西亞斯（Nicias），並任命保薩尼阿斯（Pausanias）擔任首都薩迪斯的碉堡守備隊長。卡里亞的總督交給女性阿達（Ada，參見第八章），但僅限於行政權限，負責軍事的則是托勒密（非日後的埃及國王），他握有一支三千二百人的部隊。不過像西里西亞（Cilician）這樣的小地方，則由近身護衛官巴拉克魯斯從行政到軍事全權掌握。

也經常出現合併行省，任命某一官員全權掌管數個行省的情況。位於小亞細亞西南部的呂基亞，最初由尼阿卡斯（Nearchus）成為總督，但當制海權落入馬其頓之手後，尼阿卡斯被召集到東方，呂基亞便委由弗里吉亞總督安提柯管理。在城邦國家林立的腓尼基並未設置總督，取而代之地，柯拉那斯（Coeranus）被任命為整個腓尼基地區的徵稅官，軍事方面則由泰爾的守備隊長菲羅塔斯（非帕曼紐之子），管轄整個腓尼基地區。托羅斯山脈以西的小亞細亞地區全境的徵稅官，則由菲羅贊諾斯（Philoxenus）擔任。還有為了應付阿基斯在希臘起義，米尼斯（Menes）亦奉命監督整個西里西亞、敘利亞和腓尼基地區。西元前三三〇年以後，東地中海方面已完全安定，隨著遠征軍逐漸向中亞推進，沿海地方的駐軍也接二連三被召集到東方。

亞歷山大對埃及的處置則較為特殊。他相當謹慎地避免讓某個單一人物掌握埃及廣大而富裕的國土。他首先將埃及的行政權劃分為上埃及和下埃及兩區，原本是打算任命兩名埃及人分別擔任兩區的行政長官，不過其中有一人辭退，因此由多勞斯皮斯（Doloaspis）一人掌管整個埃及的行政。至於守備部隊，則配置於埃及的入口佩魯希昂和首都孟斐斯兩地，分別任命不同的人擔任部隊隊長。他更費盡心思地，在傭兵部隊中除指揮官之外另加設兩名監督官，並分別安排不同人擔任殘留部隊的指揮官和艦隊指揮官。至於西鄰埃及的利比亞（Libyan）和東邊的西奈半島（Sinai），則分別交給阿波羅尼奧斯（Apollonius）和克利歐米尼斯（Cleomenes）統治。並給予克利歐米尼斯整個埃及的貢稅徵收權，因而他也負責管理公共支出和軍隊薪資給付，甚至負責監督新城市亞歷山卓的建設。克利歐米尼斯雖未被任命為總督，但已成為實質上的埃及總督。

◎排除安提帕特派

觀察遠征最初的人事安排，可以察覺有將腓力在位期間所拔擢的將領們配置在後方行省的傾向。遠征第一年，卡拉斯被任命為小弗里吉亞總督，阿桑德被任命為呂底亞總督，安提柯被任命為弗里吉亞總督。第二年，黑格羅庫斯奉命重建艦隊與波斯海軍展開對抗，巴拉克魯斯則由近身護衛官轉任西里西亞總督。第五年，帕曼紐被留在埃克巴坦那。第七年，克利都斯被任命為巴克特里亞總督。這些老將當中，安提柯和巴拉克魯斯，隸屬於安提帕特派。還有阿埃洛波司的兒子亞歷山大，在遠征第二年因陰謀之罪名遭逮捕。因此早在遠征第二年，安提帕特派的主要人物便被從遠征軍的中樞排除。

接下來在進攻中亞的時期，帕曼紐派最高地位的親信相繼遭到肅清，另外年輕世代也出現謀逆行為。這些事件如實顯示出，亞歷山大的東方路線，在遠征軍內部引發的矛盾和摩擦是多麼地深刻。下一節將詳細描述其中的經過，便可清楚看出國王周遭緊張而混亂的狀況。

遠征軍中樞的權力鬥爭

◎處決菲羅塔斯

西元前三三〇年秋，在德蘭吉亞那地區（阿富汗西部）的首都法拉達，發生了一樁事件，像是在暗喻著從此之後路線對立的發展。亞歷山大的親信菲羅塔斯，因涉及暗殺國王的陰謀而被處決；他的父親帕曼紐也遭到殺害。

其中的問題在於，帕曼紐一族堅持馬其頓國家中心主義，這與亞歷山大持續推進的東方協調路線的立場對立。亞歷山大為了貫徹自己的路線，遲早必須跨越帕曼紐一派的阻礙。然而就算是沒有路線對立的問題，亞歷山大為了將遠征軍完全占為己有，改造成只遵從他個人意志行動的軍隊，大刀闊斧的改革行動也是無可避免的。

整樁事件起自於一項陰謀。有一個名叫狄姆納斯（Dimnus）的年輕人，擬定了暗殺國王的計畫，拉攏數名夥伴加入。這當中有一人跟他的兄弟凱巴納斯（Cebalinus）挑明此事，凱巴納斯大驚，想立刻通知國王而造訪國王的帳篷，請求菲羅塔斯代為通報，因為菲羅塔斯每日會有兩次在國王面前進行報告。然而菲羅塔斯卻兩度無視凱巴納斯的請求，後來凱巴納斯透過管理武器庫的官員米特隆（Metron），才終於讓國王得知這項陰謀。亞歷山大立刻下令逮捕狄姆納斯，然狄姆納斯在這之前便已自殺。

菲羅塔斯當然也因此被懷疑是否為暗殺計畫的共犯，而對他舉行了審判。當菲羅塔斯被追問到為何無視凱巴納斯的申訴時，他辯解道，因為他認為那是件微不足道的小事。然而他的辯解不但未被接納，非難之聲更如排山倒海而至。結果他因為隱瞞陰謀未向國王報告而被判定有罪、施以酷刑，和九個年輕人同時遭到處決。

狄姆納斯和他的共犯全是軍中下層人物，他們的出身、計畫暗殺國王的原因和背景都完全不清楚。此外也沒有菲羅塔斯參與陰謀的證據，不如認為他是遭到陷害的比較正確。那麼陷害菲羅塔斯的真正主謀者又是誰？在彈劾菲羅塔斯的人們中，大帝的近身護衛官和朋友幾乎都到齊了。就結論而言，整樁事件的核心，是亞歷山大的親信們因反對菲羅塔斯的立場而團結一致，利用這項陰謀迫使菲羅塔斯下台，而亞歷山大也捉住這個機會剷除帕曼紐一派。

◎反菲羅塔斯派的形成

為何會形成反菲羅塔斯派？其中的理由有二。

第一是關於亞歷山大的東方政策。他的親信們分裂為贊成與反對兩派。贊成派的第一人赫菲斯提昂，在服裝和習慣上都仿效大帝，改採東方風格；反對派的第一人是克拉特魯斯（Craterus），則頑固堅守馬其頓風格。在政策面上，菲羅塔斯雖與大帝親信科那斯和克拉特魯斯的立場相同，但後兩人會自我克制，故未因反對東方政策而遭大帝疏遠。相形之下，菲羅塔斯非但不隱藏自己的反對態度，還擺明地批判國王的政策。

第二是菲羅塔斯的性格傲慢，以致於大帝的親信多數都視他為敵。菲羅塔斯位居騎兵部隊指揮官，是所有人都憧憬的最高地位，他勇敢且不屈不撓，對朋友也十分慷慨。但他卻又奢侈無度，過於傲慢且目中無人，因此譴責他的聲浪也傳到亞歷山大的耳中。甚至連帕曼紐都曾告誡兒子：「你也稍微收斂一點！」某次，菲羅塔斯對著他收為情婦的俘虜，嘆亞歷山大為小鬼，驕矜自誇地說亞歷山大的統治全是靠他們。這番言語經由他人之口傳到克拉特魯斯的耳中，克拉特魯斯便將菲羅塔斯的情婦介紹給亞歷山大，兩人將她培養成間諜，要她逐一報告菲羅塔斯的言行舉止。狄姆納斯的陰謀事件就發生在此時。

對菲羅塔斯而言這是個最糟糕的時間點。他的兩個弟弟，尼卡諾爾在事件發生不久前病逝，另一位赫克特也在遠征軍停留於埃及期間意外死於尼羅河。父親帕曼紐則是身在後方的埃克巴坦那，菲羅塔斯完全處於孤立狀態。還有菲羅塔斯派的大帝親信也棄他於不顧。科那斯和菲羅塔斯的妹妹結婚，且還是他的摯友，卻力求自保。在審判中，科那斯會強烈攻擊菲羅塔斯，稱他是國王和祖國的叛徒，或許是因為對自己身為帕曼紐與菲羅塔斯一派的立場，心生危機之感。科那斯還與克拉特魯斯和赫菲斯提昂共同主張，應拷問菲羅塔斯究明真相。

重建整樁事件的始末後，便能夠得到以下的情況。菲羅塔斯和克拉特魯斯，兩人都是馬其頓國家中心主義者，也都反對國王的東方政策。不過克拉特魯斯從過去就非常厭惡菲羅塔斯的傲慢言行，為了剷除他而緊盯著他的一舉一動。其他親信也與克拉特魯斯持有共同的想法，實際上在遠征軍的中樞早已形成反菲羅塔斯派。就在此時有群年輕人計畫暗殺國王的陰謀東窗事發，事態發展成菲羅塔斯被懷疑為共犯。克拉特魯斯在大好機會之下掌握主導權，大帝的親信們超越對東方政策的贊成與否團結一致，而亞歷山大則為了獲得剷除帕曼紐一派的突破點，便與他們聯合。在菲羅塔斯的審判中，眾多的譴責與在那之前蒐集的種種證據，都被用來強化他的嫌疑。於是菲羅塔斯便如此被國王和親信們聯手剷除了。

◎謀殺帕曼紐

兒子菲羅塔斯遭到處決時，帕曼紐正停留在阿契美尼德王朝的舊都埃克巴坦那。他離開遠征軍的前線，被交付與後方聯繫和補給的工作。在兒子因為陰謀罪名遭到處決的情況下，父親也免不了會被懷疑可能涉入其中。即便帕曼紐沒有涉入，大帝也不容許他再繼續活著。因為帕曼紐一旦得知兒子被殺，發動叛變的危險性很高。更何況帕曼紐在軍中極具人望，也很受外國士兵的愛戴。故重點在於先下手為強。

於是亞歷山大做了周全的準備。他寫了一封信給帕曼紐，還偽造一封菲羅塔斯寫給父親的信，甚至也準備好要給埃克巴坦那地區的駐軍指揮官們的命令。亞歷山大將這些信函託付給帕曼紐派的朋友波呂達瑪斯（Polydamas），對他下達詳細的指示。波呂達瑪斯驟然改變立場，轉身成為反帕曼紐派。從法拉達到埃克巴坦那的路程，平常得花上一個月的時間，但波呂達瑪斯騎乘駱駝僅十一天便穿越沙漠抵達埃克巴坦那，然後謀殺了帕曼紐。士兵們得知情況後開始騷動，幾乎將演變成暴動，此時波呂達瑪斯出示國王的命令函，才好不容易控制住混亂局面。亞歷山大將這些不滿分子集中在一個部隊，將該部隊命名為「懲罰部隊」。

剷除菲羅塔斯後，亞歷山大重整了遠征軍的指揮權。他將騎兵部隊的指揮權一分為二，分別交給赫菲斯提昂和克利都斯。根據阿里安的判斷，這是因為大帝不希望將如此重要的權限完全只交給一人。然而大帝任命這兩人為騎兵部隊指揮官，是基於私人和政治的考量。首先是赫菲斯提昂，他在軍事上幾乎沒有任何實績，因而他的任命相當明顯是基於裙帶關係，僅因他是大帝最親密的摯友。至於大帝會選擇克利都斯擔任另一名指揮官，則是為了讓馬其頓將士們接受這個安排。克利都斯是眾所公認的勇敢戰士和一流指揮官，而且他也是馬其頓中心主義者，所以正適合用來安撫不滿東方政策的將士，特別是老兵們。就這樣，亞歷山大進行了前所未有的人事安排，將遠征軍的核心，也就是騎兵部隊的最高指揮權一分為二。

◎克利都斯刺殺事件

西元前三二八年秋，大帝率領主力部隊紮營在索格底亞那地區的首都馬拉坎達（Marakanda，現在的撒馬爾罕〔Samarkand〕）。這時，擔任巴克特里亞總督的波斯人阿塔巴蘇斯（Artabazus）因高齡請辭，克利都斯被選為繼任人選。在克利都斯出發赴任前夕大帝為他餞行，舉辦了宴會。

宴席中，宮廷詩人一如往常地歌頌著大帝，然而這日的情況有些不大尋常。詩人們得意忘形地當眾聲言，半神的英雄們也不足以與亞歷山大的豐功偉業相提並論。更有其他人為了迎合大帝，大放厥詞地說，他父王腓力的成就根本算不了什麼。已有醉意的克利都斯再也難以忍受，憤而起身怒道：你們貶低半神也就算了，居然還膽敢藐視腓力，說什麼亞歷山大的豐功偉業，那又不是他一人的成就，大部分都是馬其頓人努力的成果吧！

克利都斯的言語深深刺傷亞歷山大。周邊的人們紛紛責備克利都斯，老兵們也設法制止這場騷動。但克利都斯卻一發不可收拾，繼續提到在格拉尼卡斯河會戰時發生的事，說大帝與波斯將領單打獨鬥陷入危急之際，是幸虧有他出手相救才撿回一命。他大聲叫嚷著：「亞歷山大呀！就是這隻手在那時救了你的命！」亞歷山大終於忍無可忍，從座椅上一躍而起，打算揪住克利都斯，不過身旁的人拉住了他。這時克利都斯發出了致命的一擊。他吟誦著：「哦，希臘的陋習，多麼地令人嫌惡啊！」這句話是尤瑞皮底斯的悲劇《安德洛瑪姬》（*Andromache*）中，一段述及「一將功成萬骨枯」台詞的開頭。亞歷山大瞬間喪失理性。他奪過一名護衛士兵手上的矛並投出，當下刺穿克利都斯的身體。

這是一場酒宴中的口角衝突所導致的悲劇。表面看似如此，但引爆悲劇的導火線是口角的內容，顯示出問題的核心在於兩條不同政治路線之間的衝突。根據阿里安的大帝傳記的說法，克利都斯從以前就相當看不慣國王日漸傾向於夷狄之風，和那一幫阿諛奉承國王之徒，這是眾所皆知的事實。蒲魯塔克的傳記則是詳細傳達了克利都斯在酒宴上發表的主張。令克利都斯憤怒的是，詩人們在外國人面前侮辱馬其頓人、要見國王時每次都必須通過波斯人代為傳達、國王竟親自否認腓力是自己的父親，公開聲言自己是阿蒙之子。他還當面對亞歷山大罵道：「在眾人的面前，說出你想說的話吧！否則你就沒有必要邀請會自由表達意見的人一塊用餐，你只需招待野蠻人和奴隸就夠了！」

簡而言之，克利都斯不滿的核心觀點是，亞歷山大提拔波斯人讓他們在身邊侍候，聽從諂媚之言陷入唯我獨尊，結果就是貶低馬其頓人和腓力。對於比國王年長的克利都斯而言，這項偉大征服事業真正的功臣是馬其頓將士，為這一切打下基礎的人是腓力二世。無視於他們的存在而想要獨占功勞，就算是國王也無法容許。再加上克利都斯也認為，自己會被任命為巴克特里亞總督，是亞歷山大為了踢開絆腳石，實際上就是一場降職的人事安排。亞歷山大試圖超越馬其頓王國的框架，致力推動東方協調路線，所以克利都斯的發言便成了對他的正面批判。

◎權力的孤獨

然而，即便克利都斯的批判之刃如何地鋒利，亞歷山大為何會失控到衝動刺殺他的地步？試著透過大帝傳記來看看國王的心理狀態吧。

首先，根據蒲魯塔克的說法，國王怒火中燒的關鍵，是克利都斯不僅提及格拉尼卡斯河會戰中發生的事，還揶揄他與阿蒙神之間的關係。亞歷山大相信自己是超乎常人以上的存在，但克利都斯的言語卻迫使他想起自己能夠保全性命，是因為他人的救助。連自己的神性都遭到貶低，他或許會因此認為這是對他整體人格的侮辱。第二，根據阿里安的記述，他召喚擔任護衛的持盾侍衛，但卻無人聽從他的命令。因而他想起大流士三世被親信貝蘇斯捉拿拘禁之事，吶喊道：「我居然會陷入和當時的大流士相同的處境，就只是個名義上的國王！」此時充斥在亞歷山大心頭的，是連護衛兵也對他棄之不顧的孤立感。第三，據蒲魯塔克說，他命令號角手吹號角發出信號，但號角手拒絕了。號角手平時配置在帳篷外，一旦吹起號角就是通知全軍有重大騷動發生。國王將克利都斯的言行視為造反，因此想要發動全軍緊急集合。

就像這樣，亞歷山大因為自己的政治路線公然遭受譴責、在言語上受到人格的侮辱、自身神性被否定，加上護衛兵與號角手的旁觀，皆讓他深感孤立，結果最後他便採取了刺殺這個終極手段。

克利都斯倒下斷氣後，亞歷山大立刻清醒，察覺他居然親手殺死既是自己同一奶媽的兄長，又是摯友的克利都斯，於是用矛刺向自己，但被制止。國王稱自己是殺友之人，將自己關在帳篷中不肯出來，悲嘆連連，連續三日拒絕進食。

話雖如此，這終究是在眾目睽睽下發生的殺人事件。雖無法瞞住事實，但還是得設法減輕國王的罪名。馬其頓人召開了形式上的審判，宣告克利都斯造反有罪，讓一切發展看來似乎合情合理。曾經是近身護衛官的托勒密，成為埃及國王後，在撰寫大帝傳記之際也創作了一段虛構情節。即是國王將撲向克利都斯時，托勒密自己曾將克利都斯帶出帳篷，然而克利都斯卻又再度回到宴席中，遇上正在到處尋找他的大帝，並大喊：「國王啊，克利都斯在此！」接著克利都斯就被矛刺穿身體。從這段描述可以讀出，亞歷山大會殺害克利都斯的直接原因，是故意回到宴席中的克利都斯的錯。托勒密煞費苦心，想設法盡量減輕亞歷山大的責任。

◎貼身侍衛們的陰謀

西元前三二七年初，這次是服侍國王的年輕貼身侍衛們計畫了暗殺國王的陰謀。貼身侍衛的見習制度，確立於腓力二世的時代，會選拔十五到二十歲的馬其頓貴族子弟為國王服務三年。他們不僅照顧國王的日常生活起居，也在國王就寢時擔任警備工作。還有國王外出時，他們要從馬廄領出國王的馬匹，將馬匹帶到國王面前，在國王騎馬之際擔任侍者，也會陪同國王狩獵。他們成人後，會被分派到軍隊或行政組織的各個部門，展開正式的人生。換言之，貼身侍衛的見習制度，即是為了選拔、培育肩負馬其頓王國將來的菁英。

亞歷山大的貼身侍衛中有一名叫做赫摩勞斯（Hermolaus）的年輕人。某次狩獵時，當一隻野豬正要攻擊亞歷山大之際，赫摩勞斯搶在國王之前投擲出長矛，漂亮地射死野豬。亞歷山大因為自己的獵物被奪而勃然大怒，一氣之下便在其他貼身侍衛的眼前鞭打赫摩勞斯，甚至奪走他的馬。

赫摩勞斯相當痛恨亞歷山大竟如此羞辱自己。因為鞭打是施加奴隸身上的刑罰，且沒收馬匹就等於是剝奪他的貴族身分。他對摯友當中的一人挑明，他若不能向國王報仇便誓不為人，之後又找了另外四名夥伴加入。於是他們計畫在其中一名夥伴輪值夜間警備的夜裡，襲擊就寢時的亞歷山大。然而那天夜晚，亞歷山大湊巧出席宴會，終夜暢飲至天明。亞歷山大因為這個偶然而幸免於難，貼身侍衛們的陰謀以失敗告終。翌日，赫摩勞斯同夥當中的一人告訴他的摯友這項計畫，國王也因而得知此事。涉入事件的相關人員旋即全遭到逮捕，他們在拷問下招供，因此釐清了事件的全貌。審判的結果，他們全都被判決有罪，以亂石擊斃。

這裡的問題是，赫摩勞斯暗殺國王的動機，並非只是因為他在狩獵時遭受侮辱。他在審判中申述到，亞歷山大的自尊自大，今日已到了令自由人難以容忍的地步。他列舉出種種事實，如不當處決菲羅塔斯，又殺害他的父親帕曼紐等等，認為當時被亞歷山大殺害的人們都是違反正義的處刑，甚至在酩酊大醉下殺害克利都斯，並嘗試穿著波斯風格的服裝和採用跪拜禮，狂飲和爛醉如泥等云云。因此，他想要取回他自己和馬其頓人的自由。

赫摩勞斯的辯解清楚顯示出，他暗殺國王的動機也是因為亞歷山大日漸傾向於東方化。貼身侍衛們平常隨侍在國王身側，因此從他們的立場能夠直接得知，國王的衣著和宮廷禮儀的變化，或是國王飲酒的習性。而且他們在西元前三三〇年才剛從本國馬其頓來到軍中，可以想見亞歷山大的東方化作風對他們造成的衝擊會是多麼地巨大，特別是突然目睹波斯人行跪拜禮之際。在他們看來亞歷山大的舉止，是背離馬其頓自古以來風俗的墮落行為，再加上因為是心思敏感的年輕人，所以更加難以忍受吧。

對亞歷山大而言，自己推行的政治路線竟招致貼身侍衛的強烈反彈，可說是很嚴重的事態。在此之前，他逐一排除的親信中，帕曼紐當然不用多提，包括菲羅塔斯和克利都斯，都是比他更為年長的世代。因為都是固執於馬其頓作風的長者，會對新的政治路線和陌生的東方風俗習慣與禮儀心生反彈，也是無可厚非。亞歷山大雖動用了處決的激烈改革手段，但這些年長的世代遲早都會退出第一線。取而代之地，他將來必須要依靠這群擔任貼身侍衛的年輕世代。亞歷山大心中的盤算肯定是：這群年輕世代會順從地接受新的政治路線和東方的風俗習慣，將來可靠地承擔起他的帝國。然而，正是在這群年輕世代中，出現了公然反對他的人。可以想像這個事件帶給亞歷山大的衝擊，在某方面應該遠大過於他失手殺害克利都斯之事。儘管如此，他已無法回頭。國王畢竟也只能提拔支持東方路線、或者至少不會公然反對的人，用他們來鞏固遠征軍的中樞。從近身護衛官的構成，便可清楚地看出這個情況。

◎近身護衛官

近身護衛官在希臘語的意思是「保護國王身體之人」（希臘文為*somatophylakes*），原本是護衛兵。國王會從護衛兵中拔擢特別優秀的人才，讓他們成為自己最重要的親信，人數限定為七人。隨著遠征的推進，他們的角色逐漸超越單純護衛的領域，開始率領部隊，參與作戰行動，或涉入重要政策決定等等，蛻變成國王親信中的親信和軍中的最高首腦。以現代來說的話，或許可以想像成是美國總統的幕僚長。

亞歷山大全數繼承了腓力二世任命的近身護衛官。其中利西馬科斯和阿瑞斯托諾斯（Aristonous）出身於首都佩拉，培松（Peithon）出身於上馬其頓，阿利巴斯（Arybbas）和亞歷山大的母親奧林匹雅思同樣是出身於伊庇魯斯。可以看出腓力在任命近身護衛官時，應是考量過地區性的平衡。從各人的出身地看來，培松和阿利巴斯兩人，或許是亞歷山大比較能夠信賴的人物。

腓力任命的七名近身護衛官中，利西馬科斯、阿瑞斯托諾斯和培松三人在大帝死後雖都還活著，但在東方遠征期間並未建下醒目的功績。其他四人分別在不同的情況下，為大帝身邊的親近人物取代。首先是托勒密（非日後的埃及國王），在遠征第一年於哈利卡納蘇斯攻城戰中陣亡，由大帝獨一無二的摯友赫菲斯提昂接任其位。巴拉克魯斯是安提帕特派的人物，在遠征第二年被任命為西里西亞總督，米尼斯獲選為繼任者。但米尼斯和亞歷山大的關係並不親近，這恐怕是大帝顧忌到持續晉升自己的摯友，可能會導致勢力失去平衡。在這個時間點，舊體制的障礙還相當難以踰越。不過遠征第四年，大帝從蘇薩任命，派遣米尼斯前往地中海沿岸地區擔任監督官，由佩爾狄卡斯接任他近身護衛官之位。阿利巴斯在遠征第三年於埃及病歿，列昂納托斯（Leonnatus）獲選為繼任者。德米特利亞斯（Demetrius）因受菲羅塔斯事件牽連而遭逮捕處決，他的繼任者就是日後成為埃及國王的托勒密。

如此，遠征第五年的西元前三三〇年秋，亞歷山大自己任命的中意親信，已占了七名近身護衛官當中的四人。這四人都是在遠征後半嶄露頭角，分別被賦予重要任務，表現相當活躍。還有一位樸塞斯塔斯（Peucestas），在西元前三二六年加入成為第八名成員。這是一項破例的人事安排，因為在印度河流域與馬利亞人（Mallians）的戰鬥中，樸塞斯塔斯拯救了身負重傷瀕臨死亡的大帝，大帝為表彰其功績而特別提拔他。而且樸塞斯塔斯不久後就被任命為波西斯總督，因而他的近身護衛官的頭銜也僅是個名譽稱號。

國王與將士之間的紐帶

◎贏得士兵之心

亞歷山大如何對待一般將士？這點可以區分成兩個面向來看。一方面，他是一位驍勇善戰的優秀指揮官，因此贏得了士兵的心；另一方面，他也訴諸將士們的榮譽心，以維持遠征軍和王國的秩序。我們先來看看前者的情況。

在遠征軍中，有許多將士在出發不久前才剛結婚。遠征第一年的冬天，亞歷山大讓這些新婚將士們休假，將他們送返祖國。據說這項充滿溫情的措施，讓國王的人氣大漲。不過，他隱藏的意圖肯定是希望這些將士生下孩子，以確保將來的兵源。

在伊索斯會戰即將展開之前，亞歷山大騎馬走過隊伍的前方，親自激勵每一位部隊長，在他們的名字前面加上恰如其分的美稱。戰鬥結束後，他逐一探視每位負傷的士兵，詢問每人的功勞並給予相稱的獎勵。

亞歷山大有時也會大開盛宴，以贏取士兵們的心。西元前三二四年在蘇薩，他曾幫士兵們償還所有欠款，還體諒他們的心情，要他們只需提出證明文件，無須寫出自己的名字。據說，士兵們對於可以不用告訴國王自己的名字，比能夠從負債中解放還要開心。最後他撥下的總金額高達二萬塔蘭特。對於在奧匹斯（Opis）退役歸國的馬其頓老兵，亞歷山大也在原本給付的薪資之外，還多給每人一塔蘭特；士兵有一萬人，因此總額高達一萬塔蘭特。

大帝傳記中最令人印象深刻的場面之一，是發生在橫越格德羅西亞沙漠時的逸聞。在炎熱的沙漠中，所有人都因喉嚨乾渴而苦不堪言時，有數名輕裝士兵離開隊伍，在某塊岩石的坑洞中找到了少許的水。他們將帶回來的水，倒入頭盔中遞給國王。亞歷山大接下頭盔後向他們致謝，然後在眾目睽睽下將水倒在地面上。士兵全體因此精神大振。據說所有人都感覺到像是自己一口飲盡了國王所倒掉的水。

◎榮譽的分配

亞歷山大只要有機會，就會依據將士們的功績賜予獎賞，驅策部下們競逐榮譽。因為上至國王下至一名小兵，所有的馬其頓人追求的就是榮譽。他們的人生目的就是在英勇的戰鬥中收下勝利，於死後留下不朽的名聲。第八章將會進一步談到大帝本身的榮譽心，他便是這樣利用馬其頓人的心性來統率軍隊。這應該可以稱為遠征軍的社會心理學。

亞歷山大的表彰親信之舉中，最大規模的一次就是在蘇薩的集團婚禮後，接著舉行的論功行賞。他依照每個人的位階、席次和戰功，準備了形形色色的禮物，還贈送給勇武過人者每人一頂金冠，以讚揚他們的功績。位居首位的，即是在印度河流域與馬利亞人的戰鬥中，以盾牌保護國王的樸塞斯塔斯。艦隊指揮官尼阿卡斯也因航海探險之功而收到金冠。包括赫菲斯提昂在內的近身護衛官們，亦分別接受國王賞賜。

在日常之中，以看得見的形式呈現的位階和名譽，就是能夠接近國王的範圍，換言之，即是和國王之間在物理上的接近程度。原本馬其頓國王和一般士兵之間的距離是很近的，眾人隨時都可以接近國王。不過隨著遠征的推進，國王與外部漸漸出現隔閡。在國王的寢室中服侍，並能夠自由會見國王的人，僅有近身護衛官，國王的帳篷外則有貼身侍衛擔任警衛。一般將士若想直接面見國王，就必須拜託近身護衛官傳達。從公開活動中的席次安排也可以明顯看出這個狀況。第五章提及的大帝的謁見場面中，亞歷山大位居於帳篷的中央，他的周圍環繞著親衛兵，帳篷的內側則有馬其頓銀盾隊和波斯金蘋果衛隊團團圍繞。在蘇薩的集團婚禮中，國王個人的賓客獲邀進入帳篷，倚靠在和新郎面對面的躺椅上，但是其他的將士或來自外國的使節都只能進到中庭。

圍繞著榮譽的熾烈競爭，在酒宴上也積極展開。馬其頓軍的宴會並非只是單純的飲酒和娛樂的場合，就像大帝嘗試在宴會上導入跪拜禮所顯示出的那樣，國王與親信們會在宴會上針對種種議題，熱烈交換意見，是一個半正式的政治場合。國王在宴會上提出新政策，並確認親信們的反應；親信們期待自己的意見會被採用而對國王提出建言。所有將士的晉升全憑國王一己之決斷，因而親信們會在宴會上短兵相接地展開激烈搏鬥，競求國王的寵愛。

亞歷山大便是如此透過地位和榮譽的糖果，自在地駕馭他的親信和將士們。

◎同性愛的情感羈絆

然而除了大帝本身的意志之外，將士之間基於同性愛關係而滋生的個人情感羈絆，在維持遠征軍的秩序上也扮演相當重要的功能。古代的馬其頓社會和希臘一樣，男性之間的同性愛是成立的。這為士兵們帶來精神上的糧食，幫助他們克服不知道明天會如何的連續戰鬥和嚴酷的戰地生活。不論是在戰時或平時，他們在彼此之間培養友誼和競爭意識，共同克服心理上的恐懼，互相提升彼此的榮譽和勇氣。而這關係同時也能達成教育機能，可以藉由長者的引導，將年輕人培育成一名獨立的戰士。哲學家柏拉圖的《對話錄》中也多處鮮活地描寫出蘇格拉底本身或他周遭人們的情人關係。保持不敗傲人戰績的底比斯三百人的神聖兵團，在編組上也是由同性戀人彼此互相搭配，兩人共赴死地的心情，激發了高昂的鬥志。

據說亞歷山大本身和赫菲斯提昂之間也存在著戀人關係。庫爾提烏斯的大帝傳記對赫菲斯提昂的描述是：「他是國王在所有朋友當中最親近的一人，也是商談各種秘密的對象。」不過關於他們兩人的關係，所有的大帝傳記都沒有明確的描寫，僅暗示出兩人的關係親密。

不過，正因為這對馬其頓人而言相當平常，所以其中的實際情況反倒很少出現在史料中。同性愛會浮上檯面，只有在引發暗殺國王之類的重大事件時。例如，在西元前三九九年殺害國王阿奇列歐斯的男子，便是他的情人。導致腓力二世遭近身護衛官保薩尼阿斯暗殺的原因，也是由於擁有情人關係的兩人陷入三角關係的糾葛。

在東方遠征中可看見同性愛出現裂痕的事例，也與亞歷山大暗殺未遂事件有關。菲羅塔斯遭連累而被處決的陰謀事件，是由一名叫做狄姆納斯的年輕人策劃的。他將計畫告訴戀人尼科馬庫斯（Nicomachus）並要求他參加，尼科馬庫斯沒有答應，還把事情告訴他的兄弟，狄姆納斯的陰謀因此被發覺。另外，在貼身侍衛們的陰謀中，發起暗殺計畫和發覺陰謀的雙方，也都與貼身侍衛彼此之間的戀人關係有所牽扯。最初發起計畫的赫摩勞斯，先是將計畫告訴自己的戀人索斯特拉塔斯（Sostratus），後者也同意執行，兩人便一起尋找夥伴加入。計畫在未能順利執行的情況下結束後，夥伴之一的埃皮米尼斯（Epimenes），向他的戀人卡瑞克利斯（Charicles）洩漏此事，陰謀便因此曝光。

這類同性愛關係，有時也會成為萌生出暗殺國王毒計的主要原因。不過會留下這些與同性愛相關的紀錄，終究都還是因為事件異常引人矚目的緣故。換言之，同性愛在遠征軍中是極其普通的日常光景，在將士們的精神層面上成功地發揮了穩定裝置的功能。

◎表彰陣亡將士

如何對待陣亡將士是直接關係到遠征軍士氣的重要課題。

亞歷山大表揚陣亡者的戰功，稱頌他們是士兵的模範，盡可能地隆重安葬他們的遺體。當然他也不忘關照被遺留在本國的遺族。對於在格拉尼卡斯河會戰中陣亡的八十五名騎兵和約莫三十名步兵，亞歷山大不僅將他們與甲冑一塊隆重安葬，還免除陣亡將士的雙親和遺孤的地租，以及個人的兵役義務與財產稅等等。尤其是在最初的突擊中陣亡的二十五名夥伴騎兵，亞歷山大打破慣例賜予他們非比尋常的名譽。他命令雕刻家留西波斯為他們製作青銅像，樹立在馬其頓的聖地狄翁。青銅像遠比大理石像昂貴。根據美術史學家史都華（Andrew Stewart）的研究，以青銅製作人物像的價格一尊要二分之一塔蘭特，一匹馬的價格則是四倍，因此一尊騎馬人物像的製作價格就要二點五塔蘭特。此外還加上一尊國王自身的騎馬像，總計二十六尊青銅像的製作費用就要六十五塔蘭特。亞歷山大出發遠征時，國庫只有七十塔蘭特，因此這是一筆相當離譜的開支。

這項表彰很明顯地具有政治意圖。

第一，釋放出國王不僅讚揚陣亡將士的名譽，也悉心關照他們的家族的訊息。不管願不願意，今後的陣亡者將會逐漸增加，因此這項表彰也是避免遺族隨之陷入厭戰情緒的防範裝置。

第二，對此後將被培育成獨立戰士的年輕人發揮教育上的效果。這項表彰正適合作為激勵士氣、提升戰鬥意志的教材，

馬其頓的聖地狄翁　狄蜜特女神的聖域。出土許多象徵馬其頓繁華的遺物與祭物。

讓年輕人看見若是能夠英勇作戰榮耀祖國，將會獲得多麼輝煌的名譽。

第三，狄翁是馬其頓的聖域，也是舉辦獻給宙斯的競技會地點。因此安置在狄翁的青銅像也就等於是國家正式的紀念物，意味著這些將士的陣亡，將會成為國家的記憶。這些青銅像所扮演的功能和日本的靖國神社是完全相同的，但有一點不同的是：在馬其頓並未將這些將士們當成神明祭祀。

陣亡騎兵們的戰功當然也與亞歷山大是不可分割的。在陣亡將士的群像中加入國王自身的銅像，目的就是為了明白表示他們名譽的源頭，終究還是來自於亞歷山大的英勇和力量。

第七章

大帝國的前景

亞歷山大大帝與波魯斯國王的王者之戰　由夏爾·勒·布朗（Charles Le Brun）所繪的希達斯皮斯河戰役。

東方遠征史略（三）

◎進攻印度與折返

西元前三二七年初夏，亞歷山大離開巴克特拉，朝向印度出發。他先是在位於高加索的亞歷山大城滯留數月，收集情報和糧食，為進攻印度做準備。阿契美尼德王朝雖曾征服印度（今日的巴基斯坦），但對印度的宗主權早已淪為形式。亞歷山大在深秋時出發，抵達尼卡亞（Nicaea）後，派遣使節前去命令印度河西邊的部落首長們盡速歸順。塔克西拉王國（Taxila）的國王塔克西列斯（Taxiles），和其他部落首長們立刻前來向他稱臣。之後他兵分二路，命令赫菲斯提昂和佩爾狄卡斯率領分遣隊，先去鎮壓從尼卡亞到印度河一帶的地區，完成渡河的準備。

亞歷山大本身則率領主力部隊，經過冬季的喀布爾河谷北側的山岳地區，向斯瓦特（Swat）地區進軍。他在此地也是徹底破壞反抗的城鎮，毫不留情地殺害居民。巴濟拉（Bazira，今稱巴里果德〔Barikot〕）的居民們據守在巨大的奧爾諾斯（Aornos）岩山上。岩山方圓三十六公里，高度超過兩千公尺，而且山頂上不只有泉水和森林，還有足以供千人耕種的廣大耕地。在傳說中，甚至連海克力士都無法攻陷此處。大帝在岩山的一角構築陣地，面向碉堡建造土墩，展開攻擊。居民投降，欲趁夜逃亡的士兵們多數都遭到殺戮。他的大膽，令對手完全喪失戰鬥意志。

當亞歷山大抵達印度河時，先遣部隊早已建造好浮橋，完成渡河的準備。西元前三二六年五月，他渡過印度河進入塔克西拉王國的首都塔克西拉，從國王塔克西列斯手中收下該城。首都塔克西拉是一處交通要衝，向西通往巴克特里亞，向東通往恆河流域，向北則是通往喀什米爾地區。塔克西拉的國土廣大且肥沃，絲毫不遜於埃及。

這時波魯斯國王（Porus）早已率領著驚人的大軍，守候在希達斯皮斯河畔（Hydaspes River，今日的傑赫勒姆河〔Jhelum River〕）。波魯斯統治的王國，起自希達斯皮斯河直抵阿塞西尼斯河（Acesines，今日的奇納布河〔Chenab

印度河及其支流

River〕），面積廣大而肥沃。波魯斯率領著步兵五萬，騎兵三千，戰象一百三十頭。當時適逢雨季，河川水量大增，亞歷山大在敵軍的正面配置分遣隊，然後趁著風雨之夜，命令主力部隊悄悄從二十八公里外的上游渡河。當主力部隊打敗趕來的波魯斯國王後，隨後渡過河的分遣隊也加入追擊，勝負已定。大帝對波魯斯國王的勇猛和身長達兩公尺的魁梧體格，大為讚賞，不僅承認波魯斯原本持有的領土，還給了他新的土地。為了紀念這一場勝利，大帝還在希達斯皮斯河的兩岸各建造了一座城市，東岸的城市命名為尼卡亞（Nicaea），即是「勝利」的意思，西岸的城市則以他剛死不久的愛馬之名，命名為布塞弗勒亞。

接著，亞歷山大越過希德拉歐提斯河（Hydraotis River，今日的拉維河〔Ravi River〕），到達海發西斯河（今日的比亞斯河）。當大帝聽說海發西斯河的東邊還有恆河和廣袤的國土時，心情早已迫不及待，認為恆河口的前方肯定就是大海，這正是他遠征的終極目標。不過將士們終於拒絕再前進。無止境的戰鬥和行軍所累積的疲憊，以及連續降下七十天的豪雨和

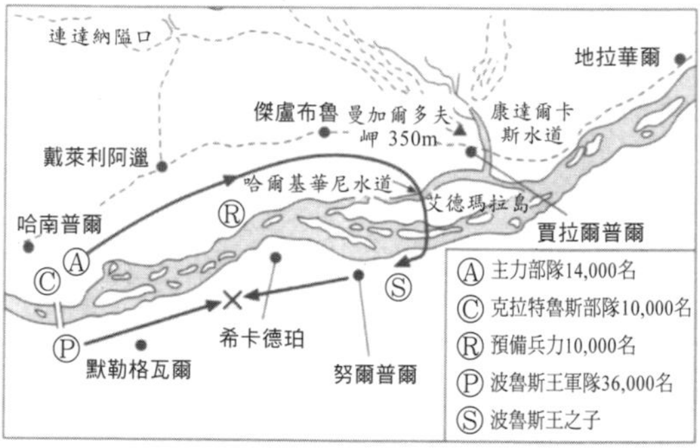

與國王波魯斯的會戰　希達斯皮斯河畔的戰鬥，在賈拉爾普爾（Jalalpur）附近的希達斯皮斯河。

雷鳴，導致河川水量暴漲，渡河困難，再加上毒蛇和蠍子出沒營地，令人難以成眠。這一切不單消耗了士兵們的精神和體力，也令士氣消沈。在召集部隊長以上的層級舉行的會議中，親信科那斯起身對國王進言。他說道：「士兵們因為漫長的征途早已疲憊不堪，此時應暫且歸國，之後再率領年輕的士兵展開遠征，那時不管國王想進攻何處都行。」這是在電影《亞歷山大大帝》中也曾出現的場面，只是在電影中，科那斯被換成克拉特魯斯。因為也未取得吉兆，亞歷山大終於同意中止遠征，決意折返。這對他而言是初次的敗北。他在海發西斯河畔，建造了十二座巨大的祭壇獻給奧林帕斯山的眾神以為紀念。

◎下印度河至歸來為止

雖說要折返，但也不能就這麼輕易地回去。這回亞歷山大又決定要順著印度河直下到河口，目標是南方的大洋。西元前三二六年十一月初，他自位於希達斯皮斯河畔的城市尼卡亞出發，大型船隊在分配於河川兩岸的兩支部隊陪同下，開始南下。船隻不分大小總計有兩千艘，包含印度士兵在內，人員總計達十二萬人。最初儼然是一趟熱熱鬧鬧的凱旋航行，但遊山玩水的氣氛很快就消失了。在大軍將抵達印度河主流之前，好戰的馬利亞人和歐克西德拉卡人（Oxydracae）聯手，集結步兵八萬、騎兵一萬、戰車一千輛，展開抵抗，雙方在各地激烈交戰。在桑伽拉城（Sangala），有一萬七千人犧牲，七萬人淪為俘虜。桑伽拉城附近，也有五百名因病未能逃走的居民全部被殺。

亞歷山大焦躁不已。在某個馬利亞人的城鎮，他隻身躍入敵人的城牆內，在敵兵包圍之下，身受重傷瀕臨死亡。這令人難以置信的魯莽之舉，是身為一名國王不該有的行動。亞歷山大幸運地被三名親信救出，但陣營中卻流傳著國王已死的謠言，直到他康復之前，遠征軍停止行軍。之後，亞歷山大在印度河流域所到之處，只要遇上不肯歸順的居民，便一律殺無赦。在馬利亞人最大的城鎮，馬其頓士兵因國王身負重傷之事，怒氣難消，對女人和小孩也絲毫不留情。

亞歷山大抵達位於印度河三角洲頂點的城市帕塔拉（Patara），是在西元前三二五年夏。此時距離軍隊自尼卡亞出發已經過十個月，顯而易見地，軍中士氣已大幅衰落。亞歷山大在帕塔拉建築港口和堡壘，接著為確認大洋的存在而在河口展開探險，因而判明印度河和尼羅河是兩條完全不同的河川。亞歷山大也在此地初次體驗了潮汐的漲落。然後，亞歷山大任命尼阿卡斯擔任艦隊指揮官，命他率隊展開航海探險，沿著海岸航行直到幼發拉底河的河口為止。

亞歷山大自己則率領著主力部隊自帕塔拉出發，終於開始向西前進。然而最大難關正在前方等待著他們。從十月到十一月，整整兩個月的時間，遠征軍行進在格德羅西亞沙漠的正中央。曝曬在猛烈的酷暑下，眾人乾渴難耐，似乎即將被燒焦。他們行走在低矮的沙丘上，雙足一再陷入沙中，體力大幅消耗。跟不上部隊的士兵，宛如自船中跌落大海似地，殞命於黃沙之中。雖有時山中會降雨，但雨水在乾涸的河川化成土石流來襲，沖走隨軍同行的女人、小孩和役畜。遠征軍在這段行程中備嘗艱辛，據說甚至大於先前所歷經的一切苦難。抵達卡曼尼亞（Carmania）時，全軍已奄奄一息。

另一方面，尼阿卡斯率領的艦隊，在東北季風開始吹起的十月下旬，啟程航向大洋。他們也是苦難連連。蓬頭垢髮，暴露在海水鹽分中的肌膚粗糙不已，再加上失眠以及其他的困難，導致眾人面色如土。他們在哈莫即亞（Harmozia）時，偶然發現和主力部隊之間只相距五天的路程，意外地和大帝重逢。亞歷山大勉強分辨出他們的身影，但因為模樣看來太過悽慘，讓他以為已經失去艦隊而悲嘆。後來他得知艦隊平安無事時淚流不止。之後艦隊繼續航行，他們經過波斯灣，在西元前三二四年春，抵達幼發拉底河河口，繼而沿著底格里斯河逆流而上，在蘇薩和大帝會合。

即便如此，自亞歷山大進攻中亞以來，一國的軍隊在如此多樣的土地上，遭遇幾乎所有能夠想像得到的困難，可說是前所未有之事。能與之相提並論的例子，或許只有在十六世紀時征服新大陸的西班軍隊了吧。

◎末竟的帝國

從西元前三二五年的深冬至翌年初，大帝從卡曼尼亞前往蘇薩。途中，他接到告發，內容指出東方各行省的波斯總督在行政管理上貪贓枉法。因為他們認為大帝不可能從印度歸來，故而在統治上倒行逆施，恣意妄為。大帝處決了四名波斯總督，繼任者全都是馬其頓人。東方協調路線被迫陷入大幅倒退的局面。因為居民的告發，大帝也嚴厲懲處多名馬其頓駐軍指揮官。他更進一步判斷，讓總督握有大量傭兵很危險，於是頒布傭兵解散令。

西元前三二四年一月，大帝抵達波斯帝國的舊都帕薩爾加德（Pasargadae），看見他尊敬的居魯士二世的陵墓遭到破壞而大為震怒，命人修繕陵墓。另外，他在通過波斯波利斯之時，對於過去火燒宮殿之事深感懊悔。這其間因傭兵解散令而遭解雇的希臘傭兵在各地胡作非為，造成巨大的社會不安。為解決這個狀況，大帝從蘇薩對希臘各城邦發出流亡者歸國令。然而大量流亡者同時歸國，不僅可能提升政治上的緊張程度，也可能因為必須歸還流亡者被沒收的財產而引發新的紛爭。整個希臘籠罩在不安的氣氛中，也出現叛亂的徵兆。

亞歷山大在蘇薩依據波斯形式舉行集團婚禮，不僅他自己迎娶兩位阿契美尼德王朝的王室之女，也賜予八十名親信波斯和米底亞的貴族女性。這場集團婚禮對外展現出大帝是阿契美尼德王朝正統繼承者的同時，也代表著馬其頓高官將成為亞洲的新統治階層，對帝國進行支配。還有一萬名士兵在遠征期間娶了亞洲女性為妻，大帝也認可他們的婚姻，並致贈禮金祝賀。

三萬名在東方接受軍人訓練的年輕人，被培育成馬其頓士兵後抵達蘇薩，他們被稱為「繼承者」。另外亞歷山大還將東方出身者編入騎兵部隊，拔擢波斯貴族進入親衛騎兵隊。這些措施挑起了馬其頓士兵的不滿情緒，西元前三二四年夏，他們的情緒在奧匹斯爆發了。當大帝宣布將讓一萬名馬其頓老兵退役歸國時，士兵們懷疑國王打算解雇他們而群情激憤，開始騷動不安。但三日後，雙方便互相諒解，大帝召開盛大的和解饗宴。波斯人也參加了這場盛宴，大帝在宴會中起誓將會讓馬其頓人和波斯人共同統治帝國。大帝答應老兵會照顧他們的孩子，承諾會將孩子們培育成馬其頓士兵，並在贈與賞賜後送老兵們離去。帶領退役士兵歸國的人是克拉特魯斯。大帝除了將馬其頓本土的統治交給克拉特魯斯之外，並下令召回原來攝政的安提帕特。

是年秋天，亞歷山大最愛的摯友赫菲斯提昂驟逝於埃克巴坦那，他悲傷異常，三日未曾進食。大帝為赫菲斯提昂舉行規模盛大的喪禮，奉他為半神的英雄，並且在冬天宣稱為了替他復仇，毅然遠征居住在札格洛斯山脈的科薩亞人（Cossaeans）。西元前三二三年年初，大帝移動到巴比倫後，各國便陸續派遣使節團前來表達敬意。尤其是希臘諸國的使節團，還帶來要將大帝視為神明崇拜的決議。

亞歷山大的下一項計畫，是要繞著阿拉伯半島航行一周。他任命尼阿卡斯為指揮官、建造艦隊、派遣調查隊等等，逐漸進行各項準備。然而，即將出航之際，亞歷山大卻因為突如其來的熱病而倒下。

根據王室日誌的記載，亞歷山大在六月一日（馬其頓曆的黛西爾斯月〔Daesius〕十七日）發燒。接下來的數日，他高燒不退，躺在病床上對指揮官們下達指示。五日，他的病況從傍晚開始惡化。八日，將領們接獲隨時聽候指令的指示，將軍們待在休息室，部隊長層級則守候在門口。九日，他病勢危急，雖認得出指揮官們，但卻發不出聲音，高燒依然不退。

獻給英雄赫菲斯提昂的浮雕　大帝因最愛的摯友之死，悲嘆不已，三日未曾進食。塞薩洛尼基考古學博物館藏。

十日，馬其頓士兵們深信國王已死，蜂擁而至，列隊從他的床邊通過。他雖發不出聲音，但仍用心地抬起頭，以眼神回應每個人的問候。六月十日傍晚，亞歷山大去世，享年三十二歲十一個月。從他發病到去世，僅僅只有十天。

動搖的帝國與新航路

◎波斯總督的人數消長

西元前三三一年，亞歷山大首度任命波斯人馬扎亞斯為巴比倫總督，此後他便正式展開與波斯統治階層之間的協調路線。於大帝在位期間成為總督的波斯人以及伊朗系統出身的人物，總數多達十六名。然而他們不是一個接一個被替換，就是遭到解任或處決，大帝死去時還在總督位置上的僅有三人。

檢視總督替換的理由，可發現因為死亡或本人提出的職位交替，包含馬扎亞斯在內共有三人，理由不明的有四人。因政治上的理由遭到解任或處決的事例，在西元前三二六年之前有四人，接著在前三二五年的大舉肅清中，以下四人成為被掃蕩的對象。波斯總督歐克西卡那斯（Oxicanus），因掠奪神殿和侵害波斯人權利之罪名，遭判處絞刑；卡曼尼亞總督阿斯塔斯佩斯（Astaspes），因於大帝遠征印度期間有圖謀不軌之嫌疑，遭到處決；蘇西亞那（Susiana）總督阿布萊提斯（Abulites）及其子歐克薩德斯（Oxathres），也因不法統治之罪名遭處決。

直至大帝死去為止，仍保有總督地位的波斯人或伊朗人只有三人，他們的共通點就是對大帝始終保有忠誠之心。這當中也包括大帝妻子羅克珊娜的父親，被任命為帕拉帕米薩達（Parapamisadae）總督的歐克西亞提斯。

簡而言之，因為政治上的理由遭到告發或解任的波斯總督合計有八人，其中至少有五人被處決。大帝為何會展開如此大規模的肅清行動？

根據大帝傳記的說法，這些總督們認為遠在印度的大帝已經不可能會回來，更沒料想到大帝在歸來途中能夠平安無事地通過格德羅西亞沙漠，此類的揣測助長總督們的違法行為和濫用職權的風氣。就亞歷山大看來，總督們認為自己再也不會歸來之事，比起他們的違法行為更不可原諒。因此他對告發採取極為嚴厲的態度，即便是輕微的罪行也處以嚴刑峻罰，目的就是要讓其他的總督心生警惕。

◎大舉肅清的背景

現存的大帝傳記全都是希臘人和羅馬人的作品，因此關於波斯總督的記述內容嚴苛，或許也無可厚非。但是也必須考量波斯總督們的處境，從反面來審視他們。換言之，即是有必要追問：為何亞歷山大無法令波斯總督們對他保持忠誠之心？

原本阿契美尼德王朝時代的總督，在他們管轄的行省被賦予相當大的權限，統管行政、軍事和財政。只有配置於各個行省首都的堡壘守備部隊例外，隊長由波斯國王直接任命，只效忠於國王。相形之下，亞歷山大只賦予總督行政權，分離軍政和財政的權限並交給馬其頓人掌管，或者是任命馬其頓人擔任監督職務。

例如，對於巴比倫總督馬扎亞斯，亞歷山大分別任命馬其頓人擔任巴比倫城的堡壘守備部隊隊長、駐軍指揮官和貢稅徵收官。對於蘇西亞那總督阿布萊提斯也是，他任命馬其頓人擔任蘇薩的堡壘守備部隊隊長、駐軍指揮官和寶物管理官。對於統管帕提亞和海爾卡尼亞的總督阿明那皮斯（Amminapes），與帕拉帕米薩達的總督普羅克西斯（Proexes），他也分別設置監督官。雖然不是全部的行省都留有相關史料，但就整體傾向而言，和阿契美尼德王朝時代相比，總督的權限被大幅縮小。會招來總督們的不滿也是理所當然的。其中一名波斯總督因掠奪神殿而遭到問罪，但真相說不定是由於徵稅權被剝奪，他為了尋求新的財源才對神殿的財產出手。也可以想見，波斯總督們和馬其頓的軍隊指揮官與監督官之間，可能會因為統治權限發生紛爭而出現摩擦。

還有一個和阿契美尼德王朝時代不同的地方，那就是國王與總督之間的個人紐帶被切斷，兩者之間失去了政治上的平衡。在阿契美尼德王朝時代，總督們要不是王族，要不是透過親戚關係和王室之間產生連結；身為統治階層的一員，他們的地位最重要的保證，是來自於他們和波斯國王之間的個人紐帶。總督們對國王獻上貢品、向國王盡忠，國王便會賞賜他們禮物，這些禮物即可證明國王對他們的信賴，也會提高他們的威信。這種相互授受關係，經由每年固定舉行的宮廷例行活動來締結，波斯國王與總督之間的個人紐帶便藉此年年重覆確認。而總督本身在行省的首都，也擁有自己的宮殿和狩獵庭園，他們也以和波斯國王之間同樣的關係模式，和下屬之間建立連結。

然而，亞歷山大與遠征軍一起不斷地向東移動，既不像波斯國王一樣會巡迴不同的首都，也不會在帝國每年固定舉行的例行活動中直接現身於眾人面前。如同第五章所見，大帝確實是繼承了波斯風格的宮廷禮儀或王權視覺化的表現形式，但範圍終究只侷限在他所身處的宮廷，對被留在後方的總督們而言，大帝的身影是遙不可見的。於是波斯總督們不僅大幅喪失權限，和國王之間傳統的相互授受關係也被切斷了，因此他們也不可能對大帝懷有忠誠之心。

亞歷山大雖然認知到，要治理舊波斯帝國的領地，波斯貴族的協助是不可或缺的，但卻未能成功地在與身為關鍵人物的他們之間構築起安定的統治體系；波斯貴族終究只是馬其頓統治者底下的同盟者。對總督們而言，大帝單純只是軍事上的征服者，絕對不可能成為他們的國王。導致大帝大舉肅清波斯總督的歷史土壤，應可謂是亞歷山大自己耕耘出來的。

◎集團婚禮

西元前三二四年，亞歷山大在波斯帝國的舊都蘇薩舉行了集團婚禮。大帝自己迎娶了兩位阿契美尼德王室之女，也賞賜波斯和米底亞的貴族女性給約莫八十名的親信，更承認多達近萬名士兵與亞洲女性之間的婚姻並贈予禮金。這對於帝國的統治體制具有何種意義？關於大帝本身的婚姻會在第八章談到，在此僅說明亞歷山大的親信及士兵的情況。

親信們的集團結婚，過去一直被解釋成是亞歷山大的民族融合政策的一環，不過這個解釋並未切中實情。

第一，對身為征服者的馬其頓人而言，得到被征服的舊波斯帝國的女性們，是勝利的報酬。這場婚禮就相當於是戰利品的分配。

第二，在所有結婚的新人當中，男性全都是馬其頓人，女性全都是伊朗人，完全沒有相反的組合。假使是想要讓兩個民族在對等的立場下進行融合，那麼理當應該也要有馬其頓女性和波斯男性的組合。簡而言之，這場婚禮的目的，是藉由迎娶身分高貴的伊朗女性為妻子的形式，讓馬其頓貴族們以新的東方統治集團的身分登場。婚禮會採取波斯形式舉行，也暗示了這一點。

第三，阿里安說，親信們本身未必樂於接受這場婚禮。至少對新郎而言，這場婚禮或許是為了將來出人頭地而必須經過的一場儀式，只是他們為了晉升的交換條件。另一方面，大帝肯定也藉由這場婚禮來測試他們的忠誠。

第四，可以想像得到，這場婚禮的新人在那之後應該大半都離婚了。親信們或許也無法完全拂去對伊朗女性的嫌惡感或差別意識。只有日後在敘利亞建立塞琉古王朝的塞琉卡斯（Seleucus）例外，他和妻子阿帕瑪（Apama）終生相隨。其次還有一人也展現出對波斯的深度理解，就是成為總督的樸塞斯塔斯。關於他的婚姻狀況不明，但他學習波斯語，穿著波斯風格的衣服，深得當地居民的信賴。但據說他的這些舉措激怒了馬其頓的夥伴。真心試圖理解異文化的馬其頓人，仍只是少數的例外。

那麼一般士兵的情況又是如何？當亞歷山大指示，將已和亞洲女性結婚的士兵的名字呈報給他時，呈送上來的人數約莫有一萬名。這是民族融合政策嗎？答案也是否定。這些士兵在遠征的所到之處與當地女性建立關係，這些女性跟隨著士兵來到蘇薩。亞歷山大只是承認他們是正式夫妻，說得不好聽就是追認「外地小妾」的資格。因此，沒有任何必要將這場婚禮視為是大帝刻意而為的民族政策。對帝國的將來而言，重要的是他們的孩子，這點會在最後一項談到。

◎亞洲軍隊

亞歷山大在位晚期，軍隊的構成也發生極大的變化。馬其頓人的比例下降，東方出身的士兵大增。其中的理由在於兵員的補充。遠征期間必須在征服的各地留置駐軍，再加上戰鬥中所造成的傷亡，前線的兵力無論如何都會減少。起初是每年由本國派送增援部隊以補充兵員的不足，不過最後也在西元前三三〇年中斷了。希臘傭兵雖然也在之後陸續抵達，但他們被配置到各地的駐軍中，或者是被編入各行省總督的部隊，因此遠征軍的主力部隊處於慢性兵力不足的狀態。所以亞歷山大下定決心要在當地招募士兵。

遠征軍中最早的一支可確認出來的亞洲部隊，是西元前三二八年冬出現在索格底亞那的冬季營地，由巴克特里亞人和索格底亞那人所組成的騎兵部隊。這支騎兵部隊於隔年春天進攻印度時也隨軍同行。然後在希達斯皮斯河與波魯斯國王的會戰中，參戰的亞洲士兵有阿拉霍西亞人（Arachosia）、帕拉帕米薩達人、巴克特里亞人、索格底亞那人、斯基泰人的騎兵部隊，以及斯基泰系大益部族（Dahae）的弓騎兵部隊。到了遠征軍開始沿印度河而下的時間點，再加上當地的印度士兵，包含非戰鬥人員，人員總數到達十二萬人。

西元前三二七年自巴克特里亞出發時，亞歷山大已事先命令東方各行省總督選拔年輕人施以軍事訓練。擔任人員訓練的大概是被留在各地城市的馬其頓老兵。西元前三二四年，結束三年軍事訓練的三萬名年輕步兵抵達蘇薩。他們身穿馬其頓風格的衣服，接受馬其頓形式的裝備與訓練。大帝滿意地眺望著列隊行進的他們，稱呼他們為「繼承者」。這個稱呼表示，這群東方年輕人將會繼承馬其頓步兵。因為馬其頓老兵早已疲憊不堪，士氣也大幅低落。大帝隨時都展現出信賴東方人的態度，因此也能夠壓抑住馬其頓人的不滿。對大帝而言，上上之策是將兩者分開，讓他們互相對抗、彼此牽制。藉此他不讓馬其頓士兵和東方士兵混合，在軍隊的構成上按照民族進行編組。再者讓大量的東方人遠離故鄉，也可摘除叛亂的可能性，一方面他們也算是人質。隔年，波西斯總督樸塞斯塔斯招募的二萬名波斯步兵抵達巴比倫。因為這批新士兵的大量登場，馬其頓步兵無論在人數上還是士氣上都被壓倒了。

大帝在蘇薩也重新編制騎兵部隊。他首先從東方出身的騎兵以及波斯人中，選拔出特別優秀的人才，將他們編入馬其頓騎兵部隊。其次是編制第五支騎兵部隊；馬其頓騎兵因員額不足而全部縮編成四隊，為了補強於是成立這支新部隊。接著他又拔擢九名伊朗貴族，進入直接隸屬於大帝之下的親衛騎兵隊。九名貴族中有五人是總督之子，一人是舊阿契美尼德王室的親戚，還有一人則是大帝妻子羅克珊娜的兄弟。大帝賜給他們馬其頓樣式的長矛，以替代舊有波斯形式的標槍。

這些軍隊構成的變化，無非是反映出亞歷山大已從馬其頓之王轉變成為亞洲之王。

◎僅有一人的帝國

成為亞洲之王的亞歷山大是如何描繪帝國的未來？關於這點可以掌握到幾個線索。

因波斯總督遭到大舉肅清而空出來的總督之位，大帝全部任命馬其頓人接任，然而這些人大部分在這之前都沒什麼地位。大帝特意起用名不見經傳的小人物，可以想見是為提高他們對自己的忠誠度。這個情況也呼應了波斯總督當中，只有對大帝忠心耿耿的人方得以倖存的事實。

提到忠誠心，實際上埃及總督克利歐米尼斯的例子也指出了這一點。西元前三二四年，大帝的摯友赫菲斯提昂死後，大帝去信克利歐米尼斯，命他在亞歷山卓營造一座規模空前的靈廟，以英雄的身分奉祀赫菲斯提昂。儘管當時謠傳克利歐米尼斯犯下種種不正當的惡行，但大帝在信中卻說，只要克利歐米尼斯能夠建造出宏偉的英雄廟，那麼對他在過去或是未來所犯下的任何過失，一概不予追究。也就是只要對大帝忠實，且能夠完成有益於他的工作，那麼他就會放過他們的不法行為。

一萬名馬其頓老兵將從奧匹斯返回本國時，亞歷山大提及會照應他們和亞洲女性之間所生下的孩子，承諾會將這些孩子們培育成馬其頓式的士兵。假若大帝的承諾實現了的話，這些孩子們將來長大後，應該會成為一群在歐洲無根，在亞洲也沒有特定故鄉的士兵。可以認為大帝應該是打算將他們培育成一支只效忠於自己，能夠任其隨心所欲差遣的菁英部隊。

亞歷山大統治帝國的關鍵字就是忠誠。他立於頂點君臨帝國，以僅效忠於他一人的馬其頓人和波斯人作為統治民族，進行帝國的統治。大帝想以對他的忠誠取代民族出身，成為新統治體制的紐帶，如此一來或許就能夠支撐起這個空前的大帝國。就這層意義而言，這個帝國只能稱作是亞歷山大一人的帝國。

對東方理解的極限

◎登上寶座的男子

第五章曾提及亞歷山大尊重東方的政治與宗教傳統之事。相反地，亞歷山大大帝對東方的理解也確實有其極限。在巴比倫的紀錄中曾經出現各種預言大帝之死的前兆，便暗示出了這一點。以下舉出其中一則不明男子坐上寶座的事件為例。

有三篇大帝傳記記載了這起事件，內容或許略有差異，但概要大致如下。某次在亞歷山大離開寶座的時候，有名陌生的男子，戴著國王的頭飾（Tiara），穿著國王的衣裳，坐上寶座。得知此事的大帝，懷疑其中藏有陰謀，審問了這名男子，但從男子的回答當中掌握不到要點。當大帝詢問占卜師這件事有何涵義時，占卜師告訴他這是個不祥之兆，於是他將男子處死，在神前祭獻。這名男子的來歷不明，也不清楚他會這麼做的理由，但可確定的是男子似乎有智能障礙。

根據許多研究者的解釋，這起事件應該和巴比倫的宗教禮儀有關。雖然該歸類於哪項宗教禮儀，眾人見解分歧，但最妥當的看法，應該是屬於美索不達米亞傳統中的「國王替身」禮儀。這項禮儀背後的觀念是，當出現危及國王性命的凶兆時（大抵是月食），便由國王替身代理國王的職務，藉此將預兆中顯示會降臨在國王身上的災厄，引到替身的身上，如此便能夠拯救國王的性命。他們會選擇一名智能上或是身體上具有障礙的人擔任替身，讓替身穿戴國王的衣裳和王冠坐上寶座。國王替身會持續代理治國百日，在這段期間真正的國王會待在宮殿中閉門不出，且直到百日結束之前決不外出。他們期待百日之內會有某位貴族代替國王而死，否則便會殺掉國王替身。埋葬國王替身，燒掉衣裳之類象徵國王的物品或甚至是寶座，免除災厄後的真國王才會重返王位。不明男子登上寶座的事件，確實與這項儀禮有許多相符之處。

◎關於大帝歸來的凶兆

那麼巴比倫的神職人員們，為何在亞歷山大本身也不知情的狀況下，唐突地進行這項儀式？到底出現了何種凶兆？

西元前三二三年初，當亞歷山大朝向巴比倫行進時，侍奉主神馬爾杜克的神職人員們前來拜訪。因為他們得到神諭，顯示大帝於此時進入巴比倫城不吉利，故而請求他中止行軍。神職人員們還告訴他，進城時不要面向西方，要繞道面向東方進城。亞歷山大雖聽從神職人員的忠告變更行進路線，但因為地形和路況不佳的緣故，無法和軍隊一起面向東方進城。也就是他面向西方、從東側進城。結果出乎意料地違逆了神諭。

該如何解釋大帝進入巴比倫城前所顯露的凶兆，和國王替身事件呢？研究者們提出了兩種相反的解釋。

一種解釋是，神職人員們對亞歷山大懷有敵意和陰謀。根據阿里安的說法，當神職人員們提出希望亞歷山大不要進入巴比倫城時，亞歷山大曾懷疑，這是不是神職人員想保護他們對神殿財產的既得權力。這是因為以往捐獻財物給神殿，是為了投入神殿修復事業和準備奉獻給神明的供品，但神職人員們卻會將這些財物占為己有擅自瓜分。可是亞歷山大下令進行的神殿重建事業如果在短時間內完成，神職人員們就會喪失這些利益。因此大帝便認為，他們會不會是因為想阻止自己進入巴比倫城，所以才搬出凶兆之說。

還有另一種解釋，認為神職人員們非但沒有對亞歷山大抱持敵意，反而是真心地想要保護大帝。神職人員們因為得到某種凶兆，想要讓大帝遠離巴比倫。只是結果大帝卻進城了，他們便又舉行了國王替身的禮儀，想要拯救大帝的性命。神職人員們趁機讓陌生男子坐上寶座，想讓亞歷山大避開災厄。事後他們勸大帝處決那名男子，大帝聽從他們的建議，於是完成了禮儀。

◎不理解傳統禮儀

關於發生在巴比倫的一連串事件，還有許多無法清楚解釋的地方。只是從國王替身事件可以明白一個事實，那就是亞歷山大以及他周圍的馬其頓人，顯然對巴比倫的傳統禮儀並不理解。大帝完全不明白這項禮儀的核心，是在於處決那名坐上寶座的男子後，他就能夠得救，反而懷疑男子的背後有政治陰謀的存在，僅將此事視為不祥的前兆。

還有一點，根據阿里安的記載，那名男子出現時，寶座的周圍雖有宦官在，但因為他們受到波斯傳統慣例的約束，無法強制男子離開寶座，只是一邊拉扯著自己的衣服，一邊拍打著自己的臉部和胸口。根據波斯的傳統慣例，將一旦坐上寶座的人從寶座上拉下來，即便只是形式也會與篡奪王位產生連結，因此即便是來歷不明的男子，他們也不能將他趕走。

然而，出現在巴比倫宮殿中的宦官若是波斯人，那麼或許是波斯人並未正確理解巴比倫的禮儀。另一方面，倘若這些宦官是巴比倫人，那麼他們的捶胸頓足就有可能也是禮儀的一部分。假如情況是後者的話，那就是大帝和馬其頓的親信們誤解禮儀的內容，誤將他們對波斯慣例的一知半解套用在巴比倫的禮儀上。

再舉一個關於瑣羅亞斯德教的事件，這例子也同樣顯示出亞歷山大並不理解東方禮儀。西元前三二四年秋，和亞歷山大同年，也是他獨一無二的摯友、親信中的親信，赫菲斯提昂病逝。大帝的悲傷超乎異常，他為赫菲斯提昂舉行了規模前所未見的葬禮。狄奧多羅斯如此描述此事：

（大帝）命令亞洲所有的居民，在葬禮結束之前，需用心熄滅波斯人所稱的聖火。在波斯人的習慣中，只有在國王死去之際，才會熄滅聖火。許多人覺得這個命令是不祥的預兆，認為這是上天在預言大帝之死。（第十七卷一一四章）

大帝會下令熄滅聖火，是因為他對赫菲斯提昂的哀悼之念過於深切。然而他沒有想到這樣的舉措，對他自己反而意味著凶兆。這時的亞歷山大，一心一意只想著該如何為死去的摯友舉行盛大的葬禮，眼中完全看不見這麼做對波斯人有何意義。此事也顯示出他對東方從根本上就不理解，也漠不關心。

亞歷山大確實巧妙地利用各個地方的傳統與禮儀，合法繼承曾經在阿契美尼德王朝統治下的埃及和巴比倫等各國的權力。他也盛大而隆重地實行王權的視覺化。不過這一切也僅止於對他的統治有利的範圍；他只選擇性地採用對他的征服與統治有利的部分，欠缺對東方文化與東方傳統的洞察與深刻理解。因為對於異文化本質的漠視，以致於亞歷山大對東方的理解也受到侷限。

騷動不安的希臘情勢

◎傭兵解散令

大帝在位的末期，希臘本土的情勢極為緊張，醞釀著一觸即發的危機，令人不禁揣想，大帝若再多活幾年，不知道會發生什麼樣的事。

西元前三二五年，自印度歸來的亞歷山大，大舉肅清波斯總督，因擔憂總督們會有叛亂的危險性，也連帶下令解散總督所保有的傭兵部隊。總督雖被迫解散傭兵部隊，但並不表示他們事先毫無防備。總督隨時能夠從當地居民中招募到士兵，如擔任波西斯總督的馬其頓人樸塞斯塔斯，到任後不滿一年，便組成一支二萬人的波斯部隊。問題是被解雇的希臘傭兵們該何去何從？當然亞歷山大或許曾經考慮過自己雇用希臘傭兵，將他們配屬到散布在廣大帝國各處的駐屯地。但對大帝心懷憎恨的希臘傭兵，如今更沒打算接受大帝的雇用，前往偏遠之地執行勤務。不僅如此，希臘傭兵在亞洲四處流浪，以掠奪維生，目中無人且橫行霸道，對社會和經濟造成重大損害。之後他們又大舉向西移動。阿基斯起義以後，伯羅奔尼撒半島的泰納倫岬（Cape Tainaron）成為傭兵集結之地，尋求雇用機會的士兵們大量從亞洲聚集到此地。募集和運送士兵的人，除了雅典將軍利奧斯典納斯（Leosthenes）之外，甚至還有遭到解任的波斯總督和將軍。

西元前三二四年年初，在這個時間點上，亞歷山大已陷入前所未有的嚴峻局面。他為摘除叛亂之芽，命令總督解散傭兵，但被解雇的傭兵卻因為拒絕他而集結在希臘本土。倘若對傭兵們置之不理，不僅會增加社會的不安，一旦出現組織領導他們的領袖，希臘或許將會再度成為叛亂的漩渦中心。亞歷山大想到的唯一解決之道，就是讓他們各自回到自己的祖國。

然而，這個對策卻讓整個希臘陷入了更大的混亂和不安之中。

◎流亡者歸國令

西元前三三〇年，阿基斯的起義被鎮壓下來以後，希臘本土的政治情勢已趨於平穩。雖多次遭逢小麥歉收，但因為獲得來自北非昔蘭尼（Cyrene）等地穀物的援助，順利渡過饑饉之年。尤其是雅典更展現出前所未有的榮景。從喀羅尼亞會戰後，到大帝死後爆發拉米亞戰爭（Lamian War）為止，雅典維持了十五年的和平；再加上活絡的愛琴海貿易的支撐，國家收入從西元前三四六年的四百六十塔蘭特，大幅增加到一千二百塔蘭特。其中最大的功臣是政治家萊克爾葛斯（Lycurgus）。他統理國家財政長達十二年，除了獎勵通商、開發銀礦，大幅增加國家歲入之外，也積極地推動公共工程事業，對雅典的繁榮貢獻極大。

流亡者歸國令卻驟然改變了希臘安穩的情勢。西元前三二四年春，亞歷山大在蘇薩制定流亡者歸國令，並派遣親信尼卡諾爾（Nicanor，非帕曼紐之子）帶著這份文告回到希臘。尼卡諾爾在五月底抵達希臘，於八月上旬舉行的奧林匹克競技會中宣讀文告，命令希臘流亡者各自回歸祖國，若有不依令行事的國家，將予以懲處。文告的內容早已眾所皆知，聚集在奧林匹亞的二萬名流亡者，聞言歡聲雷動。

然而，如此一來將會從根柢動搖希臘諸國的政治和社會秩序。所謂的流亡者，是因為內亂或政爭而被驅逐出祖國的人，他們的財產被國家沒收、拍賣，成為全體人民的所有物。流亡者一旦歸國，不僅會提升國內政治緊張的程度，且必須返還他們被沒收的財產，將無法避免人民之間會因土地和房屋而產生紛爭。而且歸國者之中甚至包含數十前年被放逐之公民的第二代和第三代子孫。

整個希臘都出現了反彈的聲浪，許多國家直接派遣使節到大帝的面前進行交涉。特別是受影響甚鉅的埃托利亞（Aetolia）和雅典。埃托利亞占領了一座面臨科林斯灣的城邦，名為歐伊尼亞戴（Oiniadai）；他們放逐當地居民，非法將該城占為自己國家的領地。雅典面臨的情況則更為嚴峻。在四十多前年的西元前三六五年，雅典占領了位於愛琴海東南方的薩摩斯島（Samos），放逐當地居民，將該島當作自己的殖民地。此時遷徙至薩摩斯島的雅典人民已到達兩千人。因此若將整座島嶼歸還給薩摩斯人的話，雅典的社會和經濟可能會蒙受巨大的損害。

就形式上而言，這份文告乃侵犯了科林斯同盟條約。因為科林斯同盟條約明確規定，須維持各國在締結條約時的政治體制和社會秩序，禁止流亡者以武力歸國。因而這份文告在形式上和內容上，都散發著專制獨裁的色彩。大帝發布這份文告的目的，雖如前文所述，是為了讓因為傭兵解散令而失去工作的希臘人各自回歸故國，以消除社會不安，但除此之外還能夠指出大帝的另兩項動機。

第一是，大帝期待歸國後的流亡者，會感念他的恩義而效忠於他，成為王權的堅強支持者。在大帝的想法之中，即便是被他放逐的人，如果施予恩惠，讓他們回歸祖國，他們當然也會成自己個人的支持者。

第二是，尼卡諾爾除了這份布告外，還攜帶別的命令給伯羅奔尼撒半島上的亞該亞（Achaea）和阿卡迪亞（Arcadia）這兩個聯邦國家的聯邦評議會。這兩國都曾經參加阿基斯的起義，所以可想見尼卡諾爾攜帶的命令，內容應該包含縮小各聯邦的權限。大帝或許是想藉由懲罰兩國曾經參與阿基斯起義之事，來抑制今後可能出現的叛亂。

簡而言之，大帝早已不介意科林斯同盟的存在，他打算一舉將自己個人的支持者植入整個希臘，希冀藉此讓自己在希臘的統治體制變得比從前更為穩固。就結果來說，在這份文告發出後十個月，大帝自身便去世了，因此流亡者歸國之事完全沒有實現。反而招來希臘諸國對亞歷山大的敵意，埃托利亞和雅典皆已著手展開作戰準備。大帝死去的隔年，便真的發展成叛亂（即拉米亞戰爭）。

◎哈帕拉斯事件

西元前三二四年五月，正當流亡者歸國令的傳聞日漸蔓延之際，有件意想不到的事情降臨在雅典。有一名亞歷山大的親信哈帕拉斯（Harpalus）流亡到雅典，請求雅典收留。哈帕拉斯本來在巴比倫負責處理帝國財政，在大帝遠征印度後，他掉以輕心地認為大帝將一去不復返，縱情恣欲，奢侈無度。他將當時雅典最知名的妓女翡瑟妮克（Pythonike）招到身邊陪侍，待之如王妃；翡瑟妮克死後，他又招來新的雅典妓女葛麗克雅（Glykeria），不改其傲慢與耽溺於享樂。然而大帝自印度歸來後大舉肅清貪瀆總督，哈帕拉斯認為自己遲早也會遭受處罰。於是他聚斂大量銀幣，帶著五萬塔蘭特，召集六千名傭兵，率領三十艘船隻，逃往雅典。這是因為哈帕拉斯之前便已獲得雅典的公民權，也料想到雅典和大帝之間會因為流亡者歸國令而產生對立關係，所以認為雅典應該會藏匿他。哈帕拉斯先是抵達位於阿提卡半島（Attica）南端的舒尼恩岬（Cape Sounion），向雅典請求入國許可。

雅典對此感到相當困惑，擔心若接受哈帕拉斯，與大帝之間的關係就會陷入公然敵對的狀態，因而拒絕哈帕拉斯的入國請求。於是哈帕拉斯將傭兵留在泰納倫岬，只帶著三艘船隻和七百塔蘭特的資金，再度以請願者的身分出現在雅典。這次雅典接受哈帕拉斯的請求。狄摩西尼雖然反對，但哈帕拉斯的巨額資金似乎發揮了作用，他也因此收回反對意見。就這樣，在亞歷山大的回應態度明朗之前，哈帕拉斯便暫時被接納，並置於雅典的監視下；他帶來的資金則被保管在衛城中。馬其頓當然也派遣使節到雅典要求引渡哈帕拉斯，但雅典認為這些使節並非大帝直接派遣的代理人而不予理會。在雙方交涉的期間，哈帕拉斯的監視等於實質上被解除，他成功脫逃。哈帕拉斯在泰納倫岬召集傭兵，移動到克里特島，但在同年秋天，便被一名部下殺害。之後雅典發現哈帕拉斯放置在衛城保管的資金，原本該有七百塔蘭特，但卻只剩下半數的三百五十塔蘭特，便展開詳細調查。結果狄摩西尼遭到告發收取賄賂，事情持續發展到隔年，演變成一樁政治事件。哈帕拉斯事件讓人感興趣的地方，在於無意間暴露出，馬其頓對於希臘的統治已呈現出空洞化的狀態。

◎希臘統治的空洞化

馬其頓出面跟雅典要求引渡哈帕拉斯的人是誰？意外地竟出現了三個人的名字。三人分別是本國的代理統治者安提帕特、大帝的母親奧林匹雅思，和小亞細亞卡里亞地區的總督菲羅贊諾斯。然而能夠有資格以馬其頓的國家代表之名派遣使者的人物，為何會多達三人？最近針對這個問題發表詳細研究的布萊克威爾（C. W. Blackwell），提出一個引人深思的解釋。他認為馬其頓對希臘的權威自阿基斯戰爭後已逐漸下滑，當哈帕拉斯事件發生的時候，馬其頓在希臘的統治早已呈現空洞化。以下便試著利用布萊克威爾的研究來說明當時的狀況。

首先是安提帕特和大帝的關係已日漸疏遠。與安提帕特同樣身為馬其頓重臣的帕曼紐遭到殺害後，他當然也不得不考慮到，自己成為大帝下一個剷除目標的可能性。安提帕特最後一次從本國派遣增援部隊加入遠征軍，是在西元前三三〇年。再加上流亡者歸國令的發布，也大大傷害了安提帕特在希臘的威信。因為安提帕特在希臘諸國中扶植了多個僭主政體和寡頭政體，這些國家中也出現許多流亡者，讓這些流亡者歸國就等於是否定他的政策。安提帕特為求自保，秘密地向受到這項文告打擊的埃托利亞人提議，彼此互結同盟。埃托利亞人當時正尋求與雅典建立同盟關係，而逐漸形成一股反馬其頓勢力。亞歷山大在文告中表示，對不履行這項命令的國家，安提帕特將會採取強制處置，但安提帕特早已失去揮舞強制性權力的權威和意志了。

其次是大帝的母親奧林匹雅思。她和安提帕特之間爭奪著馬其頓本國的實權。她在西元前三三〇年遷移回故國伊庇魯斯，但卻不斷去信大帝譴責安提帕特，同時也試圖在伊庇魯斯提升自己的權威。在哈帕拉斯事件之時，她派遣使節到雅典，明顯主張自己具有代表國家的立場。但就雅典人看來，等於是馬其頓出現了安提帕特和奧林匹雅思兩個國家代表。結果這也導致馬其頓王國在希臘的權威下滑。

卡里亞的總督菲羅贊諾斯也獨自採取行動，然而他的動機並不清楚。只是在雅典人的眼中，他也僅是一個追求自己益利的總督。

於是，雅典認為以上三人所派遣的使節都未體現出大帝的直接意志，並且能夠以這個答覆來拒絕引渡哈帕拉斯。諷刺的是，因為這三人分別各自對雅典進行干涉，故而導致馬其頓對希臘的權威下滑，推進了科林斯同盟體制的空洞化。

第八章 亞歷山大的人物形象

亞歷山大與羅克珊娜　由義大利畫家彼得羅．羅塔里（Pietro Rotari）於西元 1756 年所繪的《亞歷山大大帝和羅克珊娜》。

大帝的女性關係

◎一夫多妻的政治學

在亞歷山大的人格形成上，母親奧林匹雅思對他產生了決定性的影響。實際上，腓力二世因出征的緣故經常不在宮中，因此更強化了幼年時期亞歷山大對母親的依賴。亞歷山大出發遠征後，母子兩人就不曾再相見，但始終在強烈的情感羈絆連結下緊緊相繫，如彼此頻繁信件往返，贈送戰利品給母親等等。從亞歷山大激昂的性格、晚婚、對母性的嚮往，都可看出受奧林匹雅思很大的影響。但是我們不能光憑這些就說明他的性格或心理的全部。亞歷山大既然是一國之王，他的女性關係便經常會牽涉到政治性的情況。

他們母子之間會建立如此強烈的情感羈絆的背景，是馬其頓王室的一夫多妻制。馬其頓國王為了確保後繼有人，在慣例上會迎娶多名妻子。國王的妻子之間並沒有正室或側室的區別，生下男孩的女性在宮廷中便會受到重視。另一方面，馬其頓並未確立長子繼承制，因此王位的繼承也不一定會依據年齡的先後次序，而是會受到每一個當下的政治狀況或貴族之間的權力關係所左右。

取得王位者，為了排除挑戰者而誅殺同父異母的兄弟或堂兄弟，也並非罕見之事。在王位的繼承上，因為存在著這類不安定的條件因素，失去丈夫的妻子為了在宮廷中倖存，除了讓自己的兒子坐上王位之外，別無他法。如此以獲得王位為目標，母子連心，形成一個與丈夫和父親對立的政治團體。

發生在腓力二世第七次婚禮上的事件，便能夠清楚說明他們母子兩人的一體性。腓力在此之前所娶的女性全都是外國人，然在西元前三三七年秋，他初次迎娶馬其頓貴族出身的女性克麗奧帕特拉為妻。克麗奧帕特拉的伯父，也是她的監護人阿塔拉斯，在婚宴上舉杯祝賀道：「願兩位早日生下正統的繼嗣。」亞歷山大聞言勃然大怒，吶喊著：「你這是喊我為庶子嗎？！」接著將他手上的杯子擲向阿塔拉斯。腓力替阿塔拉斯說話，要求兒子道歉，於是亞歷山大立刻帶著母親離開馬其頓。在腓力的一位賓客出面調停下，亞歷山大不久便歸國，但父子之間仍留下了心結。克麗奧帕特拉將來若生下男孩，腓力會不會讓那個孩子成為繼承人，這個擔憂在亞歷山大的心中始終揮之不去。

在腓力暗殺事件中，為何流言會說亞歷山大和奧林匹雅思是在背後操控暗殺者保薩尼阿斯的人，也是因為這些緣故。這點雖然存有旁證，然真相不明。但無論如何，因為父王腓力遭到暗殺獲得最大利益者，的確是他們兩人。

◎與母親奧林匹雅思之間的羈絆

根據蒲魯塔克的描述，亞歷山大自年少時起，便「性情急躁，言行舉止表現衝動」，這樣的性格很明顯是繼承自母親奧林匹雅思。奧林匹雅思在婚前已加入秘密宗教信仰，她會在儀式中操弄蛇隻，陶醉於激烈的興奮中，陷入狂亂的神靈附體狀態。腓力遭到暗殺後，奧林匹雅思潛入年輕的未亡人克麗奧帕特拉的屋裡，殺掉克麗奧帕特拉剛出生的女兒，逼迫她自殺。奧林匹雅思斷然排除掉對手的堅定執著，一點也不輸給她的兒子。不過奧林匹雅思「善妒、脾氣暴躁」的傳說中，混雜著男性社會的偏見。但確實在亞歷山大怒火攻心、大發雷霆之際，實際上也沒有任何人攔得住他。徹底破壞叛亂的底比斯之舉，在形式上雖是由同盟軍下的決定，但即便是沒有同盟軍的決定，亞歷山大也還是會執行吧。在格拉尼卡斯河會戰中，他將受雇於波斯的希臘傭兵視為正義的叛徒，拒絕接受他們的投降，展開包圍攻擊。他在索格底亞那，則是把從前將神殿讓渡給波斯國王的布朗奇達伊家族的後代子孫視為叛徒，全數殲滅。當他的愛馬布塞弗勒斯在裏海南岸被偷時，他發出威脅，若不歸還布塞弗勒斯，他將放火燒掉整個村子。他會殺害克利都斯，雖說是酩酊大醉下導致的結果，但也是因為兩人口角衝突後，他怒氣爆發的緣故。

奧林匹雅思對遠征中的亞歷山大也關照得無微不至，還會干涉兒子的交友關係。當兒子在伊索斯會戰前，因為高燒而病倒時，她曾向供奉在雅典的治療女神捐獻，祈求他的康復。某次她找到一名廚師，告訴兒子此人極為通曉密教儀式，勸兒子雇用他。她勸告兒子不可過度大方地將波斯的財寶分給身邊的親信；不知是否因為忌妒亞歷山大與赫菲斯提昂之間的親密關係，她還曾點名譴責赫菲斯提昂。她也相當顧慮兒子的安全，曾警告某個上馬其頓出身的親信圖謀不軌，敦促亞歷山大身邊的人須對該名人物多加留心。

由於他們母子之間的羈絆是如此強烈，因此有不少學者將亞歷山大晚婚的理由歸因於奧林匹雅思的影響。他們認為亞歷山大過度嚮往母性特質，對年輕女性漠不關心，幾乎就是有戀母情結。不過，亞歷山大不只是對自己的婚姻漠不關心，對他的妹妹們的婚事也是。他的親妹妹克麗奧帕特拉，遠征義大利的丈夫於西元前三三〇年去世，對於她再婚之事，亞歷山大未曾顯露出任何關照的跡象。他對同父異母的妹妹帖撒羅妮加（Thessalonike）的婚姻也置之不理，她在大帝統治時代一直保持著未婚的狀態。即便是承認在亞歷山大的心性中對母性懷有強烈的嚮往，但光憑這點也無法說明他處理妹妹們婚姻的態度。

亞歷山大會對婚姻態度淡漠，可以想到的理由有兩個。第一是，他因為父親腓力的七次結婚而親身經歷了一場大騷動。他會不會因此認為，王族的婚姻對王權而言，招致的混亂其實是多過於帶來的利益?他們兄妹倘若結婚,他妻子的家族和妹妹們的夫家之間的利害關係,無可避免的就會和王權形成糾結。因此可以認為他從父親的婚姻當中學到的教訓是,應該要避免王室婚姻對王國可能帶來的動蕩不安。第二是,他對生下繼承人並令其繼承王朝的觀念,原本就不在意。在他出發遠征之前,重臣們提出忠告,勸他應該先結婚並生下繼承人,但他完全不理會。因為二十二歲的他,念頭之中只有追求自己個人的榮耀一事。然而卻因此付出了相當沉重的代價。亞歷山大死時,因為沒有正式的繼承人,結果導致馬其頓王室的滅亡。

◎與女總督、大流士之母的虛假關係

亞歷山大在遠征東方的期間,接連遇見數位身分高貴的亞洲女性。他和這些女性之間的關係,也可看見個人情感與政治考量互相糾結的情形。

遠征第一年,征服小亞細亞西南部的卡里亞地方時,亞歷山大讓過去曾經是卡里亞的女性總督阿達坐上統治者的位置。當時阿達正因為被弟弟放逐而隱遁,在她得知馬其頓軍進擊卡里亞後,便親自前來拜訪亞歷山大。那時阿達提出了想收亞歷山大為養子的願望,亞歷山大接受她的提議，稱呼阿達為母親。

伊索斯會戰後，亞歷山大俘虜了大流士三世的家族和其他貴族女性。波斯國王在遠征時習慣帶著家族同行，貴族們也都將他們的家族安置在作為據點的大馬士革。大流士的妻子和兩名女兒，都是美麗絕倫的女性；亞歷山大不僅自己未曾冒犯她們，更細心周到不讓其他男性打擾她們的生活。據說他在這時，稱呼大流士的母親西緒甘碧絲（Sisygambis）是「自己的第二位母親」。西緒甘碧絲對他也懷有深刻的情感。傳聞亞歷山大死去時，她因悲傷過度，不進飲食，不見天日，五天後也棄世而去。

從這兩則逸聞，便可輕易帶出亞歷山大對母性的嚮往。不過，其中同時也存在著政治上的考量。阿達的情況是，她沒有可以嫁給大帝的女兒，因而收大帝為養子，以大帝為卡里亞實質的後繼之君。另一方面，亞歷山大則是利用卡里亞的女性能夠成為統治者的傳統，讓自己成為阿達的養子，以謀求卡里亞在統治上的安定。至於西緒甘碧絲，大帝成為她的兒子，便能取得國王之母的保護者的立場，等於是獲得主張自己具有統治亞洲正統性的有利條件。在西亞，有殷勤善待前任國王之母的傳統，雖不清楚亞歷山大是否知道這項傳統，但他利用西緒甘碧絲作為繼承阿契美尼德王朝王權的象徵。另外，西緒甘碧絲在大帝死後，會宛如追隨在他身後似地死去，也有與之相應的理由。阿契美尼德王朝滅亡後，保護她的人只有亞歷山大。亞歷山大死後，其他的馬其頓將士應該會排除波斯王族的女性。因而西緒甘碧絲在喪失唯一的保護者後，便自己選擇了死亡。

◎情婦巴西妮

伊索斯會戰後，亞歷山大將一位在大馬士革淪為俘虜的女性巴西妮（Barsine），收為自己的情婦。巴西妮的父親阿塔巴蘇斯，是波斯屈指可數的名門貴族，與阿契美尼德王室有血緣關係。她的母親是出身於羅德島的希臘人，母親的兄弟曼托爾（Mentor）和門農是傭兵隊長；門農是亞歷山大在遠征東方初期最大的敵人。其實，阿塔巴蘇斯曾經在西元前三五〇年代末叛離波斯國王，與家族一起流亡到馬其頓，在馬其頓渡過數年的時光。因此亞歷山大在少年時代就已見過巴西妮。阿塔巴蘇斯一家在取得波斯國王的原諒後歸國，巴西妮和舅父曼托爾結婚。但曼托爾死後，她又和另一位舅父門農再婚，門農病死後她再度成為寡婦，逗留在波斯宮廷，在大馬士革被捕。她比大帝略為年長，是一位受過希臘教育、才貌兼備的女性。

巴西妮是亞歷山大在一生當中維持關係最長久的女性。巴西妮在那之後也跟隨在大帝身邊，西元前三二七年，她在索格底亞那地方產下一名男孩。這個孩子被命名為海克力士，但不被承認是亞歷山大的嫡子，在大帝死後挑選繼承人和之後爆發繼業者戰爭時，也完全被排除在外。也正因為如此，亞歷山大與巴西妮之間的情人關係，與他和其他女性的關係相較下，顯得具有更深刻的個人情感。只是其中也不完全沒有政治考量的存在。巴西妮的父親阿塔巴蘇斯，直至大流士三世去世為止，都還是效忠於國王的名門貴族。在正處於爭奪亞洲霸權階段的遠征初期，大帝的目的或許想是透過他和巴西妮的關係，將阿塔巴蘇斯拉攏到自己的陣營之中。國王情婦的地位，當然比不上正式王妃，但在身分上還是高於一般姬妾。因此就當時波斯宮廷的慣例看來，也絕對不會覺得巴西妮所處的立場是一種屈辱。大流士死後，阿塔巴蘇斯歸順於亞歷山大，獲得總督的高位，就這點來說，大帝與巴西妮的關係對阿塔巴蘇斯本身應該也是有利的。

◎波斯王妃斯妲特拉

如同前文所述，亞歷山大對大流士的妻子和兩名女兒，完全沒有任何冒犯之舉，且將她們阻絕於男性的目光之外，給予她們與身分相符的待遇。還有對其他的波斯貴族的女性也是；據說亞歷山大曾開玩笑地說「有害眼睛，不宜多看」，視她們宛若不具生命的雕像似地從旁經過。大流士三世的女兒，斯妲特拉（Stateira）和德莉比娣絲（Drypetis），短暫地與遠征軍同行後被留在蘇薩，大帝指示讓她們接受希臘語教育。此事暗示著，亞歷山大早已準備將迎娶她們其中一人為王妃。她們兩人雖都已屆適婚年齡，但在阿契美尼德王朝尚且健在的情況下，大帝肯定是判斷要和敵方的王族女性結婚還為時尚早。

與此相對，有一項證據暗示，大帝與大流士的妻子，也就是和女兒同名的斯妲特拉之間，似乎存在著情感關係。西元前三三一年初夏，斯妲特拉在馬其頓軍第二次滯留於腓尼基期間死亡。關於斯妲特拉死亡的原因，根據庫爾提烏斯的大帝傳記的記載是因為疲勞過度，蒲魯塔克的說法是死於生產，查士丁則說她是死於流產。此時距離斯妲特拉淪為俘虜已超過

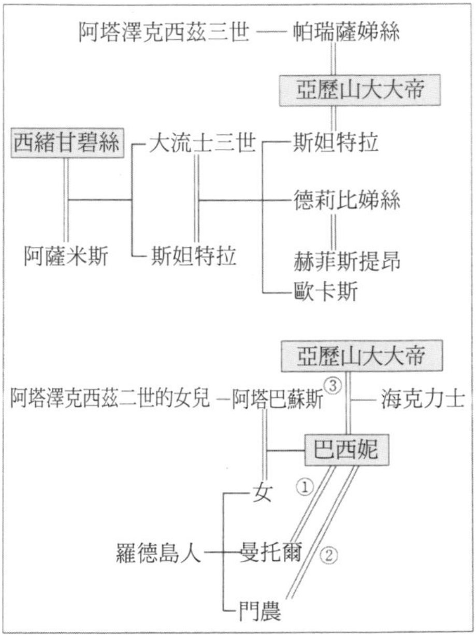

亞歷山大與波斯王室女性們的關係圖

一年半，而且這段期間她受到嚴密的保護，被隔離於男性之外。因此，假使斯妲特拉的死因是生產過程或流產所導致，那麼和她發生關係的男性，可以想到的對象除了亞歷山大之外，別無他人。

這個事實讓許多學者困惑不已，是否應將亞歷山大視為一名擁有正常性欲的普通男性？若不願承認這個觀點，而想要維持大帝對斯妲特拉始終保持一貫紳士態度的解釋，解決之道有二。第一是將斯妲特拉的死期提前一年，認定她腹中的胎兒的父親是大流士。只是採取調整年代的做法不但過於簡單，也等於是推翻上述所舉的三篇傳記的記載。第二是採用庫爾提烏斯的記述內容，將斯妲特拉的死因歸諸於疲勞過度。她淪為俘虜以後，隨著馬其頓軍一路跋涉，經過腓尼基、埃及，又再回到腓尼基。認定她因為嚴酷的行軍，心力交瘁而死也相當合理。但庫爾提烏斯也有可能會為了維護大帝的名譽，而變更斯妲特拉的死因。

我個人則根據蒲魯塔克和查士丁的記載，認為大帝和斯妲特拉之間有發生性關係。因為淪為俘虜的女性即是勝利者的所有物，完全沒有必要將兩者之間的關係理想化。而且據說亞歷山大對斯妲特拉之死深感哀悼，為她舉行波斯形式的葬禮，慎重安葬。亞歷山大的哀戚之情，似乎暗示著兩人特別的關係。

◎第一位王妃

亞歷山大終於在西元前三二七年春正式結婚。當時他已滿二十八歲，對於一位國王而言，是相當特例的晚婚。他結婚的對象名為羅克珊娜，是索格底亞那地方的豪族歐克西亞提斯的女兒。

歐克西亞提斯從前一年的秋天到冬天，安排家族前往一座號稱堅不可摧的岩堡避難。亞歷山大攻陷岩堡，在俘虜中發現羅克珊娜。羅克珊娜並非王族，不過是王國邊境的一名地方豪族之女。所有的大帝傳記都說，亞歷山大愛上了羅克珊娜，然後與她結婚。這點或許是真的，但在愛情之外，應該也存在著現實的意圖。整整兩年的時間，馬其頓軍在巴克特里亞的索格底亞那地方，陷入前所未有的苦戰。波斯貴族紛紛起而叛亂，將一般居民捲入他們頑強的抵抗之中，亞歷山大因此強迫居民遷居，也殺害了大量的居民。亞歷山大的目的肯定是，為在東方遠征中最慘不忍睹的局面劃下休止符。因為在這之後他即將遠征印度，迎娶當地出身的羅克珊娜，不僅能夠與巴克特里亞的索格底亞那地方豪族們和解，也可確保後方的安全。

話雖如此，從亞歷山大進攻印度之際，還在巴克特里亞留下三千五百名騎兵、一萬名步兵的大軍，便可顯示出當時的情勢依然不穩。平定邊疆地帶並非易事，不是透過國王的一樁婚事就能夠輕易達成的。還有一點，亞歷山大會不會終於開始關心自己應該要擁有繼承人了？儘管羅克珊娜的出身低於情人巴西妮，他卻特意正式迎娶她為妻，似乎也暗示著這一點。

羅克珊娜在亞歷山大遠征印度期間生下一名男孩，但這個孩子似乎是夭折了。大帝死時，羅克珊娜懷孕八個月，後來生下一名男孩，命名為亞歷山大四世，並與大帝的兄長腓力三世阿里達烏斯共同登上王位。形成智能障礙的成人與尚在襁褓中嬰兒的異常組合，當然兩人都不具有統治能力，王國的實權於是落在擔任攝政的佩爾狄卡斯手中。之後馬其頓王室因為繼承者之間的競爭而分裂，羅克珊娜母子被捲入狂濤巨浪之中。雖然身為將軍之一的卡山德（Cassander）保護著母子兩人，但這也不過是他用來賦予自己權力正統性的手段。西元前三一〇年左右，已喪失利用價值的母子兩人，遭到卡山德秘密殺害。

雖然事情的結果如此發展，但也不應單純地將羅克珊娜視為是一位被動的柔弱女性。大帝死後不久，她便和攝政的佩爾狄卡斯聯手，將大帝的另兩位妻子帕瑞薩娣絲（Parysatis）和斯妲特拉二世，招喚到自己身邊並加以殺害，或許是因為兩人當中已有某人懷孕，或是羅克珊娜擔心有這個可能性。羅克珊娜是為了穩固自己兒子的王位，斷然剷除對手。她在這一點上，也明確地採取了馬其頓王室女性會有的行動。

◎與阿契美尼德王室的聯姻

西元前三二四年，在蘇薩舉行集團婚禮時，亞歷山大同時和阿契美尼德王朝的兩位王室之女結婚。一位是大流士三世的長女斯妲特拉，另一位是前國王阿塔澤克西茲三世的女兒帕瑞薩娣絲。大流士是屬於波斯王室的旁系，相對地阿塔澤克西茲則擁有波斯王室的直系血統。大帝因此納入了波斯王室的兩支血統。如同第七章所述，亞歷山大開始在蘇薩著手構築新帝國統治體制，而這場婚禮就是其中的一環，他以此明確表示自己是阿契美尼德王朝的正統繼承者。

大流士三世還有另一個女兒，名為德莉比娣絲，嫁給大帝的摯友赫菲斯提昂。據說這是因為大帝期望，自己和赫菲斯提昂在婚後各自生下的孩子，彼此可以成為表親。他或許是期待兩人親密的友情會因此而更堅固吧。不過其中仍存有政治面的考量，即是他可藉此獨占王室之女，排除王位挑戰者的出現。萬一王族的女性和某名貴族結婚的話，那名男性便可根據他與王室的血緣關係，獲得要求王位的資格。大帝為排除這類的可能性，故而獨占王族女性。類似的事情也有前例可循。建設波斯帝國有功的大流士一世，於西元前六世紀末篡奪王位，他為了排除王位挑戰者，一共娶了六位王族女性為妻，其中甚至包含先王岡比西斯的妻子、姊妹和姪女。亞歷山大很明顯地是仿效大流士一世的前例。赫菲斯提昂稱得上是大帝的「第二自我」，是與大帝一心同體的人物，因此無須擔心他會挑戰王位。於是，大帝和赫菲斯提昂便獨占了三位波斯王室之女。

赫菲斯提昂結婚後不滿半年便驟然長逝，德莉比娣絲旋即成為孀婦。大帝死後，斯妲特拉二世和帕瑞薩娣絲被大帝的正妻羅克珊娜殺害（蒲魯塔克的傳記寫道，被羅克珊娜殺害的人是德莉比娣絲，但應是帕瑞薩娣絲之誤）。

就結果而言，大帝的女性關係有三位正式妻子和一位情人。他的孩子，有正式妻子羅克珊娜所生下的兩個孩子（但第一個孩子夭折），和情人巴西妮生下的一個。在歷任馬其頓國王當中，應是極其普通的。

對英雄的憧憬與超越

從各式各樣的逸聞中可清楚得知，亞歷山大將自己的出生與宙斯結合，因而相信自己與傳說中的英雄們繼承了相同的血統。這在今日看來雖顯得荒誕無稽，但當時的人們將天神與人類之間生下的人物稱之為英雄，因此對他們而言人類與英雄的世界是互相連結的。關於亞歷山大的家系，在父系方面可上溯至海克力士，母系方面則是阿基里斯之後。對這些英雄們的憧憬與模仿，進而想要超越他們的意志，即是大帝某一些乍看像是特異行為的動機。後面就讓我們來看看，關於這兩位英雄以及酒神狄俄尼索斯（Dionysus）的具體表現。

◎模仿阿基里斯

阿基里斯在特洛伊戰爭的傳說中，是希臘聯軍最偉大的英雄。他的父親佩琉斯（Peleus）是色薩利地區的佛提亞（Phthia）的國王，母親是海之女神忒提斯（Thetis）。阿基里斯在特洛伊戰爭中表現相當傑出，但他因為戰利品女俘虜，被聯軍統帥阿伽門農（Agamemnon）奪走，憤而脫離戰場，希臘聯軍因此完全崩潰。於是阿基里斯的摯友帕特羅克洛斯（Patroclus）借用他的甲冑披掛上陣，結果戰死沙場。阿基里斯為替友報仇而上場作戰，擊斃特洛伊的統帥赫克托爾（Hector）。

在遠征剛開始不久，亞歷山大就顯露出他對阿基里斯的憧憬。他與將要渡過希拉海的主力部隊分開，乘船前往特洛伊，在雅典娜神殿獻上一套甲冑，以換取另一套據說是從特洛伊戰爭時流傳下來的甲冑。很顯然亞歷山大是將率領遠征軍的自己，與特洛伊戰爭中的希臘英雄們重疊。之後，他在阿基里斯的墓前獻上花冠，同時他的摯友赫菲斯提昂則在帕特羅克洛斯的墓前獻上花冠。帕特羅克洛斯是阿基里斯獨一無二的摯友，因此亞歷山大是將自己與赫菲斯提昂的關係，比作他們兩人之間的關係。在格拉尼卡斯河的會戰中，他單槍匹馬打倒三名波斯貴族時的心情，或許是想重現他愛不釋手的《伊里亞德》中描繪的英雄戰鬥場面。他在特洛伊領取的一面神聖盾牌，在那之後也一直帶在身邊，上場戰鬥之際，便命令持盾者舉著那面盾牌在自己的前方行進。

不久後模仿阿基里斯著名行為的機會來臨了。西元前三三二年，亞歷山大降伏加薩城時，生擒了遍體鱗傷、但依然頑強抵抗的波斯指揮官巴提斯（Batis）。倘若在平時，雖是敵人，亞歷山大應該也會毫不吝惜地讚美巴提斯的傑出表現，但此時他或許是因為二度負傷情緒激憤，以殘酷的刑罰發洩怒氣。他命人以皮繩活生生地穿過巴提斯的腳跟，並將皮繩繫在戰車上，然後讓戰車拖著巴提斯繞著城市周圍行駛。只有庫爾提烏斯記載了這個事件，其他的大帝傳記都略過此事，因為太過於殘酷，所以也有不少學者認為是庫爾提烏斯創作的內容，但這應該是無庸置疑的事實吧。在《伊里亞德》的第二十二卷中，擊敗特洛伊主將赫克托爾的阿基里斯，在赫克托爾的腳跟到腳踝之間打洞，以牛皮繩穿過並繫在戰車上，阿基里斯親自駕馬驅車，將赫克托爾的頭部拖曳在地。當時有許多戰爭犧牲者的家族和特洛伊的市民在城牆上圍觀。在加薩的大帝，顯然是故意引人矚目地模仿著英雄的行徑。

阿基里斯為替摯友報仇而決定上陣之時，已經知道自己的性命已不長的預言，卻完全不介意。然而他在擊敗赫克托爾後，被特洛伊王子帕里斯（Paris）以箭射中後腳跟而絕命。亞歷山大英年早逝的一生，也讓人覺得彷若模倣阿基里斯短暫而絢爛的一生。

◎凌駕海克力士

海克力士是希臘神話中最偉大的英雄，因為傳說他在阿爾戈斯的邁錫尼王指派下達成十二項英雄功業而聞名。他擁有舉世無雙的神力，能夠打倒獅子和大蛇之類的猛獸，是一位堅忍不拔的英雄，相當受到人們喜愛。

大帝即位後立刻前赴色薩利時，以自己和色薩利人都是海克力士後裔的說法，說服色薩利人臣服於他。他接受雅典鄰國美加拉（Megara）公民權的理由，是因為美加拉人主張只有海克力士曾經接受過這項榮譽。在伊索斯會戰之前不久，大帝免除西里西亞地區的城邦瑪路斯（Mallus）的貢稅，因為瑪路斯人原本是來自海克力士家鄉阿爾戈斯的殖民者；身為海克力士後裔的大帝，認為他們與自己擁有共同的血統。

希臘人視腓尼基城邦泰爾的主神美刻爾（Malqart）等同於海克力士。因此當泰爾人拒絕大帝想在海克力士之前祭獻的請求時，大帝勃然大怒。在大帝決意攻打泰爾的夜裡，他夢見海克力士牽著他的手，引導他進入城內。預言者阿瑞斯坦德（Aristander）為大帝解釋夢境說道，海克力士的任務是歷經千辛萬苦才達成的，所以歷經重重困難之後應該能夠攻下泰爾城。在經過長達七個月的包圍戰後，泰爾城陷落，大量的市民遭到殺害，僅有逃入海克力士神殿的人，和為祭祀海克力士而來的迦太基使節獲得赦免。之後大帝在海克力士之前獻上黃金打造的調酒器和三十張盤子。當他自埃及歸來時，也再次舉行了祭獻的儀式。

大帝造訪位於錫瓦綠洲的阿蒙神殿的理由之一，是因為傳說珀爾修斯（Perseus）和海克力士，都曾經在此地聆聽過神諭。海克力士是大帝父系的祖先，而珀爾修斯則是海克力士的外曾祖父。大帝為了追尋他們的足跡，與兩人互較高下，也以抵達沙漠的彼方為目標。這兩位英雄都是宙斯之子，當時也廣為傳說，亞歷山大是化為蛇形的宙斯與他母親交媾後生下的孩子。而且阿蒙神在希臘被視為等同於宙斯。因此，亞歷山大想確認自己誕生於等同阿蒙的主神宙斯，從而證明自己與英雄們擁有相同的血統。

亞歷山大進攻印度北部時，巴濟拉的居民們據守在名為奧爾諾斯的岩山上。這座巨大的岩山，方圓三十六公里，高度超過兩千公尺，只有一條險峻的登山道路。傳說連海克力士都攻不下這座岩山。聽聞此事的亞歷山大，便被無論如何都要攻下這座岩山的「渴望」所附身。從結果來說，攻下這座岩山的亞歷山大，等於是凌駕了海克力士。還有一件事，那就是他也將情人巴西妮生下的兒子命名為海克力士。

◎狄俄尼索斯的遊歷

馬其頓人也相當熟悉酒神狄俄尼索斯（別名巴克斯〔Bacchus〕）的信仰。狄俄尼索斯的信徒，特別是女性們會在酒宴中集體狂歡亂舞，在陶醉和興奮之中與神或自然結為一體，沉浸於狂喜的恍惚狀態。因為亞歷山大的母親奧林匹雅思是這類神祕宗教的熱情信徒，所以他也自幼就相當熟悉狄俄尼索斯的信仰。一般認為狄俄尼索斯的母親是底比斯國王之女，另外也傳說海克力士的妻子是狄俄尼索斯的女兒。因此這位神祇與大帝的祖先也有關聯，此事對他的心理也造成影響。

亞歷山大即位的隔年，徹底毀滅叛亂的底比斯，後來他對此事感到後悔，因為底比斯是狄俄尼索斯的出身地。他在宴席中刺殺親信克利都斯的事件，亦被歸因於神明之怒。宴會當天是獻給狄俄尼索斯的神聖日子，但大帝忘記在神前祭獻，神明之怒引發了這起事件。這是為了減輕大帝責任的方便之說，目的是為了安慰因良心苛責而苦的大帝，才利用了狄俄尼索斯。

一般認為狄俄尼索斯是從小亞細亞來到希臘，而會與東方遠征產生關係，是因為傳說狄俄尼索斯在來到希臘之前，曾經遊歷世界各地。在尤瑞皮底斯撰寫於西元前五世紀末的悲劇《酒神的女信徒》（*The Bacchae*）中，狄俄尼索斯在開頭登場時，便說他造訪過波斯、巴克特里亞、阿拉伯。亞歷山大湧起超越狄俄尼索斯的野心，是發生在他經過印度一座名為奈薩（Nysa）的城市時。奈薩之王見到大帝後，對大帝說道，奈薩是狄俄尼索斯過去征服印度時所建立的城市，自那時以來，奈薩的居民就是自由之民，而證據就是此地生長著印度見不到的常春藤。亞歷山大因此承認奈薩居民享有自由和自治之權。馬其頓人確實在奈薩附近一座名為邁羅斯（Merus）的山中，發現許多生長茂盛的常春藤和葡萄樹。狄俄尼索斯是教導人類栽培葡萄的神祇，也在自己的身上披掛著葡萄的藤蔓和常春藤。馬其頓人因而深信邁羅斯山確實是狄俄尼索斯的聖地，他們宛如酒神的信徒，徘徊遊蕩在森林中，沉浸在崇拜狄俄尼索斯的縱酒狂歡之中長達十日。

雖然並不清楚奈薩是今日的哪一個地方，不過最初是如何創造出狄俄尼索斯曾經征服印度的傳說呢？能想到的答案應該是奈薩之王創作出了這則神話，藉此向大帝取得奈薩城的自由。大帝進攻印度之際，曾事先派遣使者前往塔克西拉王國和印度河西側一帶，命令部族首長們前來面見他。大帝的意圖早已廣為人知，因此奈薩之王也擁有充分的時間來準備應對之道，於是才利用土著的神話，創作出似乎足以充分取悅大帝的神話吧。奈薩之王的目的順利達成，奈薩城獲得了自由。另一方面，亞歷山大和馬其頓人，也想在他們的所到之處尋找眾神的痕跡。他們被遠征地點的居民提供的證據深深吸引，大帝立刻就被超越狄俄尼索斯的渴望所附身。

還有一次，是印度人利用這則傳說的例子。西元前三二五年，印度河流域的馬利亞人最後終於向大帝投降時，當地其他部族的統治者也派遣使節前去拜見大帝。他們向大帝陳述，自從狄俄尼索斯來到印度以後，便一直守護著他們的自由，主動表示願意向大帝稱臣。此例顯示出，大帝的神話觀也廣為當地居民所知悉，他們理解大帝的神話觀，並為謀求倖存之道而加以利用。

長途跋涉穿越格德羅西亞沙漠抵達卡曼尼亞時，馬其頓人為慶祝平安生還，長達一個星期，在列隊行進的同時一邊舉行狄俄尼索斯風格的慶典。這和在邁羅斯山時的情況是相同的，在充滿苦難的行軍之後，為了讓士兵在精神上得到休息與療癒，所以舉行了狄俄尼索斯的慶典。

亞歷山大在遠征東方的期間，便像這樣時時貫徹著對英雄和神祇的模仿和競爭意識，被企圖凌駕祂們的意志所驅策。

不朽的榮耀與大帝神話

◎榮譽即是一切

亞歷山大的精神世界，就如同他對英雄的憧憬所顯示出的那樣，基本上就是荷馬史詩所描繪的英雄社會。在荷馬社會中，榮耀勝過所有的一切，人們活著是為了追求在死後留下不朽的榮譽和名望。他們為了在團體中獲得卓越超群的名聲，彼此互相競爭。這種競賽（Agon）的精神，從內在驅策英雄們展開行動。亞歷山大想和英雄們一較高下並凌駕他們，也正是為了留下不朽的名聲。因此，他必須經常是勝利者，也必須保持不敗，而且勝利不能只有一次，必須要不斷贏得新的勝利，如此方能夠證明他的卓越性。所以他不能中途停下腳步。於是，他以遠遠超越人類世界的高度為目標，永無止境地向著前人未曾到達的世界盡頭邁進。他的英雄心性，正是他創造功業的原動力。

亞歷山大的名譽心有多麼強烈，從他感覺到自己的名譽和自尊心受傷時的反應，就可以清楚地看出來。

根據蒲魯塔克的記載，亞歷山大在占領腓尼基地區的各城市之後，他贈送給少年時代的家庭教師李奧尼達斯（Leonidas）大量香料，共有五百塔蘭特的乳香和一百塔蘭特的沒藥。因為從前亞歷山大在神前祭獻時，當他正要將雙手捧起的香料加入火中之際，李奧尼達斯曾對他說：「您要使用如此大量的香料，請等您到占領香料產地的時候。現在應該要節約使用僅有的物資。」所以他在占領腓尼基的當下，便寫信給李奧尼達斯，還擊道：「我現在贈送給您大量的乳香和沒藥，請您不要再對眾神如此小氣了。」以此方式一雪前恥。由此可看出亞歷山大的性格，對傷害他自尊心的人會長久記恨在心。

在印度的海發西斯河被迫不得不折返，是亞歷山大首次遭遇到的挫折。在此之前，所有的一切都能夠遵照他的想法進行，然而此時他信賴的軍隊卻抗拒遵從他的意志，這是他第一次對士兵們屈服。這起事件對亞歷山大的內心造成深刻的傷害，引起了一般常識無法想像的反應。

導讀——

映照出自身的鏡像——「亞歷山大」

文——翁嘉聲(成功大學歷史系教授兼系主任)

▸誰的亞歷山大?

馬其頓的亞歷山大是少數從西元前便出現在歷史舞台上,至今仍在歐亞非三地被提起的人物。他完全符合英國史家卡萊爾(Thomas Carlyle)「英雄創造歷史」的論點。他的歷史身影雖如此高聳,但當時留下的資料卻相當有限,彷彿是不能被說的佛地魔。史料常描述他與戰友同甘共苦,但他身旁如獅如虎的希臘化開國元勳,在他去世十七年後才敢小心翼翼地找藉口稱王,鑄造錢幣也只敢複製大帝形象。蒲魯塔克說大帝死後,他的秘書領軍不順,決定假借托夢,在軍帳中安置大帝衣冠,彷彿大帝親臨決策,結果出席的老兵敬畏地發抖順服。死僵的大帝,並未消逝。

時間快轉到一九九一年。前南斯拉夫聯邦共和國裂解後,馬其頓共和國因為國名的關係被希臘否決加入歐盟及北約,理由是這國名透露出對希臘北方領土的野心。這是巴爾幹版的正名問題。後來前任馬其頓民族主義總理在首都國際機場豎立名為「馬背上英雄」的亞歷山大像,激怒了希臘人。最近兩國終於願意解決爭議,然而今年初希臘民眾遊行示威,堅拒妥協。箇中的關鍵問題即是:大帝是不是希臘人?

古代馬其頓人是深受希臘文化影響的另一族群。經過兩千多年羅馬、拜占庭、斯拉夫及鄂圖曼統治後,馬其頓已是DNA大雜燴。拜倫(Byron)參加希臘獨立革命時,已經懷疑被解放的是否為古希臘人奴隸!但民族認同以及盜用歷史來證明某一主張,與DNA完全是兩回事。大帝雖已是兩千三百年前的歷史人物,仍陰魂不散!

▶腓力與馬其頓的擴張

古代馬其頓一直為南方的希臘抵擋蠻族入侵，扮演無名英雄，讓城邦繁榮發展，但卻被認為是野蠻人。城邦組織資源的能力有限，唯有依靠如雅典或斯巴達領導的聯盟，才能凝聚足夠資源，贏得波斯戰爭。但伯羅奔尼撒戰爭瓦解了這樣的體制。四世紀時希臘進入由波斯大王擔保的共同和約架構，任由斯巴達、雅典及底比斯繼續互耗，使得波斯對希臘局勢的影響力超越以往。大帝的父親腓力便是在這種局面下繼任馬其頓王位。

森谷公俊教授《亞歷山大的征服與神話》一書對於腓力經營馬其頓及大帝東征的成就有詳細的介紹，我在此僅做補充。腓力的馬其頓軍隊是全職的，需要不斷向外擴張及增加收入來維持；因此後來大帝出征，國庫空虛是意料之事。腓力在政軍改革後，成功地以聯盟約束希臘，並決定波斯是下階段的擴張方向，規劃遠征，最後則由兒子大帝完成。沒有腓力的馬其頓，就沒有大帝東征波斯。相反地，大帝那缺乏明確政治目標的永恆征戰，與接下來數十年的繼業者(diadochi)之爭，徹底淘空馬其頓，使得入主的安提柯王朝必須休養生息半世紀，才能恢復元氣。古代馬其頓人對大帝的蓋棺論定，會如今日希臘或馬其頓般的讚嘆、感恩嗎？

▶大帝的親子關係

一些史料以近乎伊底帕斯情節的方式來處理腓力、大帝及奧林匹雅思的三人關係。這不僅出現在大帝與腓力生前的爭執，更反映在大帝後來的政治成長。他一生設法擺脫腓力的遺緒。腓力左右手安提帕特的人馬在大帝往東方前進時，被沿路丟下來經略領土。這是政治冷凍。腓力最好的將軍帕曼紐和兒子的悲慘命運也是大帝要擺脫父親的陰影；後來，大帝的年輕朋友在這波整肅後紛紛崛起，包括在史料中初次出現的托勒密。因此，如果托勒密寫下大帝的歷史，會同情那些老傢伙嗎？然而被認為是最公正的大帝傳記作者阿里安，卻十分倚重托勒密的著作。大帝過世後，主導政局的年輕騎兵菁英突然遭到步兵干預，最後被迫妥協；這代表大帝騎兵與腓力步兵的決裂。代溝政治雖然在古典史學中可以察覺，但從未如此明顯。其實，希臘文化中的父子關係也非以和睦著稱。大帝的老師亞里斯多德曾說，有一位父親挨揍後，被兒子拖到門口時突然說道：「停下來！我當初只把我父親拖到這裡！」相較之下，大帝父子則是達到互動干戈的境界。

奧林匹雅思被描寫成滿心嫉妒的性格，對兒子大帝有強烈占有欲，並處心積慮拱他登上王位，甚至被懷疑暗殺丈夫。在大帝的相關史料中，蒲魯塔克較常提及大帝的成長和母子關係；這可能與他寫傳記的方式會探討人格有關，其他史料對登基前的大帝則甚少著墨。她在大帝東征後回娘家，繼續與攝政安提帕特鬥法，互告御狀，甚至被認為受迫出手去毒害大帝。大帝過世後，她繼續爭取孫子的權益。但她的所作所為正如其他的馬其頓皇家女性：鞏固兒子權力，藉此鞏固自己地位。腓力母親、阿里達烏斯（大帝同父異母的兄長）的妻子及大帝妹妹都一樣。另外，身為大帝的母親，形象容易被戲劇化，因此那些聳人聽聞的說法，例如她弄蛇作法，可能都不可信。

大帝、摯友與其他女性的關係

▲ 獻給英雄赫菲斯提昂的浮雕 大帝因最愛的摯友之死，悲嘆不已，三日未曾進食。塞薩洛尼基考古學博物館藏。

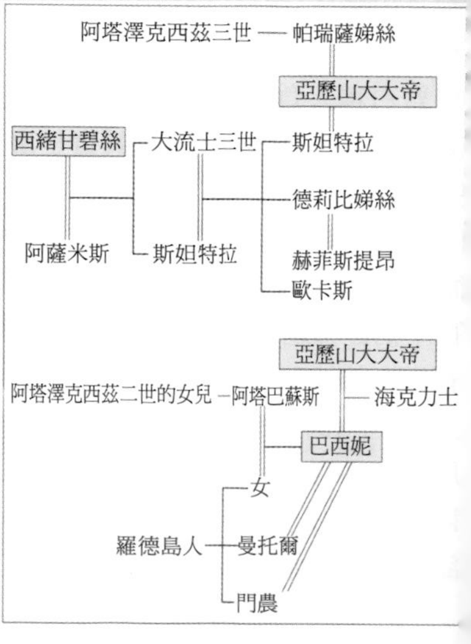

▶ 亞歷山大與波斯王室女性們的關係圖

大帝與母親輩的關係也發生在與卡里亞女王和波斯太后之間，不過這可能是一種政治算計。大帝一般被認為與適婚女性絕緣，但這是誤解：他在二十八歲和羅克珊娜結婚時雖然是「晚婚」，但這應該是因為他要摸索如何統治帝國。另一方面，他與好友的同性戀關係在希臘文化上完全不存在問題；史料記載在乎的是他在好友過世後的情緒失控，因為這進一步牽扯到他益發明顯的專制。最常著墨這些的蒲魯塔克曾討論過性別問題及夫妻相處之道。不知他是否只是借題發揮？無論如何，亞歷山大和他母親顯然是個容易談的話題。

大帝又如何看待自己呢？所有史料共同的說法是他自視為阿基里斯的後代，並根據這樣的想法來行動。史料提及他每次到達地理的極限時，都會萌生一股「渴望」，努力超越前人，甚至神明。史家以史詩般的個人英雄主義來描繪大帝的戰場行為，塑造出「荷馬式的」亞歷山大。他也如同阿基里斯，寧可選擇短暫生命，在戰鬥中獲得光榮。尤其大帝確實英年早逝，完全符合史詩揭櫫的英雄價值：要將生命能量以最密集、最光亮的方式釋放出去。大帝等於與史家共享了這樣的英雄理想。大帝希望有人頌揚他的榮耀，永世流傳，與神明一樣永生不朽；不過這點他可能會失望，因為他殺掉歌頌他的隨行詩人。

▸羅馬的亞歷山大

大帝現存的主要敘述都是羅馬時代出產的。何以如此？在研究大帝的相關問題時，學者會假設愈靠近大帝時代的史料愈珍貴，然而這些都已幾乎不存。當時的相關論述很早便分裂成「宮廷傳統」及「通俗傳統」。前者偏向古典史學強調的政治及軍事成就，並護衛大帝的人格；後者偏好聳動的傳奇故事，如大帝與亞瑪遜女王相遇。學者根據最早的作家殘篇來和羅馬史料連結，進而與這兩種傳統分別掛勾，最後認定阿里安及蒲魯塔克偏向於宮廷，而狄奧多羅斯、庫爾提烏斯及特洛

請翻背面繼續閱讀▼

首先，在下印度河的途中，與馬利亞人進行戰鬥時，亞歷山大隻身躍入敵人的城牆之內，身負重傷，瀕臨死亡。他會做出這種根本不是一名指揮官應有的行徑，無非是努力地想修復他內心的傷口。他理當是一名超越常人的英雄，但是在海發西斯河卻被拉下到一般人的層次。為了要奪回受傷的名譽，他就必須要再次證明自己的英雄特質。正因為如此，他才會採取看似魯莽的行動。阿里安也如此敘述道：「反正勢必要冒險，那麼不如索性壯烈一戰，留下足以流傳後世的輝煌戰功，才會決意在此光榮戰死。」（第六卷第九章）如果能夠平安無事地生還，便可證明他是一名英雄，若是陣亡也能留下不朽的名聲。此時他不是率領大軍的指揮官，而是一名賭上個人榮耀的戰士，儼然就是一位荷馬史詩中的英雄。

第二，自印度歸來的途中，亞歷山大率軍橫越格德羅西亞沙漠之舉。這一方面，顯現出他對偉大前人的競爭意識。根據阿里安的說法，亞述傳說中的女王施美拉美絲（Semiramis）和波斯建國之父居魯士二世，過去都曾經橫越格德羅西亞沙漠。但光是這樣的競爭心態，並不足以說明這段長達兩個月的沙漠死亡行軍。這會不會是他對拒絕繼續遠征的士兵們的報復？因為忤逆他的人，他絕對不輕易饒恕。讓人覺得這也是他為了回復自己名譽的表現之一。

因此無法通行。然而當亞歷山大來到此地時，恰巧吹起北風抑制住海浪，馬其頓軍因此未受到海浪的阻撓，順利通過。隨軍的歷史學家卡利西尼斯，立刻將此視為神意顯現，稱頌大帝幸運得到上天庇佑，將這個場景描寫成是海浪向大帝屈膝行波斯風格的跪拜之禮。換言之，即是亞洲之海將亞歷山大視為主人，迎接他的到來。

這個事例，讓我們窺見大帝神話誕生的瞬間。環繞在亞歷山大周遭的人們，經常以看待半人半神英雄的目光瞻仰大帝，對大帝的所有言行舉止，都賦予英雄色彩的詮釋。亞歷山大也並非只是被動地看著人們將自己傳說化和神話化，而是充分意識到這類包圍他的視線，容許人們粉飾自己的言行並加以散播，有時還會主動促成。這是他為了讓自己的榮耀能以神話的形式固定下來，永垂不朽。再者，大帝發表公開言論的對象，絕對不是後世的人們，而是在那個當下與他共同遠征的馬其頓將士們。將士們會從亞歷山大每一個當下的言行之中，讀取一定的訊息，並用他們自己的方式加以解釋。而他們的解釋又會創造出新的大帝神話。因此環繞著亞歷山大的神話和傳說，可謂是大帝自身與馬其頓將士，和擔任紀錄的從軍歷史學家共同合作的產物，同時也是呼應遠征期間不同的當下狀況所創造出來的政治訊息。著名的哥迪姆之結的傳說，便具備上述所有大帝神話的特徵。

◎哥迪姆之結的傳說

西元前三三三年初夏，亞歷山大離開弗里吉亞地區的首都哥迪姆之前，拜訪了宙斯神殿；也有一說是王宮裡的某座堡壘。裡頭有一輛哥迪爾斯（Gordius）供獻的牛車，在不同的傳說中，那輛牛車是他兒子邁達斯登上王位時供獻的。那輛牛車的車轅，以山茱萸的樹皮製成的繩索綁上相當結實的繩結，甚至看不到繩頭，所以無法解開。而且傳說解開繩結的人，將會成亞洲的統治者。據說亞歷山大立刻進行挑戰，但因不知解法，於是他便揮劍斬斷繩結。不過在別的傳說中，他則是拔掉固定繩結的釘子，輕而易舉地鬆開繩結。

大帝解開繩結的方法，有多種不同的目擊證詞，如今已不可能還原當時的情況。相形之下，牛

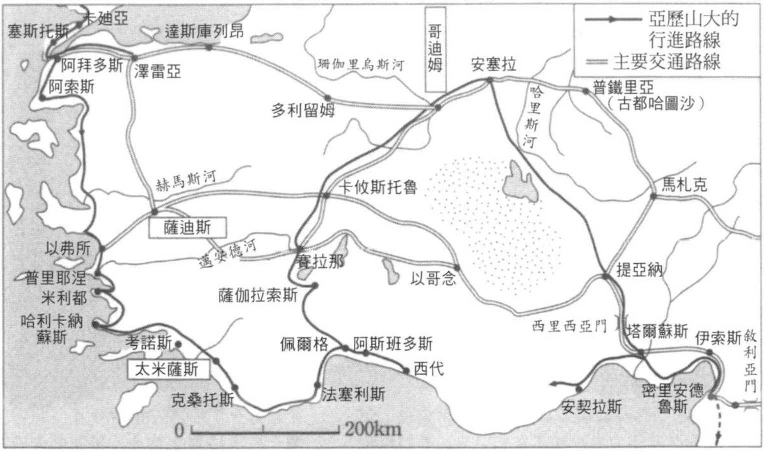

小亞細亞的交通路線與亞歷山大的行進路線

聳立在「邁達斯之城」的丘嶺上的紀念建築
壁面上雕刻著邁達斯王的名字，建築下方中央的入口處，過去放置著希玻莉的雕像，全高20公尺。（作者拍攝）

弗里吉亞的大地之母希玻莉之像
建築物的入口刻有立姿造型的希玻莉女神，她的左手上抱著一隻鳥。安那托利亞文明博物館館藏。（作者拍攝）

車的傳說，則能具體看出土著傳說被改變成與大帝相稱的樣子。

關於哥迪爾斯的事蹟，查士丁的大帝傳記保存了最古老的傳說。根據查士丁的記載，當貧窮的農民哥迪爾斯正在做農事時，突然有各種鳥類在他周邊盤旋飛舞。於是，哥迪爾斯打算去向附近的鳥卦占卜師商談此事。途中他在城門遇到一位美麗的女孩，他告訴女孩詳情，也通曉占卜的女孩說，這是預言他將會成為國王；在女孩的提議下兩人結婚了。後來弗里吉亞人陷入內鬨時，神諭命令眾人找到第一個搭乘牛車進入宙斯神殿的人物，並推舉他為國王。這個人就是哥迪爾斯。他成為國王後，便將牛車奉獻給神殿。在他之後，由他的兒子邁達斯繼承王位。

這則故事鮮明地反映出弗里吉亞地區幾點特有的要素。第一是，為哥迪爾斯帶來預兆的鳥，在弗里吉亞地區是大地之母（希玻莉〔Cybele〕）的持物，這位女神在雕刻的表現中，左手會持著猛禽科的鳥類。第二是，哥迪爾斯在城門遇見少女，而女神希玻莉便是以立姿造型呈現在建築物的入口。第三是，希臘、羅馬也崇拜女神希玻莉，他們在祭典的隊伍中會以牛車載運女神像。第四是，在希臘、羅馬的文獻中，邁達斯被視為希玻莉女神崇拜的創設者。另外，一般稱為「邁達斯之城」（今日的埃斯基謝希爾〔Yazılıkaya〕）中，獻給邁達斯的紀念建築，在入口的壁龕上雕刻著希玻莉女神的立像。

總之，牛車傳說的誕生基礎，是來自於廣泛流傳在弗里吉亞地區對大地之母希玻莉的崇拜，以及邁達斯王與希玻莉女神之間的深刻關係。因此可認為傳說中所預言的國王，應該是弗里吉亞之王，或者頂多是小亞細亞之王。

◎傳說的改變與再創造

至於阿里安的大帝傳記所記載的牛車傳說則如下。

哥迪爾斯在做農事時，有一隻鷲停在牛車的車轅上直到傍晚。當他正打算前去拜訪太米薩斯（Telmissus）的占卜師時，在村外遇見一位打水的少女。少女也通曉占卜，因而勸哥迪爾斯回到原地向宙斯祭獻。哥迪爾斯跟少女學習了祭獻的方法，之後兩人結婚生下邁達斯。邁達斯成人後，弗里吉亞人陷入內鬨。神諭宣告將會有牛車載著國王前來。此時，邁達斯便和雙親一起乘著牛車來到眾人聚集之處。於是人們便推舉邁達斯為國王，邁達斯平定弗里吉亞的內鬨後，將父親的牛車供獻給宙斯。

這個故事有幾個遭改變的痕跡。

第一，帶來預兆的鳥特定為鷲。因為鷲是宙斯的象徵，與繼承宙斯血統的大帝很相稱。

第二，被推舉登上王位的人，由哥迪爾斯改成他的兒子邁達斯。邁達斯是真實存在於西元前七世紀後半的弗里吉亞國王。甚至在馬其頓人之間有一個傳說，弗里吉亞人過去住在馬其頓地區，是邁達斯國王帶著他們遷徙到亞洲。而且馬其頓王國的發祥地被稱為「邁達斯之園」，因此邁達斯對馬其頓人而言是一個極為熟悉的名字。

第三，阿里安也留傳下解開繩結的人將會統治亞洲的預言。在亞歷山大遠征東方的時候，亞洲一詞幾乎是被當成波斯帝國的同義詞使用。因此，這個預言便意味著，亞歷山大的王權將遠遠超越小亞細亞，遍及整個亞洲。

第四，哥迪爾斯前去尋訪占卜師的地點被特定為太米薩斯。太米薩斯是從軍遠征、且深受大帝信賴的預言者阿瑞斯坦德的出身地。

以上的變動，我認為是歷史學家卡利西尼斯所為。卡利西尼斯肯定是以大帝官史執筆者的身分，將弗里吉亞的土著傳說改寫成與大帝相稱的內容。進而再考慮到：卡利西尼斯記述的內容應該是經過大帝本身的審查與認可，因此也是大帝正式承認的故事。那麼亞歷山大解開繩結和卡利西尼斯改寫牛車傳說，又具有何種意義？這與當時遠征軍所處的情形有關。

在大帝自哥迪姆出發的西元前三三三年初夏，這時遠征的前途決不容樂觀。愛琴海東部的制海權掌握在波斯的手中，希臘諸國也不知何時會與波斯海軍聯手。大流士三世在首都巴比倫持續集結大批部隊，準備與亞歷山大展開決戰。對此，亞歷山大當然沒有折返的選項，他只能繼續向東方前進。但是他必須要向將士們展現出某種意志，於是他找到了利用牛車傳說的手段。挑戰哥迪姆之結並解開的話，便會釋放出神承認他將會成為亞洲之王的訊息。因此解開繩結的方法不是問題，總之只要能夠將車轅從車軛上取下來就夠了。

從另一個角度來說，對馬其頓將士而言，供獻牛車的弗里吉亞國王邁達斯，與馬其頓建國傳說中的邁達斯，是合而為一的。亞歷山大若自哥迪姆向東方前進，不僅是凌駕邁達斯，或許也能夠成就亞洲之王的神諭。如此一來邁達斯便與大帝重疊，神話也與現實融合了。亞歷山大的目的，是利用訴諸心理的方式，鼓舞將士們的士氣，讓他們繼續向東方前進。

於是乎在大帝、隨軍歷史學家和一般將士的三者合作之下，創造出了哥迪姆之結傳說，並且廣為流傳。亞歷山大神話的形成，可謂是大帝本身對於既存的神話與傳說的重新詮釋與創造。亞歷山大如此將自己神話化，與追求不朽的名譽連結，並逐步形塑出屬於他人格本質的部分。

第九章 繼業將軍們的挑戰

亞歷山大大帝之死　由卡爾・馮・皮洛提（Karl von Piloty）於西元 1886 年所繪。

帝國的解體

◎大帝之死與繼承者問題

西元前三二三年六月十日，亞歷山大於巴比倫去世。他不僅未曾留下要由誰繼承的遺言，且馬其頓王族中也沒有能夠成為繼承者的成年男子。他同父異母的兄長阿里達烏斯有智能上的障礙，除了執行宗教例行活動之外，並不具有處理政務或軍事的能力，至於羅克珊娜則是懷胎八月。大帝親信們經過與馬其頓軍將士們的協議後，商定由阿里達烏斯即位成為腓力三世，而羅克珊娜若是生下男孩，則男孩也應當成為國王。兩個月後，羅克珊娜生下男孩，這個孩子即位成為亞歷山大四世。兩位國王當然不具備統治能力，於是從大帝的親信中推舉出佩爾狄卡斯擔任攝政。這是因為大帝臥病在床之際，將戒指託付給佩爾狄卡斯，故而他被視為是大帝實質指定的繼承者。以佩爾狄卡斯為中心，其他擁有實力的親信們聚集在一起，共同分配總督的領地。然而不久後他們便形成對立，為爭奪大帝的遺產，展開長達約莫半世紀的繼業者戰爭。在繼業者戰爭的漩渦之中，馬其頓王室的血脈斷絕，從西元前三〇六年起到前三〇四年間，繼業將軍們一個接著一個稱王，就此誕生了五個希臘化王國。後來有三位繼業將軍遭到淘汰，最終只剩下安提柯王朝的馬其頓王國、托勒密王朝的埃及王國和塞琉古王朝的敘利亞王國。

◎繼業者戰爭爆發

引發繼業者戰爭的人物，就是攝政的佩爾狄卡斯本身。他不僅以叛徒之名剷除反對派人物，為鞏固自己的地位，先迎娶馬其頓本國統治者安提帕特之女為妻。然而，在那之後他又希望和大帝的親妹妹克麗奧帕特拉結婚，因而打算和妻子離婚。安提帕特得知此事後勃然大怒，其他的將軍們也對佩爾狄卡斯的野心產生警戒，於是形成反佩爾狄卡斯聯盟。和王族女性聯姻，確實是適合提高個人威信的手段。不過，相反地也會招來覬覦王位的嫌疑，甚至意味著對王權的挑戰。在這個王國尚未統一的階段，與王

托勒密一世　大帝死後，他被任命為埃及總督，日後開創了埃及的托勒密王朝。

族女性結婚是一個再危險不過的選擇。

西元前三二一年，遭到包圍的佩爾狄卡斯兵分兩路，一路派往小亞細亞對付安提帕特派的軍隊，另一方面，他自己則前往埃及討伐托勒密。佩爾狄卡斯會進攻埃及，有如下的背景因素。亞歷山大生前希望自己能夠埋葬在錫瓦綠洲的阿蒙神殿。在攝政佩爾狄卡斯的監督下，亞歷山大的遺體在巴比倫進行防腐處理，還耗費了兩年的時間製作豪華的靈柩車。同年，佩爾狄卡斯不打算將大帝的遺體埋葬在錫瓦，而是想要葬在馬其頓古都艾加伊，於是將遺體送往本國。然而靈柩車通過敘利亞時，托勒密卻派軍前往奪取，將大帝的遺體帶回埃及。托勒密在首都孟斐斯為大帝舉行葬禮安葬，日後並將遺體移到亞歷山卓。托勒密因為將大帝的遺體保存在自己的統治領域，而獲得其他繼業將軍所沒有的巨大威信。佩爾狄卡斯蒙受大帝遺體被奪的屈辱後，立刻將托勒密視為宿敵，親自率兵討伐。不過，佩爾狄卡斯的軍隊渡尼羅河失敗，兩千名士兵遭河水沖走而犧牲。激憤的部下們闖入佩爾狄卡斯的帳篷，將他殺害。結果佩爾狄卡斯的攝政統治短短兩年便結束。

之後，繼業將軍們聚集在敘利亞北部的城市特里帕拉迪蘇斯（Triparadisus），重新分配總督的領地並締結協定。這次由安提帕特成為攝政，他在會議後帶著王族回到馬其頓。宮廷由亞洲移到歐洲，是促使亞歷山大帝國分裂的主要原因。另一方面，獨眼的安提柯被任命為亞洲地區的軍隊指揮官，成為亞洲實際的最高掌權者。安提柯不僅與腓力二世同年，也親身與國王共同經驗馬其頓興隆的過程。在大帝遠征東方的第二年，他被任命為小亞細亞的弗里吉亞總督，大帝死後他仍繼續擔任弗里吉亞總督，統治期間達十三年，對確立馬其頓在小亞細亞的實效統治貢獻良多。安提柯從特里帕拉迪蘇斯會議之後，到西元前三〇一年伊普蘇斯會戰（Battle of Ipsus）戰敗而死為止，二十年間一直是繼業者戰爭中的核心人物。

◎馬其頓王室斷絕

西元前三一九年，安提帕特病倒，他在指定坡利坡康接任攝政之位後，結束八十年的漫長人生。坡利坡康此時已年過六旬，他在遠征東方期間雖是一位能幹的部隊長，也深受士兵們愛戴，但沒有擔任總督的經驗，才略也終究不及其他的將軍們。安提帕特的長子卡山德，無法忍受父親對自己的漠視，在國內秘密招募同志，還取得安提柯的軍事援助，公然舉旗反抗坡利坡康的統治。於是因為攝政之位的紛爭，王國一分為二，王族女性也分裂為二個陣營。站在坡利坡康一方的有羅克珊娜、大帝遺腹子亞歷山大四世和大帝母親奧林匹雅思。支持卡山德的則有腓力三世阿里達烏斯和其妻子尤麗黛（Adea-Eurydice）。此刻王權本身已完全裂成兩半。

西元前三一七年秋，決戰的時刻到來。一方是奧林匹雅思擁護孫子亞歷山大四世，她燃起決心，無論如何都要守住死去兒子的血脈。另一方，尤麗黛是腓力二世的孫女，也繼承了伊利里亞王族的血統，是自少女時期便開始接受軍事訓練的軍人王妃。大帝死後，尤麗黛與母親庫娜涅（Cynane）共赴巴比倫，與舅父腓力三世結婚成為王妃。對外宣告將給予卡山德攝政之位的也是滿懷野心的尤麗黛。就這樣二十歲的尤麗黛，越過智能障礙的丈夫，開始實際行使國王的權限。然而她犯下了致命的錯誤，不待卡山德前來會合，便單獨率軍上陣。

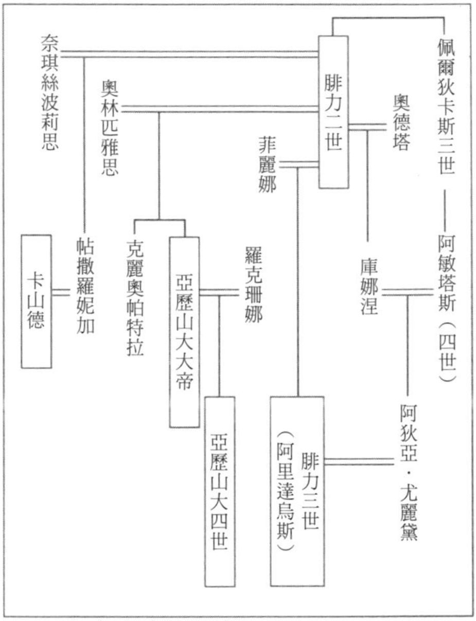

馬其頓王室的譜系圖

兩軍一對峙，尤麗黛所率領的士兵們，想起對奧林匹雅思的敬意和死去大帝的恩惠，一起投向奧林匹雅思。戰鬥尚未展開，腓力三世和尤麗黛就已輕易淪為俘虜。奧林匹雅思立刻殺害腓力三世，強迫尤麗黛自殺，她報仇雪恨後，接著又殺害上百名馬其頓的有力人士，其中也包括卡山德的弟弟。此時卡山德率軍抵達，奧林匹雅思在彼得那（Pydna）遭到包圍。奧林匹雅思據城固守長達數月，歷經一個冬天之後，西元前三一六年春，她終於投降並遭到處決，享年約六十歲。

於是，卡山德掌握住馬其頓的實權，迎娶大帝同父異母的妹妹帖撒羅妮加為妻，帖撒羅妮加先前一直跟隨在奧林匹雅思的身邊。卡山德在與坡利坡康互爭攝政之位的情況下，為取得政治上的威信，和王室聯姻也是必要之舉。問題是該如何處理亞歷山大四世。如今他已沒有必要藉由年僅七歲的名義上的國王來合理化自己的權位。但話雖如此，他若殺害亞歷山大四世，勢必會被掛上殺害國王的惡名，等於是給了其他將軍攻擊他的藉口。最後，他將羅克珊娜和亞歷山大四世留在安菲波利斯，置於他的監視之下，實際上就是幽禁了母子兩人。

雖然繼業將軍們之間的戰鬥仍舊持續著，但在西元前三一一年，安提柯、卡山德、利西馬科斯和托勒密四人，以維持基本現狀為前提締結和約，互相承認彼此的權力。他們在和約中也約定，在亞歷山大四世成人之前，由卡山德擔任歐洲地區的將軍。此時亞歷山大四世十二歲，對已然掌握實權的卡山德而言，他只是個礙眼的存在。西元前三一〇年左右，卡山德秘密殺害羅克珊娜母子，馬其頓王室就此斷絕。母子兩人遭到殺害的事實在數年後才被公開。

。

其他王族女性的命運也很悲慘。大帝的親妹妹克麗奧帕特拉雖然想和擔任攝政的佩爾狄卡斯結婚，卻未能如願。佩爾狄卡斯死後，她留在小亞細亞的薩迪斯，被置於安提柯的監視下。西元前三〇八年，她逃脫後打算前往埃及，但被發現，死於安提柯的部下之手。大帝的情人巴西妮生下的海克力士，因為是庶子，所以完全被排除在王位繼承之外，他無聲無息地隱身在小亞細亞的帕加馬（Pergamon）。坡利坡康以希臘為據點持續與卡山德進行對抗，他在西元前三一〇年，使出最後的殺手鐧，將巴西妮和海克力士母子叫到他的身邊。海克力士這時十七歲。不過他們母子中了卡山德的巧計，兩人最後都被卡山德殺害。只有成為卡山德妻子的帖撒羅妮加，看起來似乎是唯一得到幸福的人，她生下三名男孩，因為丈夫公開稱王所以也得到了王妃的稱號。但是在西元前二九七年，卡山德死去後，她的兒子們互爭繼承者之位，她也因此遭次子殺害。

於是大帝死後，馬其頓王室的女性們無一倖免地全死於非命。然而王族女性在王位之爭中登上檯面，在馬其頓王國亦是史無前例。面臨失去大帝這位絕對的保護者，並且沒有男性繼承者的危機狀態下，她們發揮自己的潛能，現身於政治舞台，為了守護王權而肩負起主動出擊的角色。馬其頓王族的女性們，可謂是自己承擔起王位繼承者的立場並展開行動。即便她們最後都死於非命，但她們也以王族的身分盡了最大努力，應是值得稱許的吧。

希臘化王國的誕生

◎捷足先登的安提柯

西元前三二一年的特里帕拉迪蘇斯會議以後，安提柯以馬其頓全軍指揮官的角色成為亞洲地區的實際最高掌權者，他和兒子德米特利亞斯（Demetrius）開始逐步擴張勢力。安提柯不僅直接統治小亞細亞各行省，以及整個敘利亞和巴基斯坦地區，還在西元前三一六年到前三一五年間進行遠征，先後收服東方各行省總督，放逐巴比倫總督塞琉卡斯，將東地中海到伊朗東部的廣大領域，全部納入統治之下。安提柯是繼業將軍中最早稱王的人。西元前三〇六年，德米特利亞斯率領的海軍，在賽普勒斯的外海大勝托勒密的艦隊後，安提柯在首都安提柯尼亞（Antigonia），精心搬演了一場即位儀式的戲碼。帶回勝利消息的使者隻身前往宮殿，當他靠近在宮殿入口迎接的安提柯時，大聲喊著：「安提柯王，恭喜您啊！」接著向安提柯報告獲勝的消息。聚集的

德米特利亞斯　與父親安提柯並肩而戰，在小亞細亞建設了安提柯王國。

民眾也高聲吶喊，稱呼安提柯和德米特利亞斯父子為國王，朋友們旋即授與安提柯王冠。他也贈與德米特利亞斯王冠，在信中稱呼兒子為王。

在那之前的時代，隸屬於王室血統是成為國王的必要條件。然而安提柯稱王的依據卻不是血統，而是基於在戰爭中贏得巨大勝利的卓越功績。此時，一種具有全新特質的王權誕生了，那就是憑藉個人的才略與偉業而獲得王位。還有安提柯讓兒子同時成為國王之事，等於王位的世襲，即意味著新王朝的創始。

繼安提柯之後，其他將軍也相繼稱王。西元前三〇四年，托勒密趁著同盟國羅德島（Rhodes）撐過德米特利亞斯軍隊整整一年的海上包圍戰贏得勝利的機會，採用了國王的稱號。重返巴比倫總督之位的塞琉卡斯，也在取回東方各行省的統治後稱王。色雷斯的利西馬科斯和馬其頓的卡山德也紛紛效法。於是在極短的期間內，過去的亞歷山大帝國便出現了五個王國和六位國王。

話雖如此，但五個王國彼此之間的關係並不安定且充滿變動性，安提柯經常成為颱風眼。西元前三〇一年，王國之間重燃對立，安提柯、德米特利亞斯父子，在小亞細亞內陸的伊普蘇斯與其他幾位國王展開決戰。前者在戰鬥中雖取得優勢，但德米特利亞斯對敵軍窮追不捨，導致安提柯遭孤立而戰死沙場，享壽八十一歲。安提柯的王國因此瓦解，領土為其他國王所瓜分。雖然安提柯王國國祚甚短，但對希臘化諸王國的形成卻留下不容漠視的印記。這當中也反映出安提柯個人獨特的經歷。

◎希臘化王國的原型

安提柯的經歷中，有兩個其他繼業將軍們所沒有的特徵。一是，安提柯與腓力二世同年，且直接參與了馬其頓王國躍起的過程。他曾與腓力共同參加多場巴爾幹半島上的戰爭，在軍隊中也占有重要地位。他也親眼目睹腓力的各類施政措施，如軍隊改造、城市建設、殖民活動。從青年時代到壯年時期的安提柯，肯定經由親身體驗，學習到何謂建設一個國家。至於另一個特徵就是，安提柯在大帝遠征東方的第二年，被任命為小亞細亞的弗里吉亞總督，他以波斯總督的作風統治了弗里吉亞十三年。位於小亞細亞中部的弗里吉亞，是遠征軍在通訊、補給、援軍派遣等各方面，與馬其頓本國之間維繫連結的關鍵，維持弗里吉亞在統治上的安定，對遠征的成功是不可或缺的。事實上，也是安提柯在伊索斯會戰後壓制住波斯陸軍的反攻，平定弗里吉亞的周邊地區。在內政方面，安提柯也承襲波斯帝國以來的統治組織。可以說安提柯繼承了腓力二世的馬其頓王國和波斯阿契美尼德王朝行省所留下的遺產，並且能夠活用在他自己的王國建設上。

具體看來，安提柯的常備軍是以馬其頓軍為模型，包含了親衛部隊、近衛騎兵部隊、貼身侍衛部隊等等。安提柯的親信集團被稱為「Philoi」（朋友），由特別重要的指揮官階層組成幕僚會議。這是繼承自亞歷山大時代，由夥伴騎兵和近身護衛官構成的親信集團。總督或將軍會被派遣到王國內的各個行省，他們一手掌握行省的軍事、行政、司法、財政等所有的權限。他們也分別擁有自己個人的部屬，用以統轄地方首長與下層官吏。上自總督下至官吏，其權限與影響力皆深深依存於個人與國王或宮廷之間的關係上。

整體而言，安提柯王國的統治組織具有豐富的彈性與流動性，而這些都是阿契美尼德王朝的特徵。王國的統治階級當然是馬其頓人，但安提柯也會提拔有才能的波斯人以及其他亞洲人擔任軍隊和宮廷的高官，這部分與大帝的政策具有共通之處。還有安提柯王國大部分的領域，在日後成為了塞琉古王國的中心地區。安提柯經手

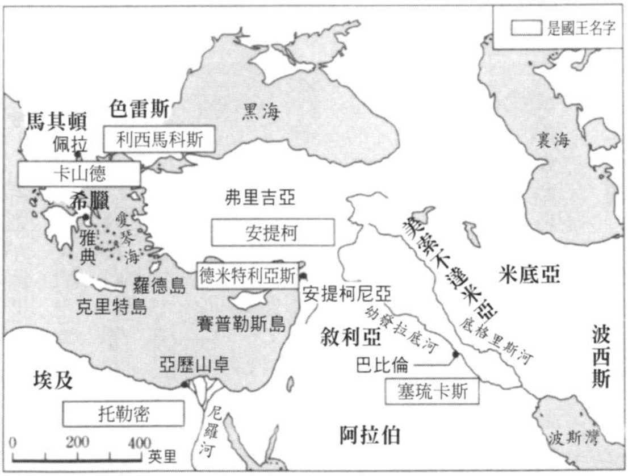

各希臘化王國的出現

的城市建設和殖民者的遷入，也在塞琉古王朝的歷任國王推進下進一步擴大規模。

獨眼的安提柯便像這樣，吸收了馬其頓王國和阿契美尼德王朝這兩種不同的國家統治方式，並以亞歷山大帝國的經驗為基礎，建設他自己的王國；他的成果則由之後的塞琉古王國所繼承。在這層意義上，儘管安提柯王國的壽命實質上只有短短的二十年，仍可謂是形塑了希臘化諸王國的原型。

◎塞琉古王國

塞琉卡斯因為是塞琉古王朝的敘利亞王國創始者，且繼承亞歷山大帝國的最大領土而為眾人所知。塞琉卡斯比大帝年長約兩歲，在西元前三四〇年代就已成為腓力二世的貼身侍衛；遠征期間在中亞地區的戰鬥中嶄露頭角，與波魯斯王的會戰中擔任近衛步兵部隊的指揮官。大帝死後，塞琉卡斯在巴比倫的會議中未獲指名為總督，但身為擔任攝政的佩爾狄卡斯的直屬部下，被賦予守護

塞琉卡斯　敘利亞的塞琉古王朝之創設者，繼承亞歷山大帝國大部分的領土。

兩位國王的任務。在西元前三二一年的特里帕拉迪蘇斯會議中，塞琉卡斯終於被任命為巴比倫總督，不過五年後他被安提柯放逐，寄身於埃及。西元前三一二年，安提柯兒子德米特利亞斯的軍隊，在巴勒斯坦的加薩敗給托勒密的軍隊，暫時退回敘利亞北部。塞琉卡斯掌握住這個機會，從托勒密手上得到少許的部隊，回到巴比倫後恢復總督的地位。

之後，塞琉卡斯驅逐安提柯派的勢力，在底格里斯河畔建設新首都塞琉西亞（Seleucia）。在權力穩固後，他便將目光轉向東方。西元前三〇六年起，塞琉卡斯穿越伊朗高原遠征巴克特里亞地區，平定該地後，他又以恢復亞歷山大帝國在東方的領地為目標，進攻印度。然而，此時孔雀王朝剛樹立起印度歷史上的第一個統一王國。西元前三〇四年，塞琉卡斯敗於旃陀羅笈多（Chandragupta）的大軍之下，雙方締結和約，他以放棄大帝征服的所有印度領土為條件，換得五百頭大象後歸國。塞琉卡斯稱王，很有可能是在征服巴克特里亞之後。

塞琉卡斯之所以能夠統治廣大的亞洲各地，他的妻子阿帕瑪，是一個很重要的因素。他在蘇薩的集團婚禮中迎娶的女性阿帕瑪，是從前在中亞地區最頑強抵抗的波斯貴族斯皮塔米尼斯的女兒。在大帝的其他親信幾乎全都與伊朗妻子離婚的狀況下，只有塞琉卡斯對妻子仍投入愛情，終生相守。因為阿帕瑪的緣故，塞琉卡斯得到波斯人以及其他亞洲人的信賴。

積極建設城市是塞琉卡斯的政策當中最受矚目的一項，光是在敘利亞北部就建設了十座城市，小亞細亞也有七座，他並且遷入大量的希臘和馬其頓的殖民者。特別是在敘利亞，這些城市被配置在軍事要衝上，彷彿要塞並立，將敘利亞這個從前潛在的敵對地區，轉變成為效忠王權且有強大軍隊的一大據點。塞琉古王朝會以敘利亞王國的印象被歷史記憶下來，並非毫無理由。

西元前二九三年，塞琉卡斯任命兒子安條克（Antiochus）為共治之王，派他前往東方。可以想見塞琉卡斯的目的，應該是為了防備遊牧民族入侵的威脅。安條克繼承父親的政策路線，在巴克特里亞建設

阿帕米亞（Apamea）遺跡　塞琉卡斯一世建設於敘利亞的城市遺跡。

了許多城市。塞琉古王朝的兩代國王，逐漸開展大帝的政策，在敘利亞植入一座座真正具有實體的城市，取代各地曇花一現的亞歷山大城。

西元前二八二年，塞琉卡斯戰勝以色雷斯為據點的利西馬科斯，利西馬科斯的王國因此瓦解。翌年，塞琉卡斯終於以征服馬其頓本國為目標，渡過希拉海（達達尼爾海峽），登上歐洲大陸。然而，這時他卻遭到從埃及流亡而來的托勒密・克勞諾斯（Ptolemy Keraunos）暗殺，七十七年的人生就此畫下句點。

塞琉卡斯是一位傑出的將軍和政治家，兼具亞歷山大的野心和腓力注重現實的政治直覺。他一方面繼承大帝的政策，同時也靈活運用阿契美尼德王朝的政治組織，創造出以城市為運作軸心的統治體制。但相反地，他因企圖讓亞歷山大帝國復活而強行遠征印度，卻失敗了。再者，塞琉卡斯的王國領域，一開始就欠缺了馬其頓和埃及。從這個面向看來，與其說塞琉古王國是亞歷山大帝國的後繼者，倒不如說是阿契美尼德王朝的繼承者比較適當。

◎托勒密王國

托勒密比大帝年長約七、八歲，在西元前三三〇年被任命為近身護衛官。從此以後，他便身為遠征軍的最高首腦之一，常伴大帝左右，在遠征後期的多場作戰中表現相當活躍。大帝死後，托勒密被任命為埃及總督，他殺害之前埃及的實際統治者克利歐米尼斯，掌握實權。接著，他原封不動地繼承埃及的行政組織和社會體制，更將首都遷往亞歷山卓，健全城市建設。許多希臘人遷居到亞歷山卓，使亞歷山卓不但成為地中海地區的貿易中心，還建設了圖書館和博物館（Mouseion）等研究機構，發展成眾所周知的學術文化中心。

此外，托勒密在與其他繼業將軍競爭的同時，也積極展開對外戰略。他納入統治之下的領域，西起昔蘭尼加（Cyrenaica），東至腓尼基和敘利亞南部，北抵希臘南部和小亞細亞南岸地區，甚至涵蓋愛琴海諸島和賽普勒斯島。此時出現的托勒密王朝，無非就是包含廣大的海上統治圈，組織成一個保衛埃及本土不受外敵侵犯的大帝國。

北非的昔蘭尼加地區存在著希臘人的城邦，因為與內陸的利比亞之間的貿易而繁榮。托勒密控制此地，不僅能夠鞏固西邊的防衛，同時還可以獲得商隊貿易帶來的利益。敘利亞南部和腓尼基，雖是托勒密王國和亞洲之間的緩衝地帶，但也成為和塞琉古王國之間長期互相爭奪的對象。此區不但具有軍事上的重要性，在經濟方面也是獲得橄欖、葡萄等豐富農產品，和黎巴嫩雪松、阿拉伯香料不可或缺的地區。

托勒密和德米特利亞斯之間，針對希臘本土和賽普勒斯島，上演激烈的爭奪戰。托勒密對希臘諸城邦的統治雖只是暫時性的，但他掌握了東地中海的要衝賽普勒斯島，且將賽普勒斯島當作進入小亞細亞南部的橋頭堡。安提柯在愛琴海組織西克拉德斯群島（Cyclades）成立島嶼同盟，但在伊普蘇斯會戰後，這個同盟轉移到托勒密的手中，由他任命的島嶼首長所統治。托勒密也跟以愛琴海為貿易據點的羅德島保持友好關係，這對埃及的海上統治也帶來許多益處。托勒密的帝國便像這樣，內部涵蓋極為多樣的地域，不侷限於埃及一國，而是放眼整個東地中海地區。

類似的海洋政策開始於埃及第二十六王朝（塞易斯王朝，西元前六七二年～前五二五年）。尼科二世（Necho II）曾進入敘利亞，與新巴比倫王國發生戰爭，雖然戰敗，但他著手興建通往紅海的運河，在地中海和阿拉伯灣建造軍艦。至於和希臘人之間的關係，普薩美提克一世（Psammetichus I）於尼羅河三角洲建立瑙克拉提斯（Naucratis），作為埃及和希臘人進行貿易的據點。讓瑙克拉提斯城發展起來的，是阿摩西斯王（Amasis II），他也曾短暫占領賽普勒斯島。觀察埃及對外政策的發展過程，便可看出托勒密繼承了約莫三世紀以前的塞易斯王朝的政策，且實踐得更加徹底。

關於繼業者戰爭，一般的說法都認為，相對於佩爾狄卡斯和安提柯追求維持亞歷山大帝國的完整性，其他的繼業將軍們則是站在彼此對等的立場統治各領域。不過採取如此單純二元對立的理解方式，就會忽略繼業者戰爭的根本特質。他們的統治領域經常處於變動的狀態，即使轉攻為守也不見得能夠保全自己的根據地。彼此之間雖多次締結和約，但那終究不過只是追認現狀，看得出每位將軍都虎視眈眈地等待著擴大勢力的機會。在希臘化諸王國之間並不存在安定的疆界。稱王的將軍們仗恃的不是血統，而是基於自身功績所確立的個人權威。因此要倖存下來，就必須比對手早一步站上優勢的位置。毫無喘息餘地的戰爭與動亂，才是長達半世紀的繼業者戰爭的真實狀態，也是貫穿整個希臘化時代的特徵。

◎王位正統化的戰略

大帝的繼業將軍們，和王室之間不具有血緣關係，因此經常被迫必須要設法將自己的權力正統化。決定一切的當然是軍事力量，在戰爭中贏得勝利正是將軍們保持權力的第一條件。不過重要性與軍事力量不相上下的，是從心理層面打動馬其頓士兵的政治宣傳，目的是為了讓士兵服從於他們；此時他們最大的憑藉就是大帝的形象。對馬其頓士兵而言，參加東方遠征與大帝並肩作戰的經驗和記憶，是他們的驕傲與光榮的源頭。為了得到這些馬其頓士兵的支持，將軍們竭盡所能地利用大帝和自己之間的個人連結，以及和大帝相關的記憶。其中最引人矚目的是，創作出與大帝類似的誕生神話或奇談，和鏤刻在貨幣上的圖像。後面就具體地來看看塞琉卡斯和托勒密兩人的情況。

根據查士丁的記載，塞琉卡斯的母親勞廸絲（Laodice）和他的父親安條克（Antiochus）結婚時，在夢中與阿波羅神交媾後身懷六甲，阿波羅送給她一枚戒子當作禮物，並吩咐她將戒子送給即將出生的兒子，那枚戒子的寶石上刻有錨的圖樣。翌日，刻有相同印記的戒子在床上被發現，生下來的塞琉卡斯大腿上則帶有錨的圖樣。因此，勞廸絲在塞琉卡斯將出發參加東方遠征時，告訴塞琉卡斯關於他出生的秘密並將戒子交給他。據說塞琉卡斯出生的由來與阿波羅神有關的證據，也就是大腿上錨的圖樣，繼他之後也出現在他的兒子和孫子的大腿上。

這則故事和大帝的母親奧林匹雅思，以夢見雷打在她的腹部來暗示宙斯與她交媾的情節，幾乎一模一樣。還有勞廸絲在遠征出發時，向塞琉卡斯坦白他的出生秘密的場面，也與蒲魯塔克的大帝傳記中記載的情節幾乎完全相同。塞琉卡斯便是如此全然模仿大帝的誕生神話，來宣傳自己高貴的出生。

另一方面，托勒密則是自己散播他是腓力二世庶子的傳說，宣傳他與大帝血統相連之事。因為在繼業者戰爭的初期，再也沒有比和馬其頓王室的關係更強大的武器。還有托勒密奪得大帝的遺體並加以埋葬之事，也加強了他自己是大帝繼承者的印象。此外他在晚年執筆撰寫的大帝傳記中，也不忘強化自己王權的正統性，將與亞歷山大相關的事蹟改變成符合埃及國王的形象。那就是大帝在前往阿蒙神殿的途中所發生的「奇蹟」。

西元三三一年初，大帝一行人從現在的亞歷山卓出發，向西行進二百四十公里後，再轉向南方朝錫瓦綠洲前進，他們以八天的時間走完二百六十公里的路程。途中南風吹起，捲起黃沙堆積成沙丘，連帶路的人都迷失方向。此時幸而飛來兩隻烏鴉為眾人引路，大帝一行人因而得以順利抵達綠洲。與大帝同行的卡利西尼斯和阿瑞斯托布拉斯都記載了這個事件；烏鴉是綠洲中的生物，因此可以接受這是個事實。然而只有托勒密的記述中，出現為眾人帶路的不是烏鴉，而是兩條蛇。為何會變成蛇呢？

首先，埃及國王是阿蒙神的化身，蛇則是阿蒙的象徵。一般也認為神在傳話給法老時，蛇會居中擔任媒介。因此蛇是與亞歷山大的法老身分形象相稱的動物。

第二是，因為傳說大帝的母親奧林匹雅思，是與化身為蛇的宙斯交媾後生下亞歷山大。宙斯被視為與阿蒙是相同的神祇，所以大帝是阿蒙之子。因此，蛇為大帝一行人帶路的奇蹟，是表示阿蒙神透過蛇庇護了大帝。

由蛇為大帝帶路的故事，對身為埃及國王的托勒密則具有雙重意義。他將沙漠中發生的事蹟改寫成符合埃及的宗教觀和王權觀的情節，藉此以宣揚他自己作為大帝繼承者的王權的正統性。

◎刻鏤在貨幣上的大帝形象

貨幣，是發行的統治者明確展現個人政治意志的手段，同時也會被用來支付士兵的薪資，是士兵們在日常生活中會持有的物品。因此，貨幣是王位正統化的戰略中，不可或缺的媒體。

塞琉卡斯發行的貨幣引人矚目的地方，是與印度遠征相關的圖像。在他進攻印度的同年所發行的四德拉克馬銀幣的背面，雕刻著雅典娜女神搭乘由四匹大象拉動的戰車展開戰鬥的模樣，還有「屬於塞琉卡斯王」[1]的刻印。女神的盾牌上可以看見塞琉卡斯的出生印記——錨的圖樣。因此這枚銀幣應是將塞琉卡斯刻劃為印度征服者亞歷山大的繼承者。

塞琉卡斯自印度歸來後發行的四德拉克馬銀幣上，可以看見別的圖像（頁三二八照片上排）。銀幣的正面是戴著頭盔的亞歷山大，頭盔上覆蓋著豹皮並裝飾著公牛的角和耳朵。銀幣的背面則是勝利女神尼基（Nike）正要將頭冠戴在樹幹製成的勝利紀念碑上；勝利紀念碑上掛著頭盔、鎧甲和盾牌。銀幣正面出現豹和公牛的意象，這兩種動物都與酒神狄俄尼索斯有很深的關聯，如此一來便將大帝與狄俄尼索斯同化。如同前一章所述，傳說狄俄尼索斯曾經遠征印度，建立奈薩城，大帝越過奈薩城繼續向前進，便意味著大帝凌駕了狄俄尼索斯的功績。這枚貨幣是將亞歷山大視為酒神狄俄尼索斯的再世，稱頌大帝征服印度的偉業是超越神的功績。

塞琉卡斯發行的這兩種銀幣，流通於美索不達米亞以東的地區。而紀念大帝遠征印度的銀幣，肯定也會給人一種印象，認為塞琉卡斯的功績是重現大帝的遠征。

另外，佩爾狄卡斯在西元前三二一年被殺後，托勒密為了紀念勝利，發行新的四德拉克馬銀幣（頁三二八照片中排）。銀幣的正面是戴著大象頭皮、並以羊角裝飾的亞歷山大，背面雕刻著坐姿的宙斯，還有「屬於亞歷山大王」的刻印。羊角是埃及最高神祇阿蒙的象徵，且只有神能夠穿戴大片而完整的象皮。因此羊角和象的頭皮，共同表現出了亞歷山大的神格化。

托勒密在西元前三〇四年發行的即位紀念貨幣，正面雕刻他自己的側面，有「屬於托勒密王」的刻印（頁三二八照片下排）。這是繼業將軍之中，首次將自己的肖像刻畫在貨幣上，而且還裝飾著國王的象徵頭飾（Diadema）。銀幣的背面，刻有停在稻穗上的鷲，鷲是

象徵亞歷山大與女神奈基的銀幣（上）
塞琉卡斯自印度歸來後發行的貨幣。正面刻有戴著頭盔的亞歷山大，背面則是勝利女神奈基。

象徵著亞歷山大與宙斯坐像的銀幣（中）
托勒密所發行的銀幣。正面是戴著大象頭皮和以羊角為裝飾的亞歷山大，背面刻有宙斯坐像。

刻有托勒密一世和象徵宙斯的鷲的銀幣（下）
西元前三〇四年為紀念托勒密即位而發行的貨幣。

宙斯的象徵，同時也是托勒密自己的個人標誌。

於是，托勒密也透過貨幣的圖像將大帝神格化，同時提高自身的威信，且最後終於在貨幣上刻上自身的肖像，向國內外宣告新王權的成立。

◎王位傳承才是王朝存續的核心

在極度不安定且充滿變動的繼業者戰爭時代，每一個人都擺盪在勝利與敗北的巨大振幅之中，賭上生死全力奮戰。有的王國短命而終，有的王國卻能夠存續長達二、三個世紀。那麼左右王國命運的關鍵是什麼？答案是王位傳承的成功與否。答案本身雖然相當單純，不過，這大概是導致世界上所有王國存亡的關鍵。

塞琉古王國有安條克，托勒密王國有托勒密二世，兩個王國都幸運地擁有能幹的繼承者。兩人當然不可能沒有競爭對手，但他們都在父王還活著的時候就被指定為繼承人，擁有與父親共同治國的經驗，王位因此得以順利傳承。他們繼承父親的政策，所以能夠漸次步上軌道，安定王權。第一代國王都很長壽，因此擁有充分的時間鞏固王國的基礎，是兩王國能夠順利傳承王位的重要背景因素。

相較之下，利西馬科斯和卡山德則是傳承王位失敗，兩人的王國僅一代便結束。兩者都是因為兒子們的繼承者之爭或是陰謀而導致王權混亂，再加上凱爾特人在西元前二八〇年開始入侵，兩個王國都抵擋不住，最後國家本身因此而滅亡。

創造出希臘化王國原型的安提柯，確實很長壽。只是因為四周完全被其他繼業將軍的王國所包圍，經常處於戰鬥狀態，他必定無法投注充分的精力在國家建設上。安提柯的兒子德米特利亞斯，雖是個有能力的軍人，卻欠缺政治家的資質。父親在伊普蘇斯戰死後，德米特利亞斯還保有部分小亞細亞和希臘的領土，甚至也曾短暫征服馬其頓本國。然而他對安定國家建設之類的質樸工作不屑一顧，盡是無謂地浪費充沛精力，又接連不斷失去分散在各地的領土。最後德米特利亞斯在與塞琉卡斯的對決中，中了對手的圈套被擒，王國也因而沒落。

成功順利傳承王位，是通用於任何一個時代的王國存續的鐵則。亞歷山大帝國也是因為王位傳承失敗而旋即瓦解。就這觀點看來，大帝最大的失誤，就是結婚太晚，也太晚才生下繼承人。不過更大的致命傷是大帝的一生太短促，沒有足夠的壽命讓他得以挽回落後的局面。

君主崇拜的成立

◎眾神與人類之間

亞歷山大的遺產之中，對後世帶來最確實的影響是他率先推行君主崇拜一事。君主崇拜在希臘化諸王國被制度化，日後並發展成為羅馬的皇帝崇拜。那麼為何要將活著的人視為神明崇拜呢？

原本在古代希臘，眾神的世界與人類的世界區分得很清楚。眾神會長生不老、青春永駐，人類必然會死亡，兩者之間有一道不可逾越的鴻溝。而位於兩者之間的，就是天神與人類間生下的英雄。人類之中只有創下特別偉大功績的人物，才會被視為超越人類的英雄而受到崇拜。會被視為英雄的對象，大抵上僅限於城邦的創設者，而且是死後崇拜，因此與祭祀眾神的儀式有著根本上的區別。

然而到了西元前四世紀，漸漸出現一些生前便神格化的事例。其中最早的一個例子，就是在伯羅奔尼撒戰爭末期，對斯巴達戰勝雅典貢獻甚大的將軍呂山德（Lysander）。西元前四〇五年，呂山德在伊哥斯波塔米海戰（Battle of Aegospotami）中打敗雅典後，被一些希臘城邦奉為神明崇拜，他也在各地建造自己的祭壇，命人祭獻。在那之後，亞里斯多德和伊索克拉底等知識分子，開始將傑出的統治者描繪成是人類之中的神明。腓力二世更邁進了大一步。喀羅尼亞會戰後，腓力在奧林匹亞的聖域，獻上一座直徑超過十五公尺的圓形殿堂，命名為「腓力神廟」（Philippeum），並在堂內豎立五座雕塑，分別是他自己、他父親阿敏塔斯、母親尤麗黛、妻子奧林匹雅思和兒子亞歷山大的雕像。五座雕像全都以黃金和象牙打造，本來只有製作神像能用這些材料。接著西元前三三六年於腓力女兒的婚禮，也就是腓力遭到暗殺當日的遊行隊伍中，跟在奧林匹亞十二位主神的神像之後，第十三尊就是腓力自己的雕像。腓力此舉等於是將他自己與眾神並列。

亞歷山大也順應這股潮流，推進生前的神格化，開啟了希臘化時代以及羅馬帝政時期的君主崇拜。大帝研究的第一人博斯沃思（A. B. Bosworth）表述道：「亞歷山大在位時期，是君主崇拜發展的分水嶺。」

◎大帝生前的神格化

亞歷山大的神格化，可以分為以下四個階段。

第一階段，是到遠征初期為止，亞歷山大根據雙親的譜系，相信自己經由阿基里斯和海克力士繼承了神的血統。

第二階段，是得到阿蒙的神諭。在祭司以「神之子啊」問候亞歷山大之後，他又獲得自己是宙斯之子的神諭，因而確信自己是宙斯直接生下的兒子。此時米利都的使節團也剛好前來拜訪回到孟斐斯的大帝，他們帶來狄杜瑪的阿波羅神神諭，顯示大帝是神的後裔。亞歷山大是宙斯之子的誕生神話，似乎早已廣為希臘人所知。最後他開始在宴會中穿上阿蒙神的聖衣，戴上象徵阿蒙的羊角助興。

第三階段，是接受波斯人的跪拜禮。如同第五章所述，跪拜禮是從波斯人的日常問候禮節發展而成的宮廷禮儀，完全不具宗教意義。相對地，希臘人只有在向眾神祈願之際，一般自由人才會屈膝叩拜，且僅限於特別的場合。因此看在希臘人和馬其頓人的眼中，接受東方人行跪拜

狄杜瑪的阿波羅神殿內部　從聖壇的遺跡眺望神殿的正面，神諭所在階梯的上方。（作者拍攝）

禮的大帝，就像被視為神明崇拜。可以想見，亞歷山大本身應該也知道此種形象所帶來的效果。

第四階段，是在亞歷山大在位的晚年，接受希臘諸城邦正式將他神格化的決議。西元前三二三年，希臘諸城邦的使節團前來拜訪回到巴比倫的亞歷山大，他們本身也戴著頭冠，以神聖使節的身分向大帝呈獻上黃金之冠。所謂的神聖使節，是由城邦為了執行與神明相關的任務而正式派遣的使節，如聆聽神諭、出席祭典、向神明獻上供物等等。因此這些神聖使節的到訪，顯示希臘諸城邦承認亞歷山大是神明，予以奉祀，換言之即是決議將他神格化。事實上，梅格洛玻利斯（Megalopolis）早已建造獻給大帝的房舍，視為神域，並在其旁建造阿蒙神的像。早在前一年的秋天，大帝便已將驟逝的摯友赫菲斯提昂推崇為半神的英雄祭祀。希臘人或許是從這樣的行為當中讀取到大帝無聲的要求，競相主動將大帝神格化。

◎大帝相信自己的神性嗎？

雖然如此，但亞歷山大真的相信自己具有神性嗎？關於這一點還有討論的空間。蒲魯塔克有一段敘述如下：

亞歷山大一般會對東方人擺出高傲的姿態，而且彷彿堅信自己是神所生的神之子，不過在希臘人面前，他會適度地自我節制，盡量不流露出自視為神的態度。（第二十八章）

蒲魯塔克接著記述了幾則逸聞。某次亞歷山大因中箭而疼痛不已時，說道：「各位，這流出來的是鮮血，不是『在至福的眾神體內流動的靈液（Ichor）』。」（雙引號內的句子引用自《伊里亞德》第五首）所謂的「靈液」，就是眾神的血液，即聖靈之血。亞歷山大的這句說明，等於明言他自己是人類而非神明。還有一次，眾人因為雷聲大作而驚懼不已時，宮廷哲學家安納薩爾克斯（Anaxarchus）對亞歷山大奉承地說道：「這是身為宙斯之子的陛下，您的作為嗎？」於是大帝回答他說：「我一點都不想驚嚇我的朋友們。就像餐桌上，與其擺上總督的腦袋，還不如擺上魚比較好。」這句話意味著，如同在餐桌上應該要平常地用餐一般，他也是平常的人類。蒲魯塔克如此結論道：

亞歷山大並未受到外界推崇他為神的影響而蒙蔽雙眼，而是意圖藉由這個名聲來使他人臣服。

在阿里安的傳記中也可以看到同樣的評價：

亞歷山大將自己的出生歸因於神，也只是為了在臣民面前展現威嚴的權宜之計，我認為這算不上是什麼大錯。（第七卷第二十九章）

亦即，大帝利用當時人們的宗教觀，以公開宣稱自己是神的方式來操縱臣民，讓他們宛如敬奉神明般地服從於自己。這對於生活在大量運用媒體操作的現代的我們而言，是容易理解的說明。不過蒲魯塔克和阿里安都是羅馬帝政時代的知識分子，兩人上述的評價肯定受到當時崇拜羅馬皇帝的觀念所影響。將活人視為神明，對羅馬人而言是一件極為困難的事，羅馬皇帝的神格化畢竟是在死後，而且還必須要經過一套複雜的程序。因此不應該將羅馬時代對人的神格化有所覺醒的意識，原封不動地套用在古希臘時代。最妥當的結論應該是，亞歷山大一方面相信自己是神，同時也擁有一顆思慮清晰且冷靜的頭腦，能夠為了統治而利用自己的神性。

◎希臘化時代的君主崇拜

大帝死後，希臘人開始積極推動君主崇拜。最早被神格化的人物，是安提柯和德米特利亞斯父子。西元前三一一年，繼業者戰爭在安提柯取得優勢的情勢下暫告一段落，他保證會維持希臘諸城邦的「自由與自治」。位於小亞細亞西北部的特洛阿斯（Troas）地區的小城邦斯開普斯（Skepsis），為稱頌安提柯對希臘的費心決議將他神格化，定下讓市民戴上花冠舉行讚揚安提柯的例行性活動、向他獻上黃金之冠等等。

西元前三〇七年，德米特利亞斯率艦來到雅典，推翻馬其頓卡山德樹立的寡頭政權，復興「祖先的政治體制」。雅典市民為了感謝德米特利亞斯，提出決議同時將他和父親安提柯推崇為「神聖的拯救者」，一起神格化。雅典也對派遣到兩人面前的使節，特別冠上「神聖使節」的稱呼。

希臘人這類君主崇拜行為的背後，如前述存在著一種慣例，即是針對為城邦創下重大功績的個人獻上宗教禮儀。希臘化時代的希臘諸城邦繼承這項慣例，對希臘化諸王國的君主奉上「創建者」、「拯救者」、「施恩者」之類的稱號，舉行禮拜。這乍看像是一種「自發性」的行為，然而這份自發性所面對的是一股遠遠超越城邦層次的巨大權力，是希臘人利用自身傳統宗教結構，以他們的方式努力與現實妥協的表現。

希臘化諸王國之中，君主崇拜最發達，史料也最豐富的是托勒密王國。托勒密得到大帝的遺體並將之埋葬在亞歷山卓後，便推崇亞歷山大為國家之神，讓負責祭祀他的神職人員擁有國家最高的地位。托勒密為大帝創立新的祭典，向神格化大帝踏出新的一步。

托勒密一世在西元前二八三年去世後，他兒子托勒密二世追謚他為「神聖的拯救者」，將他神格化，並創辦「托勒密祭」以稱頌父親；這個豪華的祭典每四年在首都舉行一次。西元前二七九年，托勒密二世的母親貝勒妮斯一世（Berenice I）過世後，他也將母親納入托勒密祭一起祭祀，將雙親供奉於「神聖的拯救者們」的神殿中。

舉辦托勒密祭的目的是為了對抗奧林匹克競技會的名聲。羅馬時代的作家阿特納奧斯（Athenaeus），在《饗宴的智者》（*Deipnosophistae*）第五卷中詳細描述西元前二七五年到前二七四年冬季，舉行祭典的情形。根據文中的描述，極盡奢華的遊行隊伍綿延不絕，跟在宙斯與眾神的神像之後，是由活著的大象拉著由黃金打造的亞歷山大像。托勒密一世的雕像也戴著黃金打造的常春藤頭冠，他的寶座上則放置著一頂由一萬枚金片製作而成的頭冠。

托勒密二世接著在西元前二七二年左右，將自己與他的親姊姊、也是妻子的阿爾西諾伊（Arsinoe），在活著的時候就神格化，並制定「神聖姐弟」的稱號。祭祀他們兩人的祭儀，與為亞歷山大舉行的祭典合而為一，祭祀大帝的神職人員從此便被稱為「亞歷山大與神聖姐弟的祭司」。繼任的托勒密三世也同樣在生前便將自己神格化，生前神格化成為托勒密王朝代代相傳的慣例。

◎發展至羅馬皇帝崇拜的過程

一般認為共和時期的羅馬並不存在希臘式的英雄崇拜，或是將個人神格化的崇拜行為。羅馬人在西元前二世紀以後進入東地中海時，才初次遇上希臘和希臘化世界的個人崇拜與君主崇拜。最早在希臘接受崇拜的羅馬人，是在西元前一九七年擊敗馬其頓軍，宣告「希臘之自由」的將軍提圖斯·弗拉米尼努斯（Titus Quinctius Flamininus）。有好幾個希臘城邦為他籌辦祭典，他的肖像也被雕刻在金幣上。在尤比亞島（Euboia）的哈爾基斯（Chalcis），也興建獻給弗拉米尼努斯的體育場和神殿，為他選出神職人員，吟唱稱頌「拯救者提圖斯」的讚歌。希臘諸城邦對弗拉米尼努斯的崇拜成為原型，此後許多活躍於羅馬的將軍、政治家、總督們，開始以「拯救者」、「施恩者」的身分接受希臘諸城邦的崇拜。

朝向個人神格化邁進一大步的人物，是凱撒。西元前四五年，當凱撒成為羅馬唯一的統治者時，一尊刻有「不敗之神」銘文的凱撒像被奉獻給神殿。西元前四四年初，羅馬通過在各城市為凱撒建設神殿、獻上凱撒像的決定。凱撒在這年的三月十五日遭到暗殺，據傳元老院隔日便決議將凱撒視為神崇拜。關於凱撒神格化的具體內容有種種不同的議論，但凱撒在他生命中的最後一年裡，應確實是認可、乃至於希望自己能神格化。

繼承凱撒之位的屋大維充分利用自己是「尤利烏斯（Julius，凱撒）神之子」的身分，與對手展開競爭。西元前三〇年，屋大維消滅埃及的托勒密王朝，成為羅馬和整個地中海世界唯一的統治者。他從元老院得到「奧古斯都」的稱號，在實質上開啟羅馬的帝政後，當然也需要宗教上的權威。於是在西元前一二年，他就任羅馬傳統宗教中具有最高地位的大祭司長一職。不過他從凱撒遭到暗殺之事學到教訓，謹慎避開公開形式的個人崇拜。

羅馬的皇帝崇拜成立於奧古斯都去世的西元一四年。他的遺體在進行火化時，一名元老院議員說他看見奧古斯都升天，元老院便根據他的證言，決議將奧古斯都神格化。元老院不僅決定興建神殿、選出神職人員，還決定組成奧古斯都祭祀團和創設奧古斯都祭。這些行為成為規範，之後的羅馬皇帝們也開始依循相同的程序被神格化：皇帝遺體火化時放出鷲，某位具有權威的人士在元老院作證表示他看見皇帝升天。之所以必須特意上演這麼一齣戲碼，恐怕是因為羅馬人終究還是無法相信人類會成為神明。總之羅馬皇帝的神格化，是一場在戶外劇場進行的盛大演出。

羅馬城的皇帝崇拜，終歸還是死後神格化，不是將尚在人世的皇帝直接當作「神」禮拜。相形之下，在與羅馬傳統沒有淵源的行省，則是更為直接地崇拜生前的皇帝，且廣泛地執行。在希臘諸城市，奧古斯都被稱為「神之子奧古斯都．凱撒神」，將他視為希臘化式的「施恩者」、「拯救者」來敬拜。不只是以城市為單位，還有以行省為單位來籌辦敬拜儀式。在羅馬帝國各地雖有各式各樣不同的做法，但在籌辦皇帝禮拜的組織中，獲得神職人員或祭司的職位，對羅馬市民而言是很大的榮耀，也成為提升社會地位的手段。

亞歷山大踏上生前神格化之路時，是為了讓亞洲人和馬其頓人服從自己，確保他們的忠誠之心而採取的一種手段。希臘化諸王國的君主崇拜，發展成伴隨著華麗的祭典將民眾捲入其中的形式，闡明王權的正統性，來為穩定王位的傳承做出貢獻。在帝政時期的羅馬，則是各地的行省和城市組織各種儀式來敬拜皇帝，向皇帝表明他們的忠誠之心。籌辦敬拜的組織本身，便成為羅馬市民獲得政治威信、實現社會地位上升的手段。羅馬的皇帝崇拜，成為以皇帝為頂點，從底層將整個帝國統合為一的巨大裝置。亞歷山大立下里程碑的君主崇拜，可說是為君主制的存續，提供了統合國家不可或缺的工具。

1 希臘錢幣上的名字經常以間接受格來呈現，在希臘文法中形同所有格，因此可解釋為「屬於某某」或是「某某的」。

終章 亞歷山大帝國的遺產

騎馬的亞歷山大像　羅馬時代的青銅像。拿坡里國立考古博物館藏。

何謂大帝的遺產？

◎有名無實的亞歷山大城

亞歷山大留給了後世什麼？他被傳奇化、被崇拜為神，就一位古代人物而言，人們為他寫下的傳記多到顯得異常，從這方面來說他留下的影響確實極為深遠。然而，與此截然相對，他留下的看得見的有形遺產卻極為稀少；不，可以說幾乎等於沒有。他的墳墓迄今仍未被發現，在馬其頓的古都韋爾吉納發掘到的王室陵墓中，除了小型雕像和濕壁畫外，也沒有發現任何與他相關的物品。

任誰都會想到的具體有形的大帝遺產，應該是大帝在遠征期間於各地建設的亞歷山大城吧。蒲魯塔克記載亞歷山大建設超過七十座以上的城市；在以一般大眾為取向的概論書籍中則寫道，大帝以這些城市作為據點傳播希臘文化。然而以亞歷山大之名流傳下來的城市，並非全部是真正的亞歷山大城。其中也有不少城市是後世所建，和大帝並沒有直接的關係，只為增加城市的聲譽而擅用大帝之名。嚴格說來，由大帝本身所建設，且以他自己的名字命名的亞歷山大城，根據歷史學家哈蒙德（N. G. L. Hammond）的說法是十八座，而傅雷澤（P.

M. Fraser）則說是十二座。兩者的說法都不滿二十座。

大帝建設亞歷山大城的首要目標是當作軍事上的據點，例如建設「最偏遠的亞歷山大城」，是預測將來可能會進攻斯基泰。觀察大帝建設城市的方式，除了擴充既有城市的規模之外，亦有破壞該地周邊的城鎮後再重新建設的情況。在索格底亞那有六座城鎮遭到破壞，淪為俘虜的當地居民被強制遷徙到最偏遠的亞歷山大城。在大帝死後，被放棄或是自然而然消滅的亞歷山大城也不少。歷來認為大帝是為了傳播希臘文化、促進民族融合，才會在各地建設亞歷山大城的說法，完全只是個幻想。重新建設這些亞歷山大城並使之繁榮，是始於塞琉古王國的時代。只有埃及的亞歷山卓是唯一的例外，從大帝在位時期起便持續地發展。

◎沒有繼業將軍，就沒有大帝

亞歷山大直接留下的遺產如此稀少的原因，是因為他很年輕就去世，他經手的各項政策全都才剛起步就畫下了句點。無論是由東方人組成的新軍隊，還是城市建設，或者他本身的神格化也是，全都剛發芽便立刻被摘下。甚至連空前的大帝國此後將何去何從，也彷彿海市蜃樓，全然無可捉摸。儘管如此，亞歷山大卻能夠被視為偉大的王者備受景仰，這一切全都得歸功於諸位繼業將軍。

大帝的親信們因為他的突然死亡而被留在亞洲正中央時，他們一邊宣告將繼續維持馬其頓王權，一邊也只能設法仰賴亞歷山大的威信，讓自己倖存下去。他們埋葬大帝的遺體、遠征東方邊境、發行刻劃大帝圖像的貨幣，透過種種形式，盡其所能地充分運用他們與大帝之間的連結，以確保馬其頓軍的忠誠。接著，他們開始建設自己的王國時，仿效的範例依然是大帝的施政措施。如提拔少數親信成為「朋友」、建設城市以作為王權的基礎、將大帝神格化並舉辦祭典，還有適應亞洲各地的傳統與宗教，與貴族和神職人員等統治階層妥協、合作，雖為數不多、但也採用亞洲人擔任高官。這些全都是亞歷山大率先致力施行的政策。於是大帝的計畫到了希臘化諸王國才被完整地實現。在王朝的祭儀中，亞歷山大也被奉為神明祭祀，令人們不斷地回想起他的偉業。亞歷山大之名能夠不朽，正是因為他和希臘化諸王國的王權之間的連結。

亞歷山大和繼業將軍們之間的關係，剛好類似哲學家蘇格拉底和柏拉圖之間的關係。如果沒有蘇格拉底的存在，當然也就不會有他的弟子柏拉圖。蘇格拉底自身並未留下任何著作。儘管如此，蘇格拉底卻依然能夠以一名偉大哲學家的身分留名於後世，乃是因為弟子柏拉圖在對話錄中栩栩如生地描繪出他的形象。若非如此，蘇格拉底留在人們記憶中的形象，很有可能就是出現在阿里斯托芬（Aristophanes）的喜劇《雲》（*Nephelai*）當中的古怪的詭辯家。如果沒有柏拉圖，也就不會有蘇格拉底。

同樣地，如果沒有亞歷山大，就不會有繼業將軍們的存在。但正是因為繼業將軍們繼承亞歷山大帝國，竭盡所能地利用大帝的名聲和權威來建設他們的王國，方使得大帝的計畫得以具體成真並逐漸紮根。如果不是因為這樣，大帝可能就只是一位綻放出瞬間光芒，便消逝無蹤的征服者。是希臘化諸王國的國王們，賦予亞歷山大的名聲實體形態。在這層意義上，可以說如果沒有繼業將軍們也就不會有亞歷山大。

◎大帝傳記的成立

西元前三百年前後的時期，在埃及的首都亞歷山卓，有兩位人物正在執筆撰寫大帝的傳記。一位是托勒密，另一位是克來塔卡斯。兩人的作品雖然性格迥異，但都極力讚揚托勒密王權，也對後世的大帝形象的形成，扮演相當重要的角色。

首先托勒密的大帝傳記，是一種類似於筆記的作品。托勒密手邊有王室日誌，其中記錄了大帝的命令、作戰和日常中發生的種種事件。他靈活運用王室日誌的內容，完成一部軍事史。如同第一章所述，羅馬時代的阿里安全面性地運用了托勒密的作品。幸而今日的我們能夠詳盡得知，主要戰鬥中的部隊編制和指揮官、作戰配置、大帝的意圖與實際戰況，以及包括托勒密本身的經驗。不過托勒密的作品並非完全客觀中立。當中也反映出繼業者戰爭中的對立，例如他刻意漠視宿敵佩爾狄卡斯的活躍表現或扭曲事實，又如描述逮捕貝蘇斯的場面，過度誇大自身的功勞。

另一方面，克來塔卡斯的大帝傳記，則是一部迎合當時讀者的喜好，以獲得大眾接受為目標的作品。其中最具代表性的例子，就是大帝在藝妓泰思的煽動下，於波斯波利斯王宮放火的場面。同時克來塔卡斯的作品也深具宮廷作家的特質，內容散發著迎合他的保護者托勒密的色彩。舉例來說，在庫爾提烏斯和狄奧多羅斯的傳記中，所記述的後述這起事件。

這件事發生在進攻印度的期間，馬其頓軍在攻擊散巴斯王國（Sambus）的某座城市的時候。當時印度人從某種蛇類身上取出劇毒塗在武器上，負傷的馬其頓士兵因中蛇毒而接二連三地倒下。托勒密也因肩部受傷，陷入相當危險的狀態。亞歷山大在看護托勒密的空檔小憩之際，夢見了蛇，蛇的口中銜著草，指示他解毒藥草生長的地點。大帝醒來後立刻命人前去尋找那種藥草，他將藥草磨碎後塗抹在托勒密的身上，然後托勒密就痊癒了。其他的傷者也同樣因為塗上藥草而獲救，亞歷山大也因此得以攻下那座城市。

這件事情是否屬實在此並不重要。重要的是，兩篇傳記都將它描述成，是神特別賜給托勒密的恩惠。狄奧多羅斯的敘述如下：

日後成為國王的托勒密，當時也深受亞歷山大所愛，當大帝想到他時，格外地陷入很深的苦惱之中。雖然發生了這麼一件饒富意義的事，但因為眾人都仰慕托勒密的人格，以及無論對誰都慷慨而大方的態度，他的獲救配得上他的善行。（第十七卷一〇三章）

庫爾提烏斯的記述亦如下：

托勒密是近身護衛官之一，也是一位非常勇敢的戰士，然而他平時的手腕比戰時更高明，風評也極佳。他性格溫厚且平易近人，特別是待人和善又慷慨大方，在他身上完全沒有半點王族經常會有的傲慢。因此很難判別大帝和眾人對他的愛那一方更多。這時，他首次親身感受到夥伴們的心情。在這場危機之中，馬其頓人預感他日後將會得到王位。他們擔心托勒密的心情，也並不亞於大帝。（第九卷第八章）

毫無疑問地，這兩段記述全是根據克來塔卡斯的作品而來。克來塔卡斯在作品中描寫他的保護主托勒密受到神的恩寵，以表明他對國王的感謝之情，也為托勒密偉大的王權錦上添花。

於是在西元前三世紀初期的埃及，創造出了日後亞歷山大傳記的原型。托勒密和克來塔卡斯，一方是將大帝描寫成偉大的將軍，另一方則是以純趣味的逸聞和傳說將大帝推崇為英雄。兩者雖都暗藏讚揚托勒密王權的動機，但各自擁有不同的性格，為羅馬時代的大帝形象創造出兩股不同的潮流。羅馬的政治家和將軍們，透過這些作品描繪出他們自己心目中的亞歷山大形象，強烈地想要模仿他，深切地渴望能夠再更靠近偉大的大帝。其中的具體情況就如同第一章中的描述。

巴克特里亞王國與希臘化

◎巴克特里亞王國的幻影

在本書的開頭也已提過，研究亞歷山大帝國與重新審視希臘化概念是密不可分的。此時可以拿來作為試金石的是誕生於塞琉古王國東方邊疆的巴克特里亞王國。

巴克特里亞位於今日阿富汗北部一帶，介於興都庫什山脈和阿姆河之間。和位於阿姆河以北的索格底亞那地方相同，巴克特里亞的耕地與牧地也散布於險峻的群山和沙漠之中，是著名的優秀馬匹和青金石的產地。在青銅器時代後期的巴克特里亞地區，誕生出以灌溉農業為基礎的文明，西元前一千年至前五百年時出現國家。亞述人和米底亞人也都知道這個王國的存在。該王國在西元前六世紀中葉被阿契美尼德王朝征服，成為波斯帝國東方邊境的要衝，其王族被任命為歷代總督。

古代希臘和羅馬的著作零散地提及關於希臘化時代的巴克特里亞，於是在東方的盡頭有一個強大的希臘人王國的傳說，挑起文藝復興時代作家們浪漫的幻想。然而長久以來都未能發現足以證明該王國存在的遺跡。法國考古學家福舍曾經嘗試，在被認為是王國首都的巴克特拉（今日的巴爾赫）進行發掘，但未獲得任何成果，他甚至結論道：「希臘—巴克特里亞，只不過是個幻影。」

另一方面，英國學者塔恩則認為，大帝的人類和睦共處的夢想在巴克特里亞實現了。在《在巴克特里亞和印度的希臘人》（*The Greeks in Bactria & India*, 1938）一書中，塔恩認為巴克特里亞王國終究僅存在於希臘化史的框架之內，他作了以下的敘述：

希臘人統治的插曲，在印度史中並不具有任何意義。實際上這是希臘化史的一部分，希臘人的統治放在希臘化史中才具有意義。跨入巴克特里亞和印度的希臘帝國是希臘化國家，也具備許多希臘化諸王國通常會有的特徵。只是有一點本身非常重要，即是這段歷史乃屬於塞琉古王國歷史的一個分支。

塔恩之說並沒有任何經過證實的證據作為支撐，在第二次世界大戰後招致諸多批評。尤其是印度學者納拉揚（A. K. Narain），在一九五七年出版的《印度的希臘人》（*The Indo-Greeks*）中，正面挑戰塔恩之說：

> 不能將巴克特里亞的新國家，視為繼承亞歷山大帝國的國家之一。印度—希臘人受到印度的宗教和思想影響的程度，遠遠大過於其他希臘化王國國王受到他所生活和統治之土地的信條和思想影響的程度。他們的歷史是印度史的一部分，不是希臘化諸王國的歷史。他們來到印度，看見印度，但是印度征服了他們。

巴克特里亞應該被放在希臘化史還是印度史的脈絡之中理解呢？古代的巴克特里亞，不只成為圍繞著亞歷山大與希臘化時代的爭論焦點之一，也成為質問研究者歷史觀的領域。

一九六五年，法國考古調查隊在艾哈努姆（Ai-Khanoum）發掘出希臘城市的遺跡，地點在阿姆河和科克恰河（Kokcha River）匯流之處，即位於阿富汗與塔吉克的國境一帶。遺跡發掘持續到一九七九年前蘇聯派軍進攻阿富汗為止，但挖掘成果相當耀眼，證明此地是巴克特里亞王國的中心城市之一。幻影消失了，以出土史料為基礎的實證研究正式展開。

之後在阿富汗各地也陸續發掘出成果，大量出土的貨幣，亦為古代巴克特里亞研究提供了寶貴線索。不過要正確為貨幣編年很困難，只能概略還原出王國的政治史。後面便根據這個基礎，來看看巴克特里亞王國和希臘化文化的關係。

◎從行省到獨立王國

西元前三二八年，歷經長達兩年將所有人民都捲入的淒慘戰役後，亞歷山大終於平定巴克特里亞和其北部的索格底亞那。然後他正式迎娶索格底亞那地區的豪族之女羅克珊娜為王妃，慶祝雙方達成和解。不過除了希臘殖民者之外，還有一萬五千名步兵和三千五百名騎兵的大軍被殘留在此地，這個事實清楚說明平定後的局勢有多麼不穩定。如同第四章所述，這實際上是一種隔離政策，因為對希臘人而言就等於是流放邊疆。事實上在大帝死後，包括巴克特里亞在內的東方行省，有二萬三千名的希臘人因想要回到祖國而叛變。攝政的佩爾狄卡斯雖派軍鎮壓，但緊張的情勢依然沒有改變。

西元前三〇八年起，塞琉卡斯漸次平定東方各行省，巴克特里亞成為塞琉古王國的一個行省。塞琉卡斯的兒子，也就是成為王國共同統治者的安條克，積極展開城市建設，如重建最偏遠的亞歷山大城（Alexandria Eschate），致力於安定行省的統治。如此巴克特里亞成為塞琉古王國在東方的軍事和經濟據點。

然而西元前三世紀中葉左右，擔任巴克特里亞總督的狄奧多圖斯一世（Diodotus I），意圖自王國分離的獨立傾向日漸增強。最後他終於在貨幣加上「王」的稱號並刻印上自己的名字，建立實質上的獨立王國。他的兒子狄奧多圖斯二世繼承了這個王國。西元前三世紀末，一位名為歐西德莫斯（Euthydemos I）的人物，殺害國王篡位。塞琉古王朝的安條克三世率軍遠征巴克特里亞，自西元前二〇八年起，包圍首都巴克特拉長達兩年。歐西德莫斯撐過這場包圍戰，雙方在西元前二〇六年締結和約。這時歐西德莫斯對安條克主張，自己不是該遭受到處罰的叛亂者，他是將叛離的狄奧多圖斯一族送上黃泉而贏得王國的。於是，巴克特里亞便在名義上和實際上都達成獨立。艾哈努姆被認為是這個王國的東方據點。

繼承歐西德莫斯的德米特利亞斯（Demetrius I），在西元前二世紀初期，越過興都庫什山脈展開遠征，一直攻打到印度西北部的犍陀羅（Gandhara）為止。當時正值孔雀王朝的末期，希臘人在這之後統治印度西北部長達一世紀半，被稱為「印度—希臘王朝」。另一方面，巴克特里亞王國遭受遊牧民族入侵，艾哈努姆在西元前一四六年消失了。[1]

巴克特里亞王國這個國家，毫無疑問地具備了希臘化諸王國的特徵。狄奧多圖斯一世以行省總督的地位為基礎進而建立王國，無非就是塞琉卡斯等大帝的繼業將軍們最先採取的做法。歐西德莫斯暗殺國王取得王位之舉，也和卡山德具有共通之處。從王國中分離出獨立的新王國也是希臘化時代的特色，帕提亞王國和後文將提及的帕加馬王國也擁有相同的特點。當然，這些特徵也可以套用在其他的時代和不同的地區。不過已稱得上有充分的根據，足以將巴克特里亞王國理解為是希臘化國家之一。

還有一點，王國不安定也是希臘化時代的特徵，不過想再舉出一個巴克特里亞特有的情況。貨幣是關於巴克特里亞王國最重要的史料，此事便可清楚證明當時這個地區的狀況。貨幣被發現時，大多都是大量貯藏的狀態。貨幣為何會在這樣的狀態下被發現的理由，是因為持有者大量藏匿。而為何藏匿貨幣的理由，則是因為他們在面臨遊牧民族入侵或戰爭之際，為了保護自己的財產。被藏匿的貨幣在無人動過的情況下被發現，顯示出主人再也沒有回來。換言之會在巴克特里亞發現大量貨幣一事，即說明巴克特里亞飽經諸多戰爭與動亂，其中包含了遊牧民族的入侵。

◎最偏遠的希臘城市

如前所述，艾哈努姆遺跡是在一九六五年，由法國的考古調查隊所發掘。關於希臘化文化，這座城市能告訴我們什麼呢？

城市所在的長方形區域，夾於衛城和兩條河川之間。一條幾乎呈南北走向的大道通過衛城山麓，主要建築分布在大道和阿姆河之間，城市規畫是採取希臘風格的棋盤式布局。大道的正中央有列柱門，從這裡進入的西側區域，除了有包含宮殿在內的行政區和居住區之外，還有神殿、體育場、英雄廟、泉水屋；東側則有劇場和兵工廠。整體而言具備了典型希臘城市的特徵。在英雄廟也發現以希臘文雕刻的碑文。其中一座碑文是來自遙遠的希臘聖地德爾菲的格言，還有一座則是謳歌人生理想的五行箴言。可以看得出來，艾哈努姆的居民，非常清楚地經營著希臘風格的生活。

不過問題是，此類希臘風格的生活與文化，與城市周邊的當地居民有何種關係？針對這個問題出現了各式各樣的論點，無法簡單地提出結論。想來，實際居住在艾哈努姆城市住宅區的或許終究還是希臘人，他們會不會就像是被周圍的居民隔離在外，經營著自己的生活呢？至少很難想像，當地居民會自由進出城市與希臘人對等往來。不只是艾哈努姆，東方的希臘城市像是一種飛地，僅根據希臘城市的存在就立刻解釋為文化融合，會不會操之過急？

另一方面，艾哈努姆的建築，被認定受到伊朗文化和更早期的美索不達米亞文化的影響。指出這一點的，正是挖掘艾哈努姆遺跡的負責人貝爾納教授（Paul Bernard）。根據他的說法，艾哈努姆的建築技術雖然大致上是採取希臘形式，但建築的整體規劃卻不是典型的希臘風格。

例如在宮殿中行政區與居住區並存，彼此之間以錯綜複雜的廊道連結，這是在阿契美尼德王朝和巴比倫的宮殿之中可以見到的特徵。私人建築也不是將中庭配置於建築中央的希臘風格，而是將中庭配置於居住區域的北側；各個房間環繞著最重要的房間配置，彼此之間以走廊區隔。這點與波斯波利斯國王們的宮殿和中亞的建築具有共通之處。還有神殿是由寬廣的前殿和後方的三間主屋所構成，這與帕提亞王國時代的城市杜拉歐羅普斯（Dura-Europos，現在的地名是薩西耶〔Salhiyeh〕）的神殿很類似，後者可進一步追溯到新巴比倫時代的神殿建築。

在艾哈努姆的建築上，就像這樣可以看到美索不達米亞、波斯阿契美尼德王朝和中亞等三種樣式。即便理應是典型希臘城市的艾哈努姆，也絕不可能完全只保有希臘風格。在此之前，以日文撰寫的有關艾哈努姆的文獻，完全忽略了貝爾納教授所指出的這些情況。

◎東方文化的多元性

愈將時代往後推移就愈能夠明白，不能單以一句「希臘風格」便涵蓋整個希臘化時代的東方世界。

一九七八年，前蘇聯的考古調查隊在阿富汗北部的地利亞・泰貝（Tillya Tepe，黃金之丘），發掘出六座被認為是西元前後的貴霜族的墳墓。其中在第三座墳墓發現的年輕女性，身邊環繞著許多華麗的工藝品。有出自中國漢代的銀鏡、帕提亞王國的貨幣、羅馬皇帝提比略（Tiberius）在盧格杜努姆（Lugdunum，今日的里昂）鑄造的金幣、銀製的蓋子上用希臘文刻上重量的容器、希臘羅馬樣式的戒指、來自印度的象牙梳子，和刻有雅典娜女神全身像的橢圓形墜飾。這些陪葬品稱得上是一部涵蓋了從地中海，到美索不達米亞、波斯、印度的古代工藝品的豪華型錄。在如此多樣的古代文化之中，不應只單獨賦予希臘文化特別的價值。

以印度為例，在孔雀王朝的首都巴連弗邑（Pataliputra）發掘到一座百柱廳，其建築型式與阿契美尼德王朝的首都波斯波利斯的宮殿相同，因此孔雀王朝的宮殿建設無庸置疑地是模仿自波斯風格。還有阿育王（Asoka）維護佛教遺跡，豎立紀念石柱，高達十公尺的紀念石柱上方有獅子之類的動物雕像。這根石柱的柱頭型式也與波斯波利斯宮殿相同，在動物雕像的表現樣式上也看得見希臘的影響。石柱隨著時代的發展，旋即鮮明地呈現出印度風格的特徵，但在印度美術的黎明時期會誕生出如此高完成度的作品，很難想像沒有受到希臘文化和波斯文化的影響。

在日本被視為希臘化文化代表的犍陀羅美術，也不能光以受到希臘影響來說明。因為開始製作佛像，不是在希臘人統治犍陀羅地區的西元前一世紀到西元一世紀前半，而是在貴霜王朝時代的西元一世紀後半。根據今日的研究，犍陀羅的佛教美術運用了希臘、伊朗、羅馬等三個地區的美術樣式和技法，比起「希臘起源說」，「羅馬起源說」還更具有說服力。

就像這樣，在理解希臘化時代的亞洲時必須要認知到，這是一個交織著各種不同文化的多元化世界。希臘文化在這當中雖然很重要，但終究也只是其中的一個要素。

◎文化所擁有的生命力

為了避免誤解必須要先說明，我完全沒有要低估希臘文化對東方的影響。更何況希臘文化在各地擄獲眾人之心是無庸置疑的事實。然而所謂的文化傳播、或是其造成的影響、融合，指的又是什麼呢？這一切發端於，每一個人在異國文化當中具體接觸到了些什麼，然後感受到它的美。親身體驗初次邂逅的文化的魅力，由衷地覺得它很美，深切地渴望將它置於身邊，想要吸收，想要模仿。當人們心中湧起這樣的想法時，異國文化才會真正地被新的土地接納，並且扎根。這就是所謂的文化傳播吧。

或許有些唐突，但這讓人想起佐賀縣著名的陶器有田燒的例子。最早在日本製作有田燒的是朝鮮的工匠。他們會來到日本，是因為豐臣秀吉進攻朝鮮時，硬將他們帶回來。這些朝鮮工匠在佐賀發現良土，以這些良土為材料燒製陶器。這些陶器的美吸引了許多人且流傳到現在。正是因為作品本身具有的美和魅力，有田燒才能超越戰爭和被強制帶離故國的悲慘過去，存續至今。所謂的希臘化文化也是，雖然被捲入無數的戰亂和民族遷徙的波濤之中，但同時也超越了這一切，廣泛在各地倖存下來。不論是繪畫或是雕刻，希臘人所製作的每件作品，本身都擁有獨特的美和魅力。希臘文化因此在亞洲各地擄獲人們的心，供給人們創造新文化的能量。我們必須要坦率地承認，希臘文化就是擁有如此強大的生命力。

亞歷山大在位期間充滿了戰爭與破壞，他的征服在亞洲到處留下深刻的傷痕。若要說在這個遍體鱗傷的亞洲誕生了稱為希臘化文化的新文化，或許不該說是「因為大帝」，而是應該要說「儘管大帝……」。卓越的文化所擁有的生命力以及對那份生命力的信賴，這會不會正是，支撐我們在接下來的時代生存下去的一項依靠呢？

通向羅馬的希臘化

◎希臘化的繼承者是羅馬人

適才提及犍陀羅美術時，曾談到犍陀羅美術受到羅馬的影響。在希臘文化向東傳播的話題中，為何羅馬的身影會從西邊出現？其實要說明希臘化文化，無法撇開羅馬的存在。

巴克特里亞的希臘城市艾哈努姆，因為遊牧民族入侵而在西元前一四六年消失，巧合的是羅馬也在同年消滅迦太基，同時將希臘納為行省。希臘人在東方的重要據點消滅的同時，羅馬開始以征服整個地中海為目標，踏出了無法回頭的一步。在這之後，希臘各地的文化被輸入羅馬並且廣為流行，羅馬人貪婪地吸收著希臘的文學、哲學、辯論術、美術、建築等，總之就是希臘文化的各項精隨。

著名的大帝馬賽克鑲嵌畫，就是其中的一項呈現。西元七九年龐貝城因為維蘇威火山爆發而湮沒，這幅精湛描繪出亞歷山大與大流士三世對決場面的作品，就是在龐貝城的一座宅邸中發現的。為何羅馬人會在龐貝製作大帝的馬賽克鑲嵌畫？這幅馬賽克鑲嵌畫的原始畫作，是希臘畫家菲羅克西諾斯（Philoxenus）在西元前三〇〇年左右畫的一幅作品。菲羅克西諾斯在馬其頓國王卡山德的委託下製作了這幅畫作，裝飾在首都佩拉的王宮。然而西元前一四六年，羅馬軍鎮壓住馬其頓的反叛後掠奪首都，也帶走龐大的戰利品回到羅馬。這幅畫作也在戰利品當中，肯定是經由某種形式在羅馬市民之

亞歷山大馬賽克鑲嵌畫　騎馬的大帝與乘坐戰車的大流士三世。拿坡里國立考古學博物館藏。

間流傳開來。龐貝城有一座被稱為「牧神之家」（La Casa Del Fauno）的大宅邸，從西元前一二〇年到前一〇〇年左右，進行改建，宅邸主人採納當時流行的希臘風，讓人依照原畫製成馬賽克鑲嵌畫用來裝飾會客廳的地板。龐貝城因為火山爆發而掩埋時，人口據推估約莫一萬多人到二萬人之間。這幅亞歷山大馬賽克鑲嵌畫顯示出，希臘化藝術的傑作在這類的地方城市也深受富裕人家的喜愛。

於是，因為羅馬人的吸收，希臘化文化披上新裝，被移植到更廣闊的土地上，逐漸在整個地中海世界扎根。這個地中海世界，當然包括納入羅馬帝國版圖的西亞地區，即是所謂的小亞細亞、敘利亞、埃及和美索不達米亞等地方。這些正是亞歷山大曾經征服的地區。今日我們在西亞各地看見的古代城市遺跡，大半建立於羅馬時代。如此西元前一四六年，不僅在地中海和中亞的歷史上都各自具有劃時代的意義，也是宣告羅馬與希臘化文化開始產生連結的一年。

另外，羅馬人經由通過紅海或波斯灣的海路，不斷擴大與印度之間的貿易。在西元前後，發現向東吹拂的季風，順著季風航行，從阿拉伯半島的南岸啟航，經過兩周的時間，便可抵達印度西海岸。羅馬從印度輸入香料、寶石、珍珠、象牙、棉布、中國絲綢等物品，大量的金幣自羅馬流入印度。西元一世紀到二世紀，印度與羅馬的貿易因海上之路而繁榮，而這也正是犍陀羅美術出現並發展最盛的時代。因此對犍陀羅美術帶來影響的羅馬文化，其實是自西方迂迴而來的希臘化文化。

就像這些情況所顯示的，羅馬人才是希臘文化的真正繼承者，從而肩負起傳播希臘化文化的重任。

◎遺贈給羅馬的帕加馬王國

繁榮於小亞細亞西部的帕加馬王國，是羅馬從希臘化世界繼承的遺產之一。西元前一三三年，帕加馬王國的最後一任國王阿塔魯斯三世（Attalus III）竟留下遺言，要將自己的王國整個遺贈給羅馬。

從前不過是一個村落的帕加馬，會發展成希臘化世界中屈指可數的王國的契機，是在西元前三〇二年時，大帝的繼業將軍之一的利西馬科斯，將保管在帕加馬衛城中多達九千塔蘭特的財寶，交給部下菲萊泰羅斯（Philetaerus）管理。之後菲萊泰羅斯轉而依附塞琉卡斯，並在塞琉卡斯遭到暗殺後，承認塞琉古王朝的宗主權，同時確立了在帕加馬的統治權。繼任的歐邁尼斯一世（Eumenes I），在西元前二六二年擊敗塞琉古王朝的安條克一世，達成獨立。歐邁尼斯保護學術和藝術、成為哲學家們的後盾，其文化政策也為之後的阿塔魯斯（Attalus I）和歐邁尼斯二世所繼承，成果極為豐碩。阿塔魯斯在西元前二二八年稱王，採取親羅馬立場，逐漸在希臘化世界抬頭。他奉雅典娜女神為守護神，以雅典為模範，致力於促進城市和藝術的繁榮。

次任國王阿塔魯斯二世，和羅馬締結同盟，擊敗塞琉古王朝，根據雙方的和約取得小亞細亞的西半部。因為擁有豐厚的財力作為後盾，阿塔魯斯二世開始積極投入建築事業，將帕加馬打造成壯麗的希臘化國家。帕加馬的歷代國王都非常清楚，建築與藝術，對展現國家

帕加馬的宙斯大祭壇　眾神與巨人族之戰——女神阿耳忒彌斯與巨人奧圖斯（Otus）的浮雕。柏林帕加馬博物館藏。

的政策和威信是多麼重要的手段。正因此如此，他們在文化事業上投注大量資金。在標高三百三十三公尺的衛城中，宮殿、以宙斯大祭壇為首的眾多神殿、劇場、圖書館和體育場等建築並立，簡直就像是全盛時期的雅典再現。當佇立在衛城的頂點時，心情便像是脫離人間，向眾神的世界更靠近了一步。仔細玩味衛城的高度，便能夠確切地理解，歷代國王試圖讓帕加馬成為新的希臘文化中心的遠大志向。

不過，相對於帕加馬王國繁榮的外在條件是與羅馬結為同盟，促使他們追求藝術表現的內在動機則是擊敗「蠻族」獲得的勝利。「蠻族」之一是東鄰帕加馬的比提尼亞人（Bithynian），還有一個是從歐洲入侵小亞細亞的加拉太人（Calatae），他們是凱爾特人的一支。特別是加拉太人和塞琉古王朝結為同盟，阿塔魯斯便是以戰勝這個同盟為契機正式稱王。

雅典也曾經因為擊退異民族波斯而開闢出邁向繁榮的道路。帕加馬王國同樣因戰勝「蠻族」，而強化了他們的自覺，認定自己是保護希臘文化不受野蠻侵犯的守護者。阿塔魯斯一世獻上紀念群像給雅典、歐邁尼斯二世和阿塔魯斯二世捐獻柱廊給雅典，都是基於此種思想。

如果有一方是文化的中心，那麼也就必然有相對的邊緣存在。這種中心與邊緣、文明與野蠻的二元對立思考方式，貫穿希臘文化的思想。希臘化文化也繼承了這個思想，而繼承希臘化文化的羅馬也是。

◎蔑視東方的目光

前面已提及隱藏在希臘化的概念中最為嚴重的問題是：一方面帶著希臘文化至上且具有普遍性的希臘中心主義，而另一方面又存在著蔑視東方的思想，將東方文化看成是劣等且野蠻的文化。其實這種價值觀最早出現，並不是在十九世紀的歐洲，而是可以追溯到羅馬時代。羅馬帝政時期的傳記作家蒲魯塔克，除了《希臘羅馬英豪列傳》之外，還有另一部名為《蒲魯塔克札記》（*Moralia*，又名《道德小品》）的巨著，在其中的一篇〈亞歷山大的命運和德行〉（*De Alexandri magni fortuna aut virtute*）中，他如此敘述道：

他獎勵海爾卡尼亞人結婚，教導阿拉霍西亞人耕種土地，告訴索格底亞那人不該殺死雙親而是要扶養他們，說服波斯人要敬愛母親，不可和其交媾。因為亞歷山大對亞洲的教化，荷馬才會被閱讀，波斯人、蘇西亞人（Susia）和格德羅西亞人的孩子們，才會學習吟唱尤瑞皮底斯和索福克里斯（Sophocles）的悲劇。因為亞歷山大，巴克特里亞和高加索才會學習尊敬希臘的眾神。亞歷山大在夷狄之間建設超過七十座以上的城市，以希臘風格的政治體制耕耘亞洲的土地，克服野蠻粗魯的生活樣式。

他相信自己是受神所差遣的萬人統治者，是全世界的仲裁者，他將人們的生活、習慣、婚姻和生活樣式，宛如放入「愛之杯」中調和，讓所有的一切完全統合為一。

蒲魯塔克在文中，將亞歷山大描寫成是將文明帶到野蠻東方的大功臣，是文明的使徒，更是統一全世界各民族的人物。當時羅馬帝國正完成地中海世界的統一，將和平與文明的果實帶給周邊「落後」的異民族。蒲魯塔克於是賦予大帝符合「羅馬和平」時代的歷史意涵。這與近代的希臘化概念之間也具有平行關係。文明的中心由希臘和羅馬被置換為近代歐洲，地中海周邊的蠻族則與亞洲和非洲的殖民地角色重疊。希臘化的概念會在十九世紀的西歐誕生絕非偶然。這樣的思考方式可以說相當適合當時的時代：帝國主義的西歐列強覆蓋全球，將歐洲文明植入世界各地。於是古代羅馬的亞歷山大為文明使徒的形象在近代甦醒，大帝被視為文明化的旗手，曾經肩負實現東西融合此一偉大理想的重責大任。批判並且克服希臘化概念帶有的這種價值觀，至今仍是亞歷山大研究的重要課題。

那麼關於希臘化的這個概念本身，我們今後應該如何看待？一個方法是，單純將其視為時代劃分的概念，價值中立地使用這個詞語。換言之，即是將從亞歷山大大帝登場到克麗奧佩脫拉死去的三百年間，視為一個時代並稱之為希臘化時代，[2]在這個時代誕生的文化則稱之為希臘化文化，但其中並不含有關於希臘和東方的價值判斷。

話雖如此，要從一個概念之中，將其誕生的歷史背景完全消除是不可能的。即使希臘化一詞能夠不含價值判斷，也還是會留下「希臘化文化向東方擴張的時代」這樣的涵義；若將其去掉，希臘化的概念本身就無法成立。追根究柢，我們理當該做的事情，不就是只有以實證的方式，研究包含希臘文化在內的多樣文化在亞洲的發展動向了嗎？

亞歷山大帝國的歷史意義

◎是斷絕還是連續？

在第一章末尾敘述到本書的執筆方針時，我曾經強調過，應該要從長遠的歷史視野來評價亞歷山大的成就。那麼該如何評價亞歷山大帝國在歷史上的意義呢？我們能夠憑藉的線索，就是研究清楚在亞歷山大之前和之後，世界有何變化。具體來說，就是將矚目的焦點放在，經歷過亞歷山大在位時期，阿契美尼德王朝時代與希臘化時代之間發生了哪些改變。

以往的說法認為大帝的遠征令亞洲為之一變。波斯帝國滅亡、大量的希臘人移居亞洲，希臘化文化誕生之類的敘述，給人一口氣開創了另一種新世界的印象。不過近年的研究，相較於這樣的斷絕之說，反倒更強調三者之間的連續性。換言之，因為大帝繼承阿契美尼德王朝的統治組織，從帝國內部的各個地區看來不過是統治者的更迭，行政體制或社會樣貌也都看不出太大的變化。同樣的說法也適合用於塞琉古王朝的情況。塞琉古王朝的國王們，建設許多城市，並在這些城市遷入希臘人作為鞏固王權的基礎，但另一方面他們也與波斯貴族們妥協，共同統治一般的民眾和農民。自阿契美尼德王朝以來的國家統治與社會的基本結構，到了塞琉古王朝也沒有太大的改變。

那麼希臘人大量出現在東方，難道不是一種新的現象嗎？其實在亞歷山大登場以前，希臘人就已積極地進入東方世界。波斯波利斯宮殿的建設，也有小亞細亞的希臘工匠參加。至於埃及則是在西元前七世紀以後，希臘人便以位於尼羅河三角洲的城市瑙克拉提斯作為據點經營貿易。在巴克特里亞地區，也出土了許多大帝出現以前的希臘貨幣。還有像尤比亞島的埃雷特里亞人（Eretrian）的例子，他們在西元前四九〇年的波希戰爭中被捕，強制遷居到蘇薩的近郊。

原本在大帝之前，這些希臘人對東方世界帶來的影響是有限的。亞洲社會發生明顯可見的變動，還是在大帝遠征東方以後。例如在小亞細亞的非希臘人地區，像薩迪斯和西南部呂基亞地區的各城市，可確認在西元前三世紀便已樹立希臘風格的政治體制。腓尼基地區的城邦，也在渡過波濤洶湧的繼業者戰爭的同時，於西元前三世紀由君主政體朝向共和政體轉移。塞琉古王朝的政策，則將從前是農業地區的敘利亞北部帶入都市的生活形態。

大帝的東方遠征便是如此加快從前希臘人緩慢進入亞洲的速度，一口氣擴大希臘風格的生活與文化所能到達的範圍，可謂是帶來了「從量到質」的轉化。因此，到底是斷絕還是連續，這種二擇一的議論方式也未必得當。大帝的遠征開啟希臘人前所未有的世界，耕耘出提供給下一個世代的社會和文化發展新樣貌的沃土。當然，這些如果沒有大帝的天才是不可能達成的。就這層意義而言，亞歷山大統治東方的時期，確實在西亞和中亞的歷史上具有劃時代的意義。

◎帝國統治與異民族

要稱某個國家為帝國有一個必要條件，那就是其統治領域中包含了數個不同民族。因此，帝國統治成功的關鍵就在於如何有效地統治異民族。

希臘諸城邦對於給予外國人公民權一事，態度非常消極。即便對象同為希臘人，也僅限於在某些例外的情況下才會給予公民權，譬如對自己的國家有巨大貢獻的人物。其中尤其是雅典城邦，只承認雙親皆是雅典人的嫡子，對公民權的認定最為嚴格。[3] 希臘的公民權實際上是特權化的，而城邦一直是個封閉的共同體。這種傾向，就算在希臘化時代基本上也沒有改變。

相較之下，羅馬人即使是對外國人仍積極給予公民權，結果讓羅馬市民共同體本身不斷地擴大。羅馬的統治擴展到義大利半島以外的地區之後，最初只給予各地的統治階級公民權，但對象漸漸由上層階級擴大到下層階級。從帝政開始到西元二世紀初的二一二年，根據皇帝卡拉卡拉（Caracalla）的敕令，居住在帝國領域之內的所有自由人都成為羅馬公民，完成了被稱為萬民法的此種帶有普遍性的法律體系。

雖然同樣都是從城邦國家出發，希臘人拘泥於城邦的狹小框架，羅馬人則因開放公民權而成長為世界帝國。在另一邊，阿契美尼德王朝在以波斯人作為統治階級的同時，也實現了各民族和平共存與交流的統治體系。在波斯波利斯的浮雕上，表現出了阿契美尼德王朝自身的理念，王權並非壓制各民族，而是由各民族所共同支撐的。他們的王權是由主神阿胡拉・瑪茲達所賜予，國王是神在地上的代理人，背負著守護世間秩序的任務。在這樣的歷史之中，該如何定位亞歷山大的帝國呢？

在大帝遠征東方所到的地區，不用說亞洲人的人口數是壓倒性地多過於希臘人和馬其頓人。該如何調停如此多樣的異民族？這不僅是對大帝而言，對於馬其頓人和希臘人也都是初次面臨的課題。遠征軍的將士們想法極為單純，認為只有身為征服者的他們成為帝國的統治者，被征服的波斯人等亞洲諸民族只需安分的服從統治即可。這就是第六章提到的馬其頓國家中心主義。相對地，亞歷山大不論是提拔舊波斯貴族擔任高位，或是將大量的亞洲年輕人編入軍隊等等，嘗試運用某種形式將亞洲諸民族納入統治體制之中。稱為東方協調路線的做法便是如此。大帝在這點上，和傳統的希臘與馬其頓中心主義劃清界線，朝適合新時代的統治體制跨出了一步。

然而大帝的政策終究也只是開端，距離制度上的完成還差得很遠。因為大舉肅清波斯總督，迫使他的路線不得不後退，將亞洲人編入軍隊的政策也只是為了應付兵力不足。如同第七章所述，所謂亞歷山大的民族融合政策亦是虛構的。親信們的集團婚姻幾乎沒有任何成果，馬其頓士兵與亞洲女性之間的通婚，也是遠征過程中所造成的結果；大帝會收留他們生下的孩子，也是想讓這些孩子將來成為自己的部下，得到一支可以任他隨心所欲運用的忠實軍隊，並不是為了開創新制度。

簡而言之，大帝的異民族政策在做法上，是採用他在每一個當下所能夠利用的人事物；說得好聽是具有彈性，說得不好聽就是一時的權宜之計。在他之前，阿契美尼德王朝的各民族便在寬鬆政策下和平共存。在他之後，羅馬帝國積極擴大公民權，根據稱為羅馬法的具有普遍性的法律體系，統合全體公民。可以將大帝統治亞洲的期間，看成是兩者中間「嘗試錯誤」的學習階段。特意稱之為嘗試錯誤，是因為在大帝的政策中，找不到某種與空前的帝國相稱的實質理念。舉個近代的例子來比較應該更容易理解。

提到與亞歷山大一樣，既是天才指揮官也是征服者的人物，就會讓人聯想到拿破崙的名字。不過，拿破崙並非僅是一位單純的軍事征服者，他也是建立起近代法國的建設者。他創設的制度至今依然延續，譬如以縣長為代表的中央集權形態的地方制度、高級中學（Lycée）、榮譽軍團勳章（la Légion d'Honneur）等等。最重要的是他制定了《拿破崙法典》，完成適合公民社會的法律與秩序的體系。這意味著他是帶領法國脫離封建社會，開啟近代大門的征服者。

和拿破崙呈現對比、甚至就算與古代的羅馬相比，在亞歷山大的帝國中也找不出領導理念之類的東西。此處便是他的帝國的極限。他只追求自己個人的名聲，且不是透過建設而是經由全心全意地投入征服活動；之所以會有極限，是因為亞歷山大帝國徹頭徹尾就是他一人的帝國。

◎巴克特里亞與阿富汗之間

思考亞歷山大與現代的關聯時，有一個不容忽視的黑暗面。

在整個東方遠征的過程中，大帝陷入最大苦戰的地區，第一是中亞，即是巴克特里亞和索格底亞那，其次是印度西北部。在這些地方，大帝將全體民眾視為敵人，一再地出現悽慘的殲滅戰。在阿姆河附近，據守在山中的三萬名當地居民中，有二萬二千人被殺。在索格底亞那地區則是，來自加薩的男人全部被殺，集結在居魯波利斯的一萬五千人中有八千人犧牲。在坡利提米塔斯河（澤拉夫尚河）流域，對於逃入堡壘的居民則是見一個殺一個，導致這片受到河川滋潤且人口眾多的肥沃土地成為一片荒蕪。

這些戰役是歷史上頻繁地反覆出現，以壓倒性軍隊進行殘酷侵略與殺戮之行動模式的先驅。特別是在包含古代巴克特里亞地區的阿富汗，大帝的先例在跨越兩千多年的時光後，再度重現。

英國在十九世紀，為了對抗俄羅斯的威脅，派遣大英帝國的印度軍隊進攻阿富汗地區，雖歷經兩次的英阿戰爭（Anglo-Afghan War，一八三八年～一八四二年、一八七八～一八八〇年），最終還是吃下了毀滅性的敗仗。在二十世紀，蘇聯進攻阿富汗後樹立親蘇政權，但被迫捲入遍及整個阿富汗的內戰泥沼，於十年後撤退（一九七九～一九八九年）。這場阿富汗侵略，也成為促使蘇聯自己解體的原因之一。二十一世紀的第一場戰爭，是九一一恐怖攻擊事件之後，美國對阿富汗發動的軍事攻擊。理由是因為塔利班政權藏匿被視為恐怖攻擊事件首腦的奧薩瑪．賓拉登（Osama bin Laden）。

大國的侵略與攻擊對阿富汗的民眾造成難以想像的傷害。一九九二年阿富汗的人口是兩千萬人，但因蘇聯進攻以後長達二十年的內戰，有二百五十萬人被殺或者因飢餓而喪失性命，流落國外的難民超過六百萬人，每天平均有七個人踩到地雷受害。而美國還對這個世界上最貧窮、悲慘的國家，投下大量的炸彈，不僅破壞民宅，甚至還「誤炸」結婚典禮。

在美國開始攻擊阿富汗時，記得曾經讀到某本雜誌在報導中指出，唯一成功征服阿富汗的外國人是亞歷山大。不過他真的成功了嗎？他要前往印度時，在巴克特里亞和索格底亞那，留下一萬五千名步兵和三千五百名騎兵的龐大軍隊。此事本身就已證明他的征服是多麼地不穩定。實際上，沒有任何人能夠完全壓制住阿富汗。伊朗電影導演穆森・馬克馬巴夫（Mohsen Makhmalbaf），在二〇〇一年曾經如此描繪阿富汗的地理條件與部落主義之間的關聯性：

> 試著想像一下就好。為了征服阿富汗，戰士奮力攀登上山頂，然後滾落峽谷，為了再繼續征服活動，又得攀登上下一個山頂。就算假定戰士能征服整個阿富汗此種不可能發生的狀況，那麼為了替取得勝利的己方軍隊提供補給，就得必須繼續征服所有連綿不絕的山峰。因為這些群山，阿富汗不曾完全落入外敵之手，但是也不曾回到國內同伴的手中。阿富汗的人們與蘇聯之間的戰鬥，從外界看來，是一個國家的國民在抵抗。然而從內部看來，是各個部族守護著自己可能將會被奪走的峽谷。然後等到外敵離開時，所有的人又再度堅信自己的峽谷是世界的中心。（《阿富汗的佛像不是被拆毀，是因為太羞愧而崩落》〔*The Buddha Was Not Demolished in Afghanistan, It Collapsed Out of Shame*〕）

亞歷山大曾經完全制伏古代阿富汗的所有山峰與峽谷之說，不過是個幻想。而且在他死後，被強迫移入中亞的二萬三千名希臘人因為想要重返故國而反叛。和英國、蘇聯、美國同樣地，應該要說亞歷山大也是在阿富汗敗北了吧！

◎無止境的殺戮

大帝發動的殲滅戰到了印度西北部愈演愈烈。位於希德拉歐提斯河（拉維河）東方的城市桑伽拉，陷落之際有一萬七千人喪失性命，七萬人以上淪為俘虜。桑伽拉附近的城市，有五百名因病未能逃亡的居民全部被殺害。在散巴斯王的國家，有八萬人被殺，許多城市遭到破壞，居民淪為奴隸。對於一座有二萬居民堅守不出的城市，大帝點火燒死了大多數的居民，僅有三千人逃出。馬利亞人的犧牲也相當慘烈。兩千名據守於堡壘的居民全部被殺，某一座城市有五千人因戰鬥和放火燒城而喪失性命。在馬利亞人最大的城市，馬其頓士兵因為國王身負重傷瀕臨死亡，憤而殺掉所有的敵人，連女人和小孩都不放過。當然，這些數字的可信度是有問題的，無從得知正確的犧牲人數。儘管如此，這些被強行發動的人民戰爭，不禁令人浮現出越南戰爭的場面。數不盡的人們死於馬其頓軍的刀刃之下是不爭的事實。

究竟為何會出現如此悽慘的情況？無法光以對亞洲人的蔑視來說明一切。與地中海地區截然不同的自然條件、連續的嚴峻戰鬥、想為負傷的國王和犧牲的戰友復仇的心情、難以消解的精神疲勞，還有雖說是折返，但遠征本身卻看不見終點之事，這些肯定都讓士兵們的心情陷入荒蕪。這片泥濘到底還要持續多遠？他們因為欲望無法獲得滿足而心浮氣燥，於是在眼前的弱者身上尋求發洩積鬱的出口。亞歷山大也為了回報士兵們願意繼續遠征，而容許這類慘無人道的行為發生。不過，這對遠征軍所到之處的居民帶來更大的恐懼，愈來愈多的居民拒絕歸順，結果又造成新的犧牲，陷入惡性循環之中。

若將視點放在被征服的一方，則必須要說亞歷山大的遠征，是迄今不曾止息的大國蠻橫作為，及其所帶來的悲慘災禍的先驅。但是，光強調這點也流於片面。因為大帝多面且複雜的人物形象，是單靠現實世界無法完全容納的。

◎從歷史到史詩

前面剛指出亞歷山大並不具備附有實質的理念。但若非要談大帝的理念，或許應當著眼於亞歷山大的個人層面，而不是放在帝國或社會的層次上。亞歷山大追求的是成為超越人類的英雄，讓自己的名聲永遠流傳。這個理念可以追溯到荷馬式的社會，是希臘人極為古老的價值觀。這也意味著亞歷山大的功業是這種價值觀最純粹的表現。在希臘諸城邦於西元前四世紀逐漸衰退的過程中，亞歷山大繼承並發揮希臘式的價值觀，展現出遠勝過荷馬史詩的規模。不如說亞歷山大的一生，本身不就是一篇史詩嗎？他那只能理解為超越了人類境界的生涯過程，隨著他的死，從歷史升華為史詩。

事實上，與大帝有關的無數傳說和敘述，枝葉蔓生，發展成一種被稱為「亞歷山大傳奇」（Alexander romance）的不切實際的幻想故事。其源流起自於西元三世紀左右完成的《亞歷山大大帝傳奇》，作者被誤傳為卡利西尼斯。這部作品不僅被翻譯成各國語言，還被自由地潤飾和竄改，從中世紀到近代，從歐洲、非洲、中東到東南亞，共有二十四國語言和八十種以上的故事流傳。

在這些故事之中，大帝潛入深海，翱翔於空中。在中世紀的歐洲，他化身為理想的騎士，或是變貌為哲學家、傳教士、占星師、煉金術師，出現如此變化多端的形貌。在瑣羅亞斯德教中，以燒毀經典《阿維斯陀》（*Avesta*）為由，將他視為三大惡人之一（儘管當時經典尚未成為書籍形式），但波斯民眾卻視他為英雄。在伊斯蘭世界，大帝被視為超人般的戰士；在某本書中，他甚至還越過西藏進軍到中國。在中亞，今日仍有自稱是亞歷山大後代子孫的人們散居各地，雖有點類似於平家落人的傳說，[4]但這也是大帝故事的一部分。

我們不應該說這些故事荒唐無稽，而將之捨棄。能夠超越時代和空間，孕育出如此豐富迷人的故事，是因為亞歷山大這位人物和其一生已構成一篇史詩。所謂的史詩，是以英雄人物的功業為中心，描述牽涉到一個民族全體的大規模事件的作品。史詩中的英雄，必須是最出類拔萃的人物，完美具備該民族視為理想的能力和美德，如驍勇善戰、行動力、高貴的靈魂等等。對希臘人和馬其頓人而言，東方遠征是整個民族的共同大業，而適合率領這項大業的英雄，唯有亞歷山大一人。成為理想人物的大帝形象，更超越時代和民族的差異而廣泛流傳。於是大帝成為史詩中的主角，存活於後世，他深切盼望的不朽名聲也得以實現。從這個角度看來，亞歷山大出色地達成了他的歷史任務。

---

1 艾哈努姆（Ai-Khanum）在古代的名稱仍不詳，可能是「Alexandria ad Oxum」，意為「Oxus 河畔的亞歷山大城」。

2 「希臘化時代」的起算，一般以亞歷山大在西元前三二三年過世開始。

3 更準確地說法是，雅典在西元前四五一年通過的公民法，以父母雙親血緣為依據的公民法，清楚區隔公民與非公民。其他如斯巴達或底比斯則會另外加上是否通過稱為「agoge」的社會化過程，或是謀生的職業。

4 在日本平安時代（七九四～一一八五年）末期的「源平合戰」中落敗的平氏後人，為躲避源氏追殺，逃往深山、潛伏於各地，被人們稱為「平家落人」。

結語

◎大帝追求之物

最後，想針對幾個所有人對大帝都會有的疑問提出回答，作為本書的結束。

話說回來，亞歷山大究竟為何會毅然展開如此大規模的遠征行動？這是關於大帝最單純的疑問，同時也是最難回答的問題。可以作為線索舉例的，是他出現在阿里安的傳記中的一場演說。當軍隊在海發西斯河畔拒絕再繼續向前進時，亞歷山大召集部隊長們說明他的宏偉想法，鼓舞他們繼續遠征。不過這場演說本身並非直接紀錄亞歷山大的說話內容，而是阿里安重新構成的。只能解釋成是阿里安這位羅馬時代的知識分子，根據邏輯建構出他認為大帝應會說出的內容。雖受限於這個前提，但我們還是可能從中推測大帝的目的。

亞歷山大在這場演說中如此說道：

我認為對志向高遠的人而言，不管如何地艱難辛苦，但只要能夠引導我們達成輝煌大業，那麼艱難辛苦本身便是沒有界線的。（第五卷第二十六章）

關於這點，阿里安自己則記下了這樣的評論：

我無法確實提示出亞歷山大究竟懷抱著何種構想，也不打算用自己的方式推測。不過只有一點可以清楚斷言的是：亞歷山大企圖達成的，絕非是尋常的卑微之事。比方說將歐洲併入亞洲，或是將不列顛群島（英國）加入歐洲，他不會滿足於停留在自己已征服的地方，總是忍不住向著更遠的地方，追尋著未知的事物。假如沒有其他的對手，他也會跟自己競爭。（第七卷第一章）

這些記述是幫助我們了解亞歷山大內在世界的重要線索。如同第八章所述，他的心性就像荷馬的英雄們，追求的是不朽的榮譽。榮譽經常與勝利同在。於是他時時刻刻都在尋找敵手、擊敗敵手，為了取得勝利，必須維持永遠的不敗。這也因此證明了他的卓越性，向世人表明他是一位超乎常人的英雄。追求榮譽的欲望，正是從內在驅動他追尋世界盡頭的原動力。

那麼當他征服了一切，應該要打倒的敵人和互相競爭的對手都消失之後，又該如何？這時他便只能以自己為競爭對手。對自身的挑戰，成為新的戰鬥舞台。於是挑戰與勝利，永無止境。不，或許對他而言，制伏敵人、打敗競爭對手，這些本身就已是他對自我的挑戰。他的對手是別人，同時也是自己。就算是到達世界的盡頭，他也會自己創造出下一個挑戰對手吧。世界最遙遠的盡頭，不管是真實存在於這個世上，或是存在於他自己的心中，早已不是個問題。因為邊界永遠不會消滅，或者應該說，是不能讓邊界消滅。

總之，大帝追求的並不是某種特定的目標，所以無法以具體的事物表現。迎向挑戰、取得勝利，這本身就是他的追求。以個人單體來看，或許再也沒有比這更純粹的生存方式了。然而為此究竟有多少人喪失性命，有多少城市和地區遭到破壞啊！想到他引起的犧牲與造成的牽連之巨大，便該說他是個不可理喻的利己主義者、極端自我中心主義者吧？

◎士兵為何會追隨大帝？

亞歷山大的麾下，時時都有馬其頓軍的同袍隨侍在側。這些馬其頓將士為何直到最後都還忠實跟隨著他？最單純的答案是因為他們除此之外，別無選擇。在遠離故國數千公里的未知土地上，他們除了大帝之外別無依靠。離開大帝，即意味著他們可能會有生命危險。若不跟著大帝，他們便不可能平安重返故國。

還有另一個答案是，因為國王與士兵之間被共通的價值觀連結著。一般的馬其頓人，也和大帝一樣是為了追求榮譽而活著。對他們來說所謂的榮譽，也是只有在戰爭中獲勝才能得到的獎勵。為了盡可能獲得更高的榮譽，就必須創下更大的戰功，因此夥伴之間就必須互相競爭。勇敢的作戰表現若能獲得國王的認可，他們便能夠晉升，獲得高的地位、威信和戰利品。賭上榮譽與威信的無限持續的競爭，是維持馬其頓軍全體士氣的裝置。大帝就是利用這個結構徹底掌控軍隊。

換個方式來說，遠征軍就是一個以軍隊為名的宮廷社會。伊里亞斯（Norbert Elias）的名著《宮廷社會》（*Die höfische Gesellschaft*）精湛描寫出，十七世紀的凡爾賽，在路易十四世的宮廷，所有的貴族都根據嚴格的位階序列，被編入以國王為頂點的秩序之中。貴族們為了贏得威信，被迫捲入沒有終點的競爭。他們在既定的禮儀規範之中，展開極度緊繃的心理戰，不放過任何微小的變化，任誰都想領先別人一步。與此相同地，馬其頓士兵也是處於遠征軍這個封閉世界之中，他們遠離祖國、不斷移動，被迫捲入沒有終點的戰功和榮譽的競爭之中。在這場競爭中脫穎而出、晉升序列，是他們唯一的存在根據，也唯有如此才能保證他們身為亞洲統治者一員的地位。他們從沒想過活在遠征軍以外的世界。

◎亞歷山大稱得上是理想的領導者嗎？

最後，該如何評價身為領導者的亞歷山大？他確實是一位偉大的將軍，擁有超凡的領袖魅力，散發出強烈的獨特氛圍，這些是無庸置疑的。然而他的偉大，本身也深深烙印著他生存時代的痕跡。他的英雄性格是難以分割人類世界與眾神世界，兩者緊密相連的時代中固有的產物。因而他能相信自己是英雄，周圍的人們也能將他視為英雄瞻仰。不論是大帝的領袖魅力，或是獨特氛圍，都是由於此種英雄信仰才能夠誕生。正因為那個時代，將在戰爭中建立戰功視為一切價值的泉源，大帝身為將軍的天賦才能，方能夠磨練、發揮到如此地步。大帝追求不朽名聲、想到達世界盡頭的心性，也是源自於古代希臘，視追求死後的榮譽為人生終極目標的價值觀。

以上的敘述，說不定會讓人感覺有意貶低亞歷山大這位舉世稀有的人物，但並非如此。不管是何等人物，都不可能自由擺脫其生存時代的影響。某位人物之所以會偉大，是因為他深化了那個時代的價值意識，充分引出其中潛藏的可能性，並具體加以實現。亞歷山大因為將古代希臘人的價值觀追求到極致，而創造出了空前的成果。而那個價值觀，就是視戰功和榮譽為一切的一元價值觀。大帝不僅自身以此為依據，也要求遠征軍的將士們貫徹此種價值觀，他也因此才能發揮強而有力的領導特質。整個時代都清一色染上古代戰士特有的價值觀，是他偉大的必要條件。

那麼今日的我們，能夠從亞歷山大這位人物身上得到什麼教訓？直截了當地說，我不認為擁有這樣一位領導者是件幸福的事。我會這麼說並非單純因為個人的好惡。亞歷山大偉大的終極秘密，是因為整個社會擁有一元的價值觀。即便是放在現代，像大帝那種強而有力的領導性格，若是在封閉的國家或社會中，或者整個時代一面倒地只朝著單一方向前進的情況下，應該也能夠發揮無與倫比的效果吧。如此當權者肯定會視某個單一的價值觀為絕對標準，也會想將這個價值觀推及到國家和社會的每一個角落。但是二十世紀的人類應該已經充分體驗過，因為這種情況而招致的前所未有的災難了。

這令人想起布萊希特（Bertolt Brecht）的劇作《伽利略傳》（*Leben des Galilei*）中的兩句台詞：

安德里亞：沒有英雄的國家是不幸的！
伽利略：錯了！需要英雄的國家才是不幸的。（岩淵達治譯）

亞歷山大具備的各種資質或性格，今日看來依然深具魅力。不過，此事與身為專制君主的大帝也不盡然相同。倘若我們認為理想的世界，是多樣化的價值觀並存、彼此和睦地互相交流，那麼亞歷山大型的權力反倒是有害的。不一味地讚美大帝的偉大，而是以批判的態度重新審視誕生出亞歷山大的社會的前提條件，將他視為偉大的負面榜樣，這樣的看法對我們或許比較有助益。以此為基礎，追求適合共存與寬容的新領導者形象，就是我們在二十一世紀所需要面對的課題吧。

學術文庫版後記

本書是「興亡的世界史」第二卷《亞歷山大的征服與神話》的文庫版。原著出版後已經過九年。這段期間每年都有關於亞歷山大的研究書籍和論文集陸續出版，專業討論也愈發縝密。若要在本書中完全反映這些內容，那麼就必須要全面修訂，這當然是不可能的事。針對新的文庫版，只訂正了幾個錯誤，以及修改史料的譯文和不正確的記述。

有一則關於馬其頓王國的新情報。

二〇一四年八月，位於愛琴海北岸的安菲波利斯，發掘出大規模的馬其頓式陵墓。陵墓內部遭到盜挖，雖失去陪葬品，但發現兩尊被稱作女像柱（Caryatid）的少女像、描繪冥王誘拐珀爾塞福涅的神話的馬賽克鑲嵌地板，和五具人骨等等。希臘文化部沒有明確指出被埋葬者的身分，但有部分學者主張這是大帝母親奧林匹雅思的陵墓。我於同年九月前往拜訪時，無法進入現場，但陵墓現在以開放觀光為目標正在整理中。

在相當靠近馬其頓王國首都佩拉的阿宏提科（Archontiko），從十五年前起便持續進行大規模的墓地發掘。雖然發掘面積只達整體墓地的百分之五，但已經發現超過上千座墳墓。特別值得一提的是，從西元前六世紀後半的富裕者的墳墓中，出土了大量的黃金製品。另外，在古都韋爾吉納，也從西元前五百年前後的王族女性的墳墓中，發現黃金製的陪葬品和以陶瓦製作的小型塑像。這些出土文物曾經在佩拉考古學博物館（Archaeological Museum of Pella），以特展的形式展出（二〇一四年九月～二〇一五年九月）。這些貴重的成果，將馬其頓王國的繁榮，一口氣從腓力二世的時代回推到約莫兩個世紀之前。

我自己曾經從二〇一一年起連續三年拜訪伊朗，與攝影家鈴木革先生一起前往進行實地調查。我們為了鎖定大帝從蘇薩移動到波斯波利斯的行軍路線，搭乘著協助我們進行調查的伊朗人車子，奔馳於札格洛斯山脈中，甚至還首度進行了三天兩夜的登山。這次調查的成果就是《圖說亞歷山大大帝》（『図説アレクサンドロス大王』，河出書房新社，二〇一三年）一書，書中大量刊載了鈴木先生拍攝的照片。我想要再次感謝鈴木先生。

就像這樣，讓馬其頓史必須改寫的發現，現在也在持續進行中，亞歷山大依然是源源不絕的研究泉源。

最後，我想要向接下文庫版繁瑣作業的講談社學術文庫的鈴木一守先生致上謝意。

二〇一六年一月

森谷公俊

Angeles, 1999.
▶ 在全面性地分析出土貨幣的同時，也一邊追索巴克特里亞王國從形成到消滅的歷程，是希臘化史研究的珍貴成果。
• S. Sherwin-White & A. Kuhrt, *From Samarkhand to Sardis; A new approach to the Seleucid empire*, London, 1993.
▶ 自八〇年代中葉以降，Sherwin-White 和 Kuhrt 兩人在批判希臘中心主義的同時，也共同帶領在東方史脈絡下重新審視波斯阿契美尼德王朝的研究。此書為兩人共同著作的塞琉古王國史的概論。
• R.A. Billows, *Antigonos the One-Eyed and the Creation of the Hellenistic State*, Berkeley and Los Angeles, 1990.
▶ 是一部針對繼業者戰爭的中心人物安提柯，進行全面研究的著作。全然改變安提柯的歷史評價，將他定位為馬其頓、阿契美尼德王朝、各希臘化王國之間的連結點。
• J.D. Grainger, *Seleukos Nikator; Constructing a Hellenistic Kingdom*, London and New York, 1990.
▶ 是一部以塞琉卡斯為主題的傳記性研究書籍，相當平易近人。書中藉由塞琉卡斯與其他繼業者將軍的比較，呈現出塞琉卡斯的獨特性以及他成功的原因。
• G. Hölble, *A History of the Ptolemaci Empire*, London and New York, 2001.
▶ 關於托勒密王國的概論書籍，試圖在埃及史的脈絡中，評價建國之祖托勒密以及歷代國王們的政策。
• M.C. Miller, *Athens and Persia in the fifth century BC; A study in cultural receptivity*, Cambrige, 1997.
▶ 是一部利用陶瓶繪畫之類的圖像史料，詳細分析西元前五世紀的雅典和希臘的精心之作。書中證實當時的雅典人對波斯文化懷有強烈憧憬，仿照中國風（Chinoiserie）的用詞，將此命名為波斯風（Perserie）。

明的旗手。

- A. Stewart, *Faces of Power; Alexander's Image and Hellenistic Politics*, Berkeley and Los Angeles, 1993.
  - ▶ 是總括各種亞歷山大圖像的研究書籍。內容網羅了從大帝統治時代到繼業者將軍時代的大帝的雕像、繪畫、馬賽克鑲嵌作品、貨幣、祭典等等各種圖像，除了分析圖像之外，也論及大帝形象在各希臘化王國的形成過程中所扮演的角色。
- P. Cartledge, *Alexander the Great; The Hunt for a New Past,* London, 2004.
  - ▶ 古代希臘史研究者所寫的評傳。內容並非依據年代順序，而是根據不同主題展開的議論，企圖掌握亞歷山大及其時代。是最適合研究所階段使用的教科書。
- W. Heckel, *Who's Who in the Age of Alexander the Great*, Oxford. 2006.
  - ▶ 是一部人名事典，網羅八百多位與亞歷山大帝國相關的人物，清楚標示與各個人物相關的史料和主要文獻。
- J.R. Ashley, *The Macedonian Empire; The Era of Warfare under Philip II and Alexander the Great, 359-323B.C.*, North Carolina and London, 1988.
  - ▶ 是一本軍事史研究，全面性地詳細分析腓力二世及亞歷山大的每一場戰鬥。
- E.N. Borza, *In the Shadow of Olympus; The Emergence of Macedon*, Princeton University Press, 1990.
  - ▶ 介紹亞歷山大以前的古代馬其頓王國，是一本平易近人的入門概論書籍。簡單明瞭地記述了古代馬其頓的自然環境、研究與發掘的歷史、馬其頓初期的國家與社會，以及環繞著韋爾吉納的王室陵墓所引發的爭論焦點等等。
- N.G.L. Hammond, *Philip of Macedon*, Johns Hopkins of University Press, 1994.
  - ▶ 古代馬其頓研究第一人、已故的哈蒙德撰寫的最完整的腓力二世傳記，注釋中網羅各種相關史料。
- E.D. Carney, *Women and Monarchy in Macedonia*, University of Oklahoma Press, 2000.
  - ▶ 作者在古代馬其頓史研究中開拓了女性史的領域。書中盡可能重建每一位馬其頓王族女性的一生，並論述相關的問題點。
- P.M. Fraser, *Cities of Alexander the Great*, Oxford, 1996.
  - ▶ 是一部徹底重新檢討大帝建立的亞歷山大城實際情況的精心之作，不僅使用了希臘文和拉丁文的史料，甚至還運用阿拉伯文的文獻。
- F.L. Holt, *Into the Land of Bones; Alexander the Great in Afghanistan*, Berkeley and Los Angeles, 2005.
  - ▶ 是一部提問之書，往返於古代巴克特里亞和現代阿富汗之間，嘗試從今日的時代重新審視大帝進攻巴克特里亞的歷史意義。可以看出九一一恐怖攻擊對大帝形象所帶來的衝擊。
- F.L. Holt, *Thundering Zeus; The Making of Hellenistic Bactria*, Berkeley and Los

• 周藤芳幸／村田奈々子『ギリシアを知る事典』東京堂出版　2000 年
▶ 是一部從古代和現代兩個視點，針對不同話題來描述希臘的精心之作。第十三章談及關於希臘與馬其頓的問題。
• 歴史学研究会編『地中海世界史 1　古代地中海世界の統一と変容』　青木書店　2000 年
▶ 概觀從古代到現代的地中海世界的系列著作，共五卷，本書為其中之一，收入有以下的論文：〈ギリシア世界の展開と東方世界〉（師尾晶子）、〈ヘレニズム世界の形成と東地中海〉（森谷公俊）、〈ヘレニズム時代における文化の伝播と受容〉（大戸千之）。
• 周藤芳幸／澤田典子『古代ギリシア遺跡事典』東京堂出版　2004 年
▶ 透過在海外研習考古學的專門研究者，以學術性的角度深入淺出地介紹各地的遺跡，包括出自馬其頓王國的韋爾吉納、佩拉、狄翁，與希臘化相關的則有帕加馬。
• 伊藤貞夫『西洋古代史研究入門』東京大学出版会　1997 年
▶ 以研究生為主要對象的研究介紹。

亞歷山大傳奇

• 伝カリステネス『アレクサンドロス大王物語』叢書アレクサンドリア図書館 7　橋本隆夫訳　国文社　2000 年
• ナポリの首席司祭レオ訳『アレクサンデル大王の誕生と勝利』（Leo, Archipresbyter, *Nativitas et victoria Alexandri Magni regis* ／ *The nativity and victory of Alexander the Great*）芳賀重徳訳　近代文藝社　1996 年
• ガルテールス・デ・カステリオーネ（Walter of Châtillon）『アレクサンドロス大王の歌——中世ラテン叙事詩』瀬谷幸男訳　南雲堂フェンックス　2005 年

英文基本文獻

（考量到學生和研究生情況，限定於能夠以英文閱讀的近期文獻）

• J.Roisman (ed.), *Brill's Companion to Alexander the Great*, Leiden, 2003.
▶ 此論文集中收錄了十三篇關於大帝的各種問題的論文，是一部極佳的入門指引，能夠從中得知亞歷山大的研究現狀。
• A. B. Bosworth, *Conquest and Empire; The reign of Alexander the Great*,Cambridge, 1988.
▶ 作者博斯沃思是現今亞歷山大研究的第一人。此書是以最低限度評價主義的立場撰寫的概論書籍，內容涵括大帝傳記和不同主題的論述。
• N. G. L. Hammond, *Alexander the Great; King, Commander and Statesman*, London, 1981.
▶ 繼承塔恩以來，帶著理想主義色彩的大帝形象，將亞歷山大描寫成是希臘文

介紹各種說明羅馬與東方世界的貿易情況的發掘成果。書中收錄許多彩色插圖，包括 CG 合成的作品，卷末也收錄了遺跡的介紹。
- オーレル・スタイン『アレクサンダーの道　ガンダーラ・スワート』（Mark Aurel Stein）谷口陸男・澤田和夫訳／長澤和俊注・解説　白水社　1984 年
- スタイン／アリアーノス『アレクサンドロス古道』（Mark Aurel Stein ／ Arrian）前田耕作監修／前田龍彦訳　同朋舎出版　1985 年
  - ▶ 斯坦因（Mark Aurel Stein）是匈牙利出身的著名探險家和東方學者。他曾經探索過亞歷山大的遠征路線，於一九二六年踏查了印度西北部（現巴基斯坦北部）的斯瓦特溪谷。上列的兩本書籍是斯坦因的紀錄，〈亞歷山大抵達印度河的路線〉（*On Alexander's track to the Indus*）的完整翻譯。後者翻譯的內容，也包含了斯坦因作為參考線索的阿里安的大帝傳記中與其注釋相關的段落。
- エドヴァルド・ルトヴェラゼ『アレクサンドロス大王東征を掘る —— 誰も知らなかった足跡と真実』（Ė.V. Rtveladze, *Археология похода Александра Македонского на Восток*）帯谷知可訳　ＮＨＫブックス　日本放送出版協会　2006 年
  - ▶ 作者是烏茲別克的歷史學者、考古學者，從事古代巴克特里亞和索格底亞那的發掘工作超過三十年以上。本作品深入淺出地歸納了其珍貴的研究成果。

西亞史
- ロマン・ギルシュマン『イランの古代文化』（Roman Ghirshman, *Iran: from the earliest times to the Islamic conquest*）岡崎敬他訳　平凡社　1970 年
- 伊藤義教『古代ペルシア —— 碑文と文学』岩波書店　1974 年
  - ▶ 翻譯內容包括雕刻於貝希斯敦（Behistun）和波斯波利斯的古代波斯的主要銘文。
- 足利惇氏『世界の歴史　ペルシア帝国』　講談社　1977 年
- 小川英雄／山本由美子『世界の歴史 4　オリエント世界の発展』中央公論社　1997 年
- 前田徹はか『歴史学の現在 —— 古代オリエント』山川出版社　2000 年
  - ▶ 關於古代東方的研究介紹。
- 『別冊環⑧「オリエント」とは何か —— 東西の区分を超える』藤原書店　2004 年
  - ▶ 以重新檢討東方概念為目標的論文集。

希臘史
- 桜井万里子編『ギリシア史』山川出版社　2005 年
  - ▶ 概觀從史前時代至現代的希臘通史。以政治史為軸心，相當平衡地敘述了起自古代，歷經拜占庭時代、鄂圖曼帝國，直至近現代的希臘史。

- ピエール・ブリアン『アレクサンドロス大王』（Pierre Briant, *Alexandre le Grand*）田村孝訳　白水社　2003 年
  - ▶ 簡單明瞭的中開本（新書版）概論書籍，論述內容依據年代順序和主題分為兩部。
- ロビン・レイン・フォックス『アレクサンドロス大王』上・下（Robin Lane Fox, *Alexander the Great*）　森夏樹訳　青土社　2001 年
  - ▶ 總頁數超過千頁的浩瀚傳記作品，在追索大帝一生的同時，也從各方面記述了各類相關問題。

研究書籍、其他

- 森谷公俊『王宮炎上──アレクサンドロス大王とペルセポリス』　吉川弘文館　2000 年
  - ▶ 以波斯波利斯放火事件為主題的研究書籍。在檢視古典史料之外，亦仔細檢討發掘報告書，論述王宮放火事件的真相及傳說形成的過程。
- 森谷公俊『アレクサンドロス大王──「世界征服者」の虚像と実像』　講談社選書メチエ　2000 年
  - ▶ 針對大帝的三大會戰（格拉尼卡斯河、伊索斯、高加米拉），徹底分析相關史料，還原會戰的真相，逼近亞歷山大身為指揮官的形象。此外也談到大流士三世的人物形象和關於希臘化概念的問題。
- 大戸千之『ヘレニズムとオリエント──歴史のなかの文化変容』ミネルヴァ書房　1993 年
  - ▶ 書中盡可能地以實證研究的方式，闡明塞琉古王國的城市和農民、異民族統治、希臘文化滲透到小亞細亞和巴比倫的情況等重要問題，是研究希臘化文化的必讀文獻。
- F.W. ウォールバンク『ヘレニズム世界』（Frank William Walbank, *The Hellenistic world*）小河陽訳　教文館　1998 年
  - ▶ 內容全面涵蓋了整個希臘化時代，是日文著作中能夠讀到的最標準的概論書籍。
- N. セルンダ『アレクサンドロス大王の軍隊──東征軍の実像』（Nick Sekunda, *The army of Alexander the Great*）柊史織訳　新紀元社　2001 年
- ＮＨＫ「文明の道」プロジェクト／森谷公俊他『ＮＨＫスペシャル文明の道①アレクサンドロスの時代』日本放送出版協会　2003 年
- ＮＨＫ「文明の道」プロジェクト／前田耕作他『ＮＨＫスペシャル文明の道②ヘレニズムと仏教』日本放送出版協会　2003 年
- ＮＨＫ「文明の道」プロジェクト／前田耕作他『ＮＨＫスペシャル文明の道③海と陸のシルクロード』日本放送出版協会　2003 年
  - ▶ 於二〇〇三年播映的ＮＨＫ特集「文明之道」的出版品。①是從各民族共存的觀點來探索亞歷山大的遠征。②逼近中亞和印度的希臘化文化的真相。③

參考文獻

大帝傳記的日文翻譯

- フラウィオス・アッリアノス『アレクサンドロス東征記およびインド誌』（Flavius Arrianus, *Alexandri Anabasis; Scripta minora et fragmenta*）本文篇＋註釈篇 大牟田章訳・註　東海大学出版会　1996年
  - ▶ 在翻譯原文之外還附上多達千頁詳細注釋的大部頭作品，這部譯作可謂是日本西洋古代史研究的金字塔，是劃時代的翻譯作業。
- アッリアノス『アレクサンドロス東征記』上・下 大牟田章訳　岩波文庫　2001年
  - ▶ 前書之文庫版，注釋內容大幅簡化。
- プルタルコス『プルタルコス英雄伝』中巻　村川堅太郎編　ちくま学芸文庫　1996年
- ポンペイウス・トログス／ユニアヌス・ユスティヌス抄録『地中海世界史』（Pompeius Trogus ／ Justinus Junianus, *M. Iuniani Iustini epitoma historiarum philippicarum Pompei Trogi*）合阪學訳　京都大学学術出版会　1998年
- クルティウス・ルフス『アレクサンドロス大王伝』（Quintus Curtius Rufus, *Historiae Alexandri Magni*）谷栄一郎・上村健二訳　京都大学学術出版会　2003年

人物傳記

- 大牟田章『アレクサンドロス大王伝——「世界」をめざした巨大な情念』清水新書　1984年
  - ▶ 雖是開本較小的新書版但卻是相當出色的傑作，傳達出作者試圖貼近大帝內在世界的熱情。
- 森谷公俊『アレクサンドロスとオリュンピアス』　ちくま学芸文庫　2012年
  - ▶ 關於大帝母親奧林匹雅思的唯一完整傳記。以女性史的研究成果為基礎，重新審視奧林匹雅思一直以來被視為惡女的人物形象，同時也描述了王族女性們在繼業者戰爭時期的活躍表現及其悲劇性的命運。
- ピエール・ブリアン『アレクサンダー大王——未完の世界帝国』（Pierre Briant, *De la Grèce à l'Orient Alexandre le Grand*）福田素子訳／桜井万里子監訳　創玄社　1991年
  - ▶ 收錄許多插圖的圖像版傳記，甚至包括了伊斯蘭的繪畫。卷末的資料篇，除了節譯古典作品之外，還自相關資料和研究書籍中摘錄出能夠窺見近代大帝形象的內容，從中能夠追溯大帝研究史的發展潮流。

鬥，在索格底亞那則是擔任騎兵部隊的指揮官。他與赫菲斯提昂一起被派去為渡過印度河進行準備，一般認為他也支持大帝的東方政策。回到蘇薩後，他與波斯總督之女結婚，與其他同僚們一起接受大帝的論功行賞。赫菲斯提昂死後，他接任千夫長之位，躍升成為第二把交椅。大帝臨死之前將戒指交給佩爾狄卡斯，等於在實際上指定他為繼承者。大帝死後，他成為兩位名義上國王的攝政，雖以繼承帝國整體為目標，但其他的將軍們對他的野心產生警戒，彼此形成對立。西元前三二一年，他進攻埃及失敗，被部下殺害。

查士丁

（Junianus Justinus，西元 3 世紀？）

羅馬的修辭學者，大帝傳記作家之一。奧古斯都時代的歷史學家特洛古斯（Pompeius Trogus），有一部已亡佚的長篇巨著，是四十二卷的《腓力史》（*Historiarum Philippicarum*），查士丁摘錄這部巨著的重點製作成《腓力時代歷史（概要）》。在羅馬帝政時期，寫出許多超過上百卷的大規模著作，當時因應一般讀者的廣大需求，也出現摘要版、簡約版。查士丁的《腓力時代歷史（概要）》就是其中之一，是一部始自亞述帝國直至羅馬統一地中海為止的世界史。第十一卷和十二卷是關於亞歷山大大帝的記述，但整體而言不正確的內容頗多，是現存的大帝傳記中可信度最低的作品，以充滿道德論斷的敘述基調，將亞歷山大描寫成因沾染上東方風格而墮落的暴君。

羅克珊娜

（Roxana，西元前 340 年代後半～前 310 年左右）

亞歷山大的正式王妃，索格底亞那地區豪族歐克西亞提斯之女。西元前三二八年，她與家人一起躲藏在岩堡中，但因堡壘陷落而淪為俘虜，亞歷山大對她一見鍾情。她在翌年春天與大帝結婚，成為大帝的第一位正式王妃。她在印度曾生下一名男孩但夭折。大帝死時，她懷孕八個月（亦有傳說是六個月）。她與成為攝政的佩爾狄卡斯聯手，偽造信件將競爭對手，也就是大帝另一位王妃斯姐特拉二世招來後殺害。她生下的男孩，遵從將軍們的決定即位成為亞歷山大四世。西元前三二一年，她跟隨繼任攝政安提帕特，和其他的王族一起前往馬其頓。安提帕特死後，他的兒子卡山德與接任攝政的坡利坡康對立導致王權分裂，王族也因此分裂為兩派。大帝的母親奧林匹雅思，為守護孫子亞歷山大四世和羅克珊娜，在西元前三一七年，擒獲腓力三世（阿里達烏斯）和阿狄亞（尤麗黛），並殺害兩人。不過奧林匹雅思也被卡山德的軍隊包圍，在隔年投降後被處決。羅克珊娜和亞歷山大四世母子，被掌握馬其頓實權的卡山德移到安菲波利斯，置於監視之下。西元前三一〇年左右，失去利用價值的兩人被秘密殺害，馬其頓王室斷絕。

蒲魯塔克

（Plutarch，西元 50 年以前～ 120 年以後）

羅馬帝政初期的傳記作家，也是大帝傳記作家之一。他出生在一戶位於希臘的小城邦喀羅尼亞的望族之家，少年時代曾遊學於雅典，學習哲學。蒲魯塔克在三十歲和四十歲時曾經拜訪羅馬，與上層階級的人士索西烏斯・塞奈西奧（Sosius Senecio）結為莫逆之交，《希臘羅馬英豪列傳》就是獻給他的作品。蒲魯塔克不曾從事引人矚目的政治活動，終身在喀羅尼亞渡過，晚年曾擔任德爾菲的最高神職人員和近鄰同盟的重要職位。他一生撰寫的作品多達二百五十篇，著名的《希臘羅馬英豪列傳》共有四篇獨立傳記和二十二篇對比列傳，每篇對比列傳都由一位希臘名人和一位羅馬名人組成，〈亞歷山大傳〉則是與〈凱撒傳〉成對。他的記述有龐大的閱讀作為基礎，敘述面向廣闊且優游自如，感覺似乎是一位談話高手。他除了刻劃出大帝的驍勇善戰和果敢性格之外，也細緻描寫出大帝的弱點與短處，提供了一個充滿人味的亞歷山大形象。

赫菲斯提昂

（Hephaestion，西元前 356 年～前 324 年）

亞歷山大的親信，也是大帝最愛的摯友，出身於佩拉，與大帝同年齡。他和亞歷山大一起長大，一起在米埃札接受亞里斯多德的教學。一般推測兩人之間具有同性愛關係。遠征第一年，他接替戰死的托勒密成為近身護衛官，菲羅塔斯被處刑後，又與克利都斯共同被任命為騎兵指揮官。不過他在戰爭中並沒有醒目的活躍表現，他的晉升也主要是由於和大帝之間的親密關係。比起軍事上，他的才能在組織方面表現更為優越。他在腓尼基的西頓被交付選出新王的任務，在巴克特里亞和索格底亞那地區，則是負責城市建設、確保糧秣的來源、於河川上架設橋樑、整頓聯絡網等等。他還被派去為渡過印度河進行各項準備，也在位於印度河口的帕塔拉從事要塞和船塢的建設。他在政策方面則支持大帝的「東方化」，他自己也採取東方風格，與反對派的克拉特魯斯激烈針鋒相對。大帝的母親奧林匹雅思忌妒他，在信件中引起激烈爭執；他與歷史學家卡利西尼斯和其他的親信們也產生對立，性格似乎善妒並且常因為小事與人起爭執。在蘇薩的集團婚禮中，他與大流士三世的女兒德莉比娣絲結婚，與同樣和大流士的另一個女兒結婚的大帝成為連襟關係。他還被任命為實際上地位等同於宰相的千夫長，是僅次於大帝的第二把交椅。不過在西元前三二四年秋，他突然死亡，大帝將他以半神的英雄祭祀。

佩爾狄卡斯

（Perdiccas，西元前 360 年左右～前 321 年）

亞歷山大的武將之一，出身於上馬其頓的歐瑞斯提斯地區。腓力二世遭到暗殺時，他是國王的護衛官，追蹤到暗殺者保薩尼阿斯的下落並將其殺害。他是一位優秀的指揮官，很早就嶄露頭角，在三大會戰中都負責指揮密集步兵部隊。西元前三三一年末，他被任命為近身護衛官，之後也繼續指揮密集步兵部隊在最前線戰他反覆以政治婚姻為手段，拓展與周邊各國的同盟關係，以確保國境地帶的安全。他更進一步開鑿金礦、改良與健全軍隊體制、建立城市、開墾農地、強制遷移他征服的各民族等等，急速增強國力，將馬其頓培育成巴爾幹半島上的第一強國。他也雙管齊下地運用外交和戰爭的手段逐步征服希臘，西元前三三八年，於喀羅尼亞會戰中獲勝後，完全征服希臘。他將希臘諸城邦組織為科林斯同盟，他自己則成為盟軍統帥，終於開始著手準備遠征波斯。然而西元前三三六年夏，在女兒婚禮之際，他因為同性愛的戀情糾紛，遭到近身護衛官保薩尼阿斯暗殺。雖然一般人會知道腓力的名字，主要因為他是大帝的父親，但無庸置疑地，他是西洋古代最傑出的國王之一。

菲羅塔斯

（Philotas，西元前 360 年代後半～前 330 年）

馬其頓貴族，大帝最高位階的親信之一，重臣帕曼紐之長子。在出發遠征東方時，他是全部馬其頓騎兵部隊的指揮官，在三大會戰中的作戰位置就緊鄰於亞歷山大之側。他的榮譽地位部分是來自於，大帝獎賞支持其即位的父親帕曼紐。他的性格大方，也很照顧朋友，但相反地，卻也狂妄自大又傲慢，甚至曾經在從俘虜中挑出來作為情婦的女性面前，吐露侮蔑亞歷山大的言詞。西元三三〇年秋，數名年輕人在法拉達計畫謀殺國王的陰謀被發覺。菲羅塔斯雖兩次接獲關於這個陰謀的通報，但卻未向大帝報告，因而被懷疑涉入陰謀之中。大帝的親信們因為反對菲羅塔斯的立場，團結一致地將他送上審判，陷他入罪。於是，菲羅塔斯被處決，在埃克巴坦那的父親帕曼紐也被謀殺。

托勒密

（Ptolemy，西元前 360 年代後半～前 283 年）

亞歷山大的親信，埃及的托勒密王朝的建立者，也是大帝傳記作家之一。他出身於上馬其頓的俄爾達雅地區（Eordaea）。他從一開始就參加遠征，西元三三〇年秋，被選拔近身護衛官，接替被陰謀事件牽連的德米特利亞斯之位。他在隔年抓到殺害大流士三世的貝蘇斯，在索格底亞那和印度的多場作戰中也有活躍的表現。在蘇薩的集團婚禮中，他和阿塔巴蘇斯的女兒，也是大帝的情人巴西妮的姊妹阿塔卡瑪（Artacama）結婚。大帝死後，他被任命為埃及總督。西元前三二一年，在攝政佩爾狄卡斯將大帝遺體送回本國的途中，他在敘利亞奪取靈車，成為繼業者戰爭爆發的契機之一。在那之後，他也在東地中海擴張勢力，建立一個海上大帝國。西元前三一三年時，他將首都遷到亞歷山卓，設立研究單位（博物館）等等，鞏固了城市繁榮的基礎。他在西元前三〇四年稱王，晚年指定兒子托勒密二世為繼承人並擔任共同統治，以謀求王朝的安定。他在晚年執筆撰寫的大帝傳記，是一部格外詳細記錄大帝的戰爭的軍事史，是阿里安的主要典據。不過，他的書寫偏向於誇大自己的功勞，輕視、忽略繼業者戰爭期間的對手的功績。

尼阿卡斯

（Nearchus，西元前 360 年代初～前 310 年）

亞歷山大的武將，大帝傳記作家之一。他雖是克里特島出身的希臘人，但因父親從克里特島遷居到位於馬其頓王國的安菲波利斯，並取得馬其頓的公民權，因此他被當成馬其頓人養育長大。遠征第一年冬，他被任命為小亞細亞西南部的呂基亞和潘菲利亞（Pamphylia）的總督，與弗里吉亞總督安提柯建立密切的關係。之後，他被召集到前線，西元前三二八年春，率領傭兵部隊在巴克特拉與主力部隊合流。在主力部隊要向印度河移動之際，他指揮偵察部隊先行出發。西元前三二六年秋，他在希達斯皮斯河負責安裝三層艦戰船的裝備。下印度河之後，他奉命展開印度沿岸的航海探險，於西元前三二五年晚秋，趁著東北季風出航，歷經充滿苦難的航海行程之後，在十二月左右抵達哈莫即亞，偶然與大帝重逢。西元前三二四年三月，他跟主力部隊在蘇薩合流，於集團婚禮中，與大帝的情人巴西妮和前夫曼托爾所生的女兒結婚。西元前三二三年，他被任命為阿拉伯環航艦隊的指揮官，但因大帝之死而未能實現這趟探險。在繼業者戰爭中，他身處於安提柯的陣營，西元前三一二年，他以安提柯之子德米特利亞斯的顧問身分，滯留於敘利亞。他在那之後引退，將餘生奉獻給撰寫大帝傳記和航海志。

帕曼紐

（Parmenio，西元前 400 年左右～前 330 年）

馬其頓的將軍，與安提帕特共同支撐起馬其頓王國的重臣。西元前三三六年，他以遠征波斯的先遣部隊指揮官之一，被派遣到小亞細亞。腓力二世遭到暗殺後，他支持亞歷山大即位，默許大帝派員暗殺同樣身為指揮官的宿敵阿塔拉斯。他的支持對亞歷山大穩定王權貢獻甚大，為此論功行賞之際，他的家族全員晉升，形成一大勢力。他在遠征軍中是僅次於大帝的第二把交椅，在三大會戰中，握有左翼全體部隊的指揮權。在遠征軍自波斯波利斯出發後，他與追擊大流士的大帝分開，進駐埃克巴坦那。大帝在這個時期開始展開東方協調路線，且為了將軍隊完全掌控在自己的手中，被迫需要排除帕曼紐一族的影響力。西元前三三〇年秋，他的長子菲羅塔斯在法拉達，以涉入暗殺國王的陰謀為由遭到處決。帕曼紐雖然與事件無關，但大帝已經無法再讓這位老將軍繼續活著，於是派遣與帕曼紐關係親近的波呂達瑪斯，前往埃克巴坦那將他殺害。

腓力二世

（Philip II，西元前 382 年～前 336 年）

馬其頓之王，亞歷山大大帝之父。西元前三六〇年代中葉，在兄長佩爾狄卡斯三世的統治時代，年過十五歲的他，被當成人質送到底比斯，在底比斯渡過了三年時光。西元前三五九年，伊利里亞人入侵馬其頓，兄長因此戰死後，他以二十三歲之齡即位。他重建軍隊，擊退伊利里亞人，排除王位挑戰者，克服危機。之後，大帝死後，他身為攝政佩爾狄卡斯的直屬部下，被賦予守護兩位國王的任務。西元前三二一年的特里帕拉迪蘇斯會議中，他被任命為巴比倫總督，但五年後因為與安提柯對立而逃往埃及。西元前三一二年，他回到巴比倫，恢復總督的地位。此後他將目光轉向東方，西元前三〇六年起開始遠征巴克特里亞地區。他之後又接著進攻印度，但在西元前三〇四年，敗於孔雀王朝的旃陀羅笈多後，雙方締結和約。他在這段期間於巴克特里亞稱王。他繼承了阿契美尼德王朝的大半領土，在底格里斯河畔建立新首都塞琉西亞後，接著又陸續在敘利亞北部和小亞細亞西部建立許多城市。西元前二八二年，他戰勝以色雷斯地區為據點的利西馬科斯，並於翌年登陸歐洲，以進軍馬其頓本國為目標，但卻被從埃及流亡投奔於他的托勒密（克勞諾斯）暗殺。

大流士三世

（Darius III，西元前 380 年左右～前 330 年）

波斯阿契美尼德王朝的最後一任國王，屬於王室旁系，本名為阿塔沙塔（Artashata），父親是阿薩米斯（Arsames），祖父是阿塔澤克西茲二世的兄弟歐司塔涅斯（Ostanes）。他在擔任亞美尼亞總督時，由於宮廷內部的陰謀，王室直系血統中斷，他因此在西元前三三六年即位。傳說他是一位身形高大、驍勇善戰、品行高潔且性格敦厚的人物。亞歷山大即位後，他便提供資金給希臘諸城邦，支援反馬其頓行動。西元前三三三年秋，在伊索斯會戰中戰敗，他自己雖然逃走了，但家族全部都淪為俘虜。之後他致送親筆信給亞歷山大，提出割讓領土、將女兒嫁給大帝之類的條件，想換取家族成員的釋放，但未能如願。西元前三三一年十月一日，他在高加米拉會戰中再度敗北，逃往埃克巴坦那。西元前三三〇年五月，他得知馬其頓軍出發向波斯波利斯前進後，又再向東方移動。不過他的實權被巴克特里亞總督貝蘇斯奪走，因而淪為階下囚。同年七月，在亞歷山大即將追上他們一行人之前，他被貝蘇斯殺害。

狄奧多羅斯

（Diodorus，西元前 1 世紀）

西西里出身的希臘歷史學家，大帝傳記作家之一。他著作的《歷史叢書》全部共四十卷，記述了從太古時代到凱撒的高盧戰爭為止的歷史。當時的羅馬正處於由共和制轉向帝政的過渡期，這部著作無非是將地中海一帶視為己有的羅馬人的「世界史」。《歷史叢書》完整保留下來的內容，有第一卷至第五卷和第十一卷至第二十卷，其中第十七卷記述的是亞歷山大的統治時代，描寫出大帝的英雄形象。另一方面，過度強調大帝的偉大，和流於誇大的描寫和情感化的表現，明顯給人一種迎合大眾喜好的印象。

克利都斯

（Clitus，西元前 360 年代～前 328 年）

亞歷山大的武將，他的姊姊蘭妮基（Lanike）是亞歷山大的乳母，他和大帝也是兒時玩伴。他在格拉尼卡斯河、伊索斯和高加米拉的三大會戰中，擔任親衛騎兵隊的指揮官，當亞歷山大在格拉尼卡斯河單槍匹馬對戰波斯將軍時，於千鈞一髮之際救了大帝一命。西元前三三一年末，他因病被留在蘇薩，隔年於帕提亞地區和主力部隊合流。在處決菲羅塔斯後，他和赫菲斯提昂平分騎兵部隊的指揮權。西元前三二八年秋，他被任命為巴克特里亞總督，接替辭任的阿塔巴蘇斯。克利都斯認為自己遭到降職，在他赴任前夕，於馬拉坎（今撒馬爾罕）舉行的宴會中，將從前累積下來的不滿情緒一口氣爆發，公然責難大帝偏愛亞洲。跟他一樣喝得酩酊大醉的亞歷山大勃然大怒，衝動之下以矛刺死了他。

科那斯

（Coenus，西元前 360 年代中期左右～前 326 年）

亞歷山大的武將，上馬其頓的厄利苗提斯地區（Elimiotis）出身的貴族，自腓力二世的時代起便擔任部隊指揮官。西元前三三五年，他與遭到亞歷山大肅清的阿塔拉斯的遺孀結婚，她也是重臣帕曼紐的女兒。於是他成為菲羅塔斯的舅子，開始以帕曼紐派的一員，經歷亞歷山大的統治時代。在三大會戰中，他負責率領密集步兵部隊，特別是在伊索斯和高加米拉，他所占的位置在重裝步兵的最右翼，緊鄰近衛步兵部隊左側。遠征第一年冬，新婚的他率領著同樣是新婚的將士們歸國，翌年春，與增援部隊一起在哥迪姆與主力部隊合流。西元前三三〇年，菲羅塔斯遭到告發後，他為求自保迅速轉為反對派。之後，在索格底亞那地區與斯基泰人戰鬥時，或是在印度北部的斯瓦特地區，他也經常獨立行動，在與波魯斯王的會戰中則是指揮騎兵部隊，無所遺憾地充分發揮了身為軍人的才能。西元前三二六年，士兵們在海發西斯河畔拒絕繼續遠征時，大帝召集指揮官們，告訴他們無論如何都要繼續前進。在所有人都心懷忌憚不敢對大帝直言的情況下，科那斯挺身而出，代眾人表達出心情，勸大帝折返。他在不久之後病死，亞歷山大盡其可能盛大地將他安葬。

塞琉卡斯

（Seleucus，西元前 350 年代初～前 282 年）

亞歷山大的武將，敘利亞塞琉古王朝的建立者，他的父親安條克是腓力二世時代的高官。他年紀比大帝稍長，是腓力二世的貼身侍衛。他在中亞地區的戰鬥中嶄露頭角，在與波魯斯王的會戰中指揮近衛步兵部隊。在蘇薩的集團婚禮中，他與波斯貴族斯皮塔米尼斯之女阿帕瑪結婚，兩人終生相隨，在眾人之中乃屬特例。

赫菲斯提昂激烈針鋒相對，大帝喚赫菲斯提昂為「亞歷山大之友」，稱克拉特魯斯為「國王之友」，在兩人爭吵時，大帝曾說：「我在所有的人當中，最愛的就是你們兩人。」另一方面，他固執於馬其頓自古以來的慣例，因而相當受到一般士兵的愛戴。在繼業者戰爭的當時，甚至據說士兵們只要看見克拉特魯斯的帽子、聽見他的聲音，便會拿起武器奮勇飛奔而至。在與波魯斯王的會戰中，他面對印度軍剩下的主力部隊，擊破這些敗走的印度軍。自印度折返的歸途，他率領分遣隊，於卡曼尼亞地方與主力部隊合流，在蘇薩與大流士三世的兄弟，波斯的歐克西亞提斯（Oxyathres of Persia）的女兒結婚。西元前三二四年，被大帝任命為馬其頓本國的代理統治者，率領一萬名退役的復員士兵出發；翌年夏，在西里西亞地區接獲大帝去世的通知。之後他回到馬其頓，西元三二一年戰死於小亞細亞的戰鬥中。

庫爾提烏斯

（Quintus Curtius Rufus，西元 1 世紀）

羅馬元老院議員，大帝傳記作家之一。傳記全部共十卷，但因最初兩卷亡佚，而無從得知正確題名。關於作者本身的資料也幾乎完全不明，然而一般推測這部大帝傳記應該是執筆於羅馬皇帝克勞狄烏斯（Claudius）的時代。故事內容豐富而精采，然時而交織著作者本身的道德論斷，斬釘截鐵地對大帝斷罪，認為亞歷山大陷入傲慢與怠惰，採用東方風格的宮廷儀式之類的行徑，又加上縱酒過度而日漸墮落。另一方面，一般認為書中也在許多地方使用了波斯方面留下的史料，如阿契美尼德王朝的風俗習慣、波斯大帝與親信們之間的對話等等，保存了許多其他作品當中見不到的豐富情報。

克來塔卡斯

（Cleitarchus，西元前 4 世紀後半～前 3 世紀前半）

希臘化時代初期的作家，是大帝傳記作者之一，出身於小亞細亞的希臘城邦科洛封（Colophon），是歷史學家狄農（Dinon）之子。他師事哲學家斯提波（Stilpon），並隨之移居亞歷山卓，在托勒密的贊助下，執筆撰寫了十二卷的大帝傳記。他的作品在迎合他的保護主托勒密的同時，故事內容也相當符合一般人們心目中的大帝形象。因此雖與正確歷史相距甚遠，但從希臘化時代到羅馬時代，一直廣泛受到人們喜愛，對古代的亞歷山大形象的形成，可謂是帶來了決定性的影響。此書也是狄奧多羅斯和庫爾提烏斯所採用的主要典據之一。

卡山德

（Cassander，西元前 350 年代～前 297 年）

重臣安提帕特之長子，繼業者戰爭時代的馬其頓國王。他沒有從軍加入東方遠征，一直留在馬其頓。在父親惹惱大帝後，他於西元前三二四年前往巴比倫，代父親向亞歷山大申辯，卻反倒惹怒大帝，因而日後始終對大帝心懷恐懼。他毒殺大帝之說，是繼業者戰爭時代的反對派為了政治宣傳而散布的流言。西元前三一八年，他對安提帕特臨死之際指定坡利坡康接任攝政之事心懷不滿，得到安提柯的支援後舉旗造反。王族之中，腓力三世（阿里達烏斯）和其王妃阿狄亞（尤麗黛），跟他站在同一邊。不過兩人與奧林匹雅思的軍隊對戰後落敗，遭到處決。急速前往的卡山德，逆勢包圍奧林匹雅思，西元前三一六年春，擒獲她後將其處決。於是他成為馬其頓的單獨統治者，迎娶大帝同父異母的妹妹帖撒羅妮加為妻，建立新首都並命名為帖撒羅尼迦（Thessalonica）。他將亞歷山大四世和母親羅克珊娜移到安菲波利斯，實際上是將兩人幽禁。西元前三一〇年左右，他祕密殺害母子兩人，並於前三〇五年左右稱王。

卡利西尼斯

（Callisthenes，西元前 370 年左右～前 327 年）

希臘哲學家、歷史學家，大帝傳記作者之一。他出身位於哈爾基季基半島的希臘城邦奧林索斯（Olynthus），是哲學家亞里斯多德的姪孫，在亞里斯多德的推薦下從軍加入遠征，被亞歷山大交付執筆遠征正式紀錄的任務。他自尊心強烈、沉默寡言且厭惡交際，因此孤立於宮廷之中，但相當受到年輕人喜愛，視他為哲學之師，頗受傾慕。西元前三二七年，他反對導入波斯風格的宮廷儀式跪拜禮，在國王面前氣勢凜然地展開反駁，與國王針鋒相對。這時貼身侍衛們暗殺國王的陰謀事件被發覺，首謀者是卡利西尼斯的弟子，他因此被懷疑涉入陰謀而遭到處決。他的大帝傳記，是讚美亞歷山大為阿基里斯再世的武勳之歌，承擔起形塑大帝神話的任務。此外他也詳細記錄遠征地點的地方誌和掌故，因而為羅馬時代的傳記作家蒲魯塔克、地理學者斯特拉博（Strabo），大量引用。

克拉特魯斯

（Craterus，西元前 360 年代初～前 321 年）

亞歷山大的武將，出身於上馬其頓的歐瑞斯提斯（Orestis）地區。他自遠征之初起便擔任密集步兵部隊的指揮官，在伊索斯和高加米拉的會戰中指揮左翼的全體步兵部隊。西元前三三〇年告發菲羅塔斯的事件中，他因個人敵意而於事件中扮演主導性角色，與近身護衛官們團結合力將菲羅塔斯逼入死刑。他與大帝的摯友戰中擊破反叛軍，令阿基斯戰敗而死。在馬其頓本國的統治上，他對大帝母親奧林匹雅思的干涉甚感苦惱，兩人紛紛致信大帝，中傷對方，展開紙上攻防戰。他與大帝之間鴻溝漸深，西元前三二四年，亞歷山大決定換掉他的職位，將他召回巴比倫。因此大帝突然死去後，甚至傳出大帝是遭到安提帕特一派毒殺的謠言。在巴比倫的會議中，他再度被承認為馬其頓和希臘的全軍統帥。西元前三二二年，他鎮壓住希臘諸國的反叛（拉米亞戰爭）。佩爾狄卡斯在西元前三二一年死後，他在特里帕拉迪蘇斯的會議中被任命為攝政，率領王族歸國。西元前三一九年，他指定坡利坡康接任攝政之職後，以八十歲之齡辭世。他指定坡利坡康繼任之事，激怒兒子卡山德，成為導致馬其頓王權分裂的原因。

歐奈西克瑞塔斯

（Onesicritus，西元前 370 年代～前 305 年以後）

希臘哲學家，也是大帝傳記作者之一，師事犬儒學派哲學家第歐根尼。他似乎從一開始便參加東方遠征。他在印度的塔克西拉時，被派遣前往拜訪印度的哲學家們，實現安排印度哲人會見大帝的任務。此外他亦通曉航海之事，在下印度河時擔任旗艦的舵手，也曾參加尼阿卡斯的航海探險。他的大帝傳記是一部隨心所欲地將事實與想像交織混合的作品，他和卡利西尼斯同樣明顯地是大帝的追隨者。他的作品中也留下部分關於印度的自然風物和婆羅門僧侶的記述。

奧林匹雅思

（Olympias，西元前 370 年代中期～前 316 年）

亞歷山大大帝之母，腓力二世的王妃，是位於品都斯山脈西側的莫洛西亞王國的公主，父親為涅俄普托勒摩斯。她在薩摩色雷斯島成為秘密宗教儀式的信徒，陶醉於激情的操蛇信仰。她在西元前三五七年與馬其頓的腓力二世結婚，隔年生下亞歷山大，再一年又生下克麗奧帕特拉。西元前三三七年，腓力迎娶馬其頓貴族之女為第七任妻子後，奧林匹雅思母子二人因為感覺到王位繼承權遭到剝奪，與腓力針鋒相對，奧林匹雅思因而回到故國莫洛西亞。翌年腓力遭到暗殺後，傳出她們母子二人是幕後黑手的流言，但並無確實證據。她在遠征東方期間除了頻繁寫信給兒子，關注兒子身邊的一切之外，還與本國的代理統治者安提帕特針鋒相對。亞歷山大死後，她雖然賭上性命，打算將女兒克麗奧帕特拉嫁給繼業將軍當中的一人，結果未能實現。大帝的正式王妃羅克珊娜和孫子亞歷山大四世歸國，馬其頓王權又分裂後，她為守護大帝的血脈與攝政坡利坡康聯手。西元前三一七年，她擒獲反對的腓力三世（阿里達烏斯）和阿狄亞（尤麗黛）後，殺害兩人。不過，她在彼得那城被卡山德的軍力包圍，於翌年春投降，遭到處決。

亞歷山大四世

（Alexander Ⅳ，西元前 323 年～前 310 年左右）

亞歷山大大帝與正式王妃羅克珊娜之子，馬其頓名義上的國王。他在大帝死後兩個月（亦有傳說是四個月後）誕生。遵從馬其頓軍的將士們的決定，他與腓力三世阿里達烏斯成為馬其頓的共治之王，即位後被稱作亞歷山大四世。王族分裂後，祖母奧林匹雅思成為他的後盾，不過當她在西元前三一六年被殺害後，掌握馬其頓實權的卡山德，將他和母親羅克珊娜一起移到安菲波利斯，置於監視之下。四位繼業將軍在西元前三一一年締結的和約中，約定在亞歷山大四世成人以前，應由卡山德擔任歐洲地區的將軍。然而在西元前三一〇年左右，卡山德秘密殺害已失去利用價值的母子二人，馬其頓王室就此斷絕。母子兩人之死的消息在西元前三〇六年左右傳播開來，給了繼業將軍們稱王的機會。

安提柯

（Antigonus，西元前 382 年～前 301 年）

馬其頓將軍，繼業者戰爭的中心人物，綽號獨眼。他與腓力二世同年，擁有與國王共同歷經馬其頓興隆過程的親身經驗。東方遠征開始時，他擔任希臘同盟軍的指揮，在西元前三三三年，被任命為小亞細亞內陸的要衝弗里吉亞的總督。之後，他平定鄰近地區，擊破伊索斯會戰後倖存的希臘將軍的反攻等等，對馬其頓在小亞細亞的占領統治上貢獻極大。大帝死後，他因與攝政佩爾狄卡斯對立，逃往歐洲，大肆張揚他的野心，成為繼業者戰爭爆發的原因之一。佩爾狄卡斯死後，西元前三二一年，在特里帕拉迪蘇斯的會議之中，他被任命為馬其頓全軍的指揮官，獲得亞洲地區的最高權力。在這之後，他和兒子德米特利亞斯一起持續與其他將軍們戰鬥，是長達二十年的繼業者戰爭的中心人物。西元前三〇六年，他與兒子共同稱王，以紀念在賽普勒斯的外海大勝托勒密的艦隊，成為建立希臘化王國的先驅。不過西元前三〇一年，他在小亞細亞的伊普蘇斯會戰中，敗給塞流卡斯和利西馬科斯的軍隊，並且戰死，他的王國也因而瓦解。

安提帕特

（Antipater，西元前 399 年左右～前 319 年）

馬其頓將軍，與帕曼紐並列為王國重臣。在腓力二世即位以前，他便是一位表現活躍的軍人，腓力遭到暗殺後，他立刻支持亞歷山大即位，對於穩定王權貢獻良多。他在東方遠征期間除了以代理統治者的身分，治理馬其頓王國和希臘本土之外，也持續派送增援部隊到前線。西元前三三一年，斯巴達國王阿基斯起義後，他率領包含希臘同盟軍在內共四萬名的士兵南下。翌年春，在梅格洛玻利斯的會

亞里斯多德

（Aristotle，西元前 384 年～前 322 年）

古希臘哲學家，亞歷山大的教師，出生於哈爾基季基半島（Chalcidice）的小城邦斯塔吉拉。他的父親是在馬其頓宮廷擔任御醫的尼科馬庫斯（Nicomachus），因此他在首都佩拉渡過少年時代。十七歲時，他前往雅典遊學，在柏拉圖創設的學院求學二十載。柏拉圖在西元前三四七年過世後，他先是遷移到小亞細亞的阿索斯（Assos），接著又遷往列斯博斯島的米蒂利尼。西元前三四三年，他接受腓力二世的招聘，成為王子亞歷山大的教師，在米埃札教學三年。他讓王子喜愛上文學，也讓王子對醫學產生興趣，並致贈王子他親自校訂的《伊里亞德》。亞歷山大即位隔年，西元前三三五年，他遷往雅典，在萊西姆（Lyceum）創立學院，他會在柱廊下邊走邊進行討論，故而被稱為「逍遙學派」（Peripatetics）。據說他的姪孫卡利西尼斯在西元前三二七年遭到處刑後，他開始對大帝不懷好意。更有流言謠傳他加入暗殺大帝計畫，親自調配毒藥。不過這些全是沒有根據的謠言。亞歷山大在西元前三二三年去世，雅典加入反馬其頓起義後，被視為親馬其頓派的他，以褻瀆神明之罪遭到起訴，他逃到尤比亞島，於翌年過世。

阿瑞斯托布拉斯

（Aristobulus，西元前 4 世紀前半～西元前 3 世紀初）

大帝傳記作家之一。在遠征期間亞歷山大曾命令他修繕居魯士二世的陵墓，被視為是一位工程師和建築師。大帝死後，他回到馬其頓，在卡山德的統治時代渡過餘生。據說他於西元前三世紀初期，八十四歲時開始撰寫大帝傳記。他的作品沒有吹捧亞歷山大和扭曲事實，因而獲得可信度極高的評價，為羅馬時代的阿里安所運用。

阿里達烏斯

（Arrhidaeus，西元前 358 年左右～ 317 年）

腓力二世之子，亞歷山大的兄長，馬其頓名義上的國王，他的母親是色薩利貴族出身的菲麗娜。他因為有智能上的障礙，無法涉入宗教儀式以外的國事。他在遠征東方期間的消息不明，但亞歷山大死時，他正在巴比倫的宮廷，在馬其頓軍將士的共識下他登基為王，稱為腓力三世。他被置於攝政佩爾狄卡斯的保護下，與姪女阿狄亞（又名尤麗黛）結婚。西元前三二一年，佩爾狄卡斯死後，他在新任攝政安提帕特的陪同下回到馬其頓。安提帕特死後王權分裂，王族也分裂兩派，他與擁護亞歷山大四世的奧林匹雅思對立。西元前三一七年，妻子阿狄亞所率領的軍隊陣前倒戈，投向奧林匹雅思，他與妻子一起被奧林匹雅思擒獲後殺害。

主要人物略傳

阿塔拉斯

（Attalus，西元前 4 世紀前半～前 336 年）

馬其頓貴族。腓力二世的外戚，也是亞歷山大的宿敵。西元前三三七年，他的姪女克麗奧帕特拉與腓力二世結婚時，他在婚宴上舉杯祝賀兩人早日生下正統繼承人。此事令亞歷山大激憤不已，兩人成為不共戴天的仇敵。之後，他因為身為姪女的保護人，而在宮廷中取得極大的權力。西元前三三六年，腓力派遣遠征東方的先遣部隊前往小亞細亞時，阿塔拉斯被選為三名指揮官之一。不過腓力在同年遭到暗殺後，他也被亞歷山大派遣的部下暗殺。

阿里安

（Arrian, Flavius Arrianus，西元 2 世紀）

羅馬帝政時期的軍人、政治家、作家，也是大帝傳記的作者之一。西元一世紀末，誕生在小亞細亞的城市尼科米底亞（Nicomedia，現在的伊茲密特〔İzmit〕）的一戶具有元老院議員身分的希臘望族之家。他師事哲學家愛比克泰德（Epictetus）後，得到一位羅馬高官的重用，參加皇帝圖拉真遠征帕提亞，並認為這場遠征是重現亞歷山大的遠征。在次任皇帝哈德連（Hadrian）的時代，他擔任羅馬帝國東方邊境的行省卡帕多奇亞（Cappadocia）的總督，也曾與北方的遊牧民族斯基泰人戰鬥。他在「羅馬和平」時代，歷任帝國要職，博得巨大的名聲，被歌頌為「最高貴的羅馬人」。他將餘生專心投入寫作，涉及主題甚廣，除了《亞歷山大遠征記》和《印度誌》（*Indica*）之外，還撰寫了關於他的出身地的鄉土史《比提尼亞誌》（*Bithyniaca*），彰顯圖拉真的東方遠征的《帕提亞誌》（*Parthica*），和根據擔任總督的經驗撰寫的《黑海環航記》（*Periplus of the Euxine Sea*）等等多部著作。他的大帝傳記，依據他評價最值得信賴的托勒密和阿瑞斯托布拉斯的作品撰寫，對抗當時流傳的大帝暴君說，描寫出大帝身為一位偉大將軍的形象，在近代研究中，被評價為是大帝傳記之中最正確的作品，長久以來被視為是大帝的「正史」。

西元	希臘、馬其頓	西亞與世界
		前275年，羅馬稱霸義大利半島。 前264年，羅馬與迦太基的第一次布匿戰爭開始。
前262	帕加馬在實質上從塞琉古王朝獨立。	
前250左右	巴克特里亞在實質上從塞琉古王朝獨立。	
前226	帕加馬的阿塔魯斯一世正式稱王。	
		前221年，秦始皇統一中國。 前218年，第二次布匿戰爭開始，漢尼拔（Hannibal）入侵義大利。 前202年，劉邦在中國建立漢王朝。
前146	巴克特里亞的希臘城市艾哈努姆，因遊牧民族入侵而滅亡。	羅馬破壞迦太基，第三次布匿戰爭結束。羅馬將希臘和馬其頓設為行省。
前133	帕加馬的阿塔魯斯三世過世，將王國遺贈羅馬人民。	
		前120年～前100年左右，於龐貝城製作了亞歷山大的馬賽克鑲嵌畫。

西元	希臘、馬其頓	西亞與世界
	夏，在奧匹斯要求馬其頓老兵退役，引發騷動後，舉辦和解的饗宴。 秋，大帝摯友赫菲斯提昂病死於埃克巴坦那。	
前323	春，回到巴比倫。命令希臘諸國將自己「神格化」。 著手準備環航遠征阿拉伯半島。 6月10日，亞歷山大因熱病而死。 阿里達烏斯即位為腓力三世。 佩爾狄卡斯成為攝政，親信們分配總督領地。 羅克珊娜生下男孩，即位為亞歷山大四世。	
前321	反佩爾狄卡斯聯盟形成，繼業者戰爭開始。 佩爾狄卡斯進攻埃及失敗，遭暗殺。 在特里帕拉迪蘇斯的會議中，重新分配總督領地。 攝政安提帕特帶著王族回到馬其頓。	
前319	攝政安提帕特死去。卡山德舉旗反抗繼任的攝政者，王族分裂。	
前317	奧林匹雅思擒獲腓力三世夫妻後殺害。	旃陀羅笈多在印度創立孔雀王朝。
前316	卡山德擒獲奧林匹雅思後，將她處決。	
前313左右	托勒密將首都遷至亞歷山卓。	
前311	四名繼業者將軍認同彼此的勢力範圍，締結和約。	
前310左右	卡山德殺害羅克珊娜和亞歷山大四世母子，馬其頓王室斷絕。	
前306	安提柯稱王。 其他的將軍也紛紛仿效，成立五個希臘化王國（～前304年）。	
前304	塞琉卡斯遠征印度，敗於旃陀羅笈多，雙方締結和約。	
前301	安提柯於伊普蘇斯會戰中戰敗而死。	
前283	托勒密二世創辦祭祀父王的托勒密祭典。	
前280	馬其頓國內因凱爾特人入侵而荒廢。	
前277	安提柯二世（即戈納塔斯，Antigonus II Gonatas）登上馬其頓王位，創立安提柯王朝。 三個希臘化王國確立。	

西元	希臘、馬其頓	西亞與世界
		7月，大流士三世被親信貝蘇斯殺害。
前329	越過興都庫什山脈，進攻巴克特里亞地區。 渡過奧克蘇斯河（今阿姆河），捉拿貝蘇斯。 於賈克薩提茲河畔（今錫爾河），建立「最偏遠的亞歷山大城」。 巴克特里亞和索格底亞那的居民，在斯皮塔米尼斯的領導下，群起反抗，此後苦戰持續長達兩年。	
前328	在索格底亞那地區，與以岩堡作為根據地的居民展開攻防戰。 斯皮塔米尼斯被斯基泰人謀殺。 晚秋，於酒宴中刺殺親信克利都斯。	
前327	春，與索格底亞那豪族之女羅克珊娜結婚。 嘗試導入跪拜禮失敗。 發覺貼身侍衛們計畫暗殺國王的陰謀，歷史學家卡利西尼斯也遭牽連而被處決。 秋，進攻巴基斯坦西北部。	
前326	渡過印度河，抵達塔克西拉地區。 5月，於希達斯皮斯河畔（今傑赫勒姆河）的會戰中，戰勝波魯斯王。 夏，在海發西斯河畔（今比亞斯河），因將士們拒絕前進而決意折返。 11月，開始南下印度河。	
前325	在與馬利亞人的戰鬥中，身負重傷，瀕臨死亡。 於印度河流域各地展開無差別殺戮。 夏，到達位於三角洲地帶的帕塔拉。 交付尼阿卡斯於印度洋沿岸進行航海探險的任務。 10月～11月，跋涉穿越格德羅西亞沙漠，大軍損傷慘重。 大規模肅清波斯總督，對各行省總督發布傭兵解散令。	
前324	回到蘇薩。 對希臘諸城邦發布流亡者歸國令。 舉行集團婚禮，迎娶兩名阿契美尼德王室之女。 三萬名的伊朗年輕人接受馬其頓式的訓練後，抵達蘇薩。	

西元	希臘、馬其頓	西亞與世界
前371	斯巴達在留克特拉戰役中大敗，底比斯崛起。	
前359	腓力二世於馬其頓即位，重建王國後，開始進攻希臘。	
前357	腓力二世與鄰國莫洛西亞的公主奧林匹雅思結婚。	
前356	7月，亞歷山大誕生。	
前343	亞歷山大師事哲學家亞里斯多德（～前340年）。	
		前341年，波斯再度征服埃及。
前340	亞歷山大於父王不在國內期間代理國事，建立亞歷山德魯波利斯城。	
前338	8月，馬其頓在喀羅尼亞會戰中戰勝希臘軍。	這時羅馬控制了整個拉丁姆地區（Latium）。
前337	腓力二世召集希臘諸國代表，成立科林斯同盟，決議遠征波斯。	
前336	春，馬其頓遠征波斯的先遣部隊進攻小亞細亞西北部地區。	
	夏，腓力二世遭到暗殺，亞歷山大三世即位。	大流士三世於波斯即位。
前335	亞歷山大平定巴爾幹半島北方的各民族，且渡過多瑙河，又徹底毀滅反叛的底比斯，並被任命為科林斯同盟的全軍統帥。	
前334	春，亞歷山大率軍出發遠征東方。 於格拉尼卡斯河會戰中獲勝。 平定小亞細亞西岸地區的希臘城邦。	
前333	晚秋，於伊索斯會戰中擊敗大流士三世的軍隊。 冬，獲得腓尼基地區的各城邦。	
前332	夏，圍攻泰爾七個月後，終於占領。 初冬，和平地占領埃及。	
前331	2月，拜訪位於利比亞沙漠的阿蒙神殿。 4月，於尼羅河口動工興建新城市亞歷山卓。	
	10月，於高加米拉會戰中獲勝，進入巴比倫城。	阿契美尼德王朝的波斯帝國實質上瓦解。
前330	1月，占領波斯波利斯，掠奪龐大的財寶。 5月，於王宮放火，開始追擊大流士三世。 採用波斯風格的服飾及宮廷禮儀。 秋，處決親信菲羅塔斯，謀殺其父重臣帕曼紐。	

西元	希臘、馬其頓	西亞與世界
		前509年，羅馬成立共和政體。
前508	在克里斯提尼的改革下，確立了雅典重裝步兵的民主政體。	
前499	小亞細亞愛奧尼亞地區的希臘人反叛波斯。	
前492	第一次波希戰爭。 波斯艦隊因暴風雨遇難，撤退。	
前490	第二次波希戰爭。 雅典在馬拉松戰役中獲勝。	
前480～479	第三次波希戰爭。 馬其頓國王亞歷山大一世加入波斯一方參戰。 希臘軍在薩拉米斯海戰和普拉提亞戰役中獲勝。	前486年，阿塔澤克西茲一世即位。
前477	組成提洛同盟，持續與波斯的戰爭。	
前454	提洛同盟的金庫移轉到雅典。 雅典掌握愛琴海的霸權。	約前450年，羅馬制定《十二銅表法》。
前449	雅典與波斯的和約成立。	
前440年代	雅典在伯里克里斯的領導下完成直接民主制。	
前431	雅典與斯巴達之間發生伯羅奔尼撒戰爭。	
前413	阿奇列歐斯於馬其頓即位，將首都遷往佩拉，推動富國強兵政策。	
		前411年，波斯國王開始支援斯巴達。
前404	雅典投降，伯羅奔尼撒戰爭結束。	前404年，埃及叛離波斯，恢復獨立。 前403年，中國進入戰國時代（～前221年）。 前401年，波斯國王之弟居魯士叛亂。居魯士死後，希臘傭兵一萬人安然歸國。
前395	反斯巴達聯盟在希臘成立，發動科林斯戰爭。	
前393	阿敏塔斯三世於馬其頓即位，開始為北方民族的入侵所苦。	
前386	波斯國王介入後，科林斯戰爭結束。《國王和約》承認波斯對小亞細亞的希臘人的統治。	
前377	第二次雅典海軍同盟成立。	

年表

西元	希臘、馬其頓	西亞與世界
前8世紀	希臘人形成城邦。	
前776	第一屆奧林匹克競技會。	
		前770年，中國進入春秋時代（～前403年）。
前750左右	希臘人開始向地中海、黑海展開殖民活動。	
		前753年，傳說羅馬建國。 亞述帝國勢力到達顛峰。 前700年左右，古代波斯人定居於札格洛斯山脈東南方的伯爾薩地區。
前7世紀中葉左右	馬其頓人於奧林帕斯山南麓建立王國。 斯巴達確立政體。	
		前612年，亞述首都尼尼微陷落，亞述帝國瓦解。
前594	梭倫於雅典進行改革。	
前550	斯巴達組成伯羅奔尼撒同盟。	
		這時波斯人在居魯士二世領導下，展開征服戰爭。 前551年左右，孔子誕生。 前539年，波斯軍占領巴比倫。 前525年，波斯國王岡比西斯二世征服埃及，統一東方世界。 前521年，大流士一世奪取阿契美尼德王朝的王位，確立中央集權體制，建立新首都波斯波利斯。
前510左右	馬其頓臣服於波斯。	

興亡的世界史 02

亞歷山大的征服與神話

非希臘中心視角的東西方世界

アレクサンドロスの征服と神話

亞歷山大的征服與神話：
非希臘中心視角的東西方世界
森谷公俊著／黃鈺晴譯／
初版／新北市／八旗文化出版／
遠足文化發行／二〇一八年十月
譯自：アレクサンドロスの征服と神話
ISBN 978-957-8654-32-7（精裝）
一、亞歷山大大帝（Alexander, 356-323 B.C.）
二、古希臘　三、文化史
740.2137　107015616

作者　森谷公俊
日文版編輯委員　青柳正規、陣內秀信、杉山正明、福井憲彥
譯者　黃鈺晴

總編輯　富察
責任編輯　穆通安、張乃文
編輯協力　洪源鴻
企劃　蔡慧華

封面設計　莊謹銘
排版設計　宸遠彩藝
彩頁地圖繪製　青刊社地圖工作室（黃清琦）

社長　郭重興
發行人兼出版總監　曾大福

出版發行　八旗文化／遠足文化事業股份有限公司
地址　新北市新店區民權路108-2號9樓
電話　〇二～二二一八～一四一七
傳真　〇二～八六六七～一〇六五
客服專線　〇八〇〇～二二一～〇二九
信箱　gusa0601@gmail.com
臉書　facebook.com/gusapublishing
部落格　gusapublishing.blogspot.com

法律顧問　華洋法律事務所／蘇文生律師
印刷　成陽印刷股份有限公司

出版日期　二〇一八年　十月（初版一刷）
　　　　　二〇二〇年十一月（初版六刷）
定價　五五〇元整

【特別聲明】
本書言論內容，不代表本公司／出版集團之立場或意見，文責由作者自行承擔